语文新探

李继平 著

陕西新华出版
太白文艺出版社·西安

图书在版编目（CIP）数据

语文新探 / 李继平著. -- 西安：太白文艺出版社，
2025. 1. -- ISBN 978-7-5513-2779-4

Ⅰ. H19

中国国家版本馆 CIP 数据核字第 2024G8L558 号

语文新探
YUWEN XIN TAN

作　　者　李继平

责任编辑　李明婕　林　兰

封面设计　龚远宏

版式设计　杨　桃

出版发行　太白文艺出版社

经　　销　新华书店

印　　刷　四川科德彩色数码科技有限公司

开　　本　880mm×1230mm　1/32

字　　数　260 千字

印　　张　10

版　　次　2025 年 1 月第 1 版

印　　次　2025 年 1 月第 1 次印刷

书　　号　ISBN 978-7-5513-2779-4

定　　价　89.00 元

躬耕语文教坛，收获教研硕果

宋志平

　　湖北省孝感名师、语文正高级教师李继平即将出版自己的语文教育教学专著，他给我送来书稿，要我作序。我一见书名"语文新探"，很是喜欢。"新"在何处，"探"在哪里，一下子勾起了我的阅读欲望。可见，继平是深谙"题好一半文"之道的。同时，能标明"新探"，也是需要自信和底气的。

　　我欣然答应作序的缘由有三：一是我了解继平，他是我兼任主席的湖北省孝感市文艺评论家协会的骨干会员，协会平常组织活动，他都积极地参加。在我的推荐下，他还加入了湖北省文艺评论家协会。二是继平和他的名师工作室成员，加入了我主持的湖北工程学院语文良师培育研究中心，热情地参与我们举办的系列活动。三是我们都属于教师同行，虽然我在高校任教，他在中职教书，但彼此惺惺相惜。从教三十多年来，他潜心教书育人，并且集中精力开展语文教育教学的探索和研究，引领学生读书写作，还在学校主持新声文学社，培养了一批批学子。

　　现在，继平将他多年以来积累的语文教育教学成果结集出版，我感到欣慰，并愿意为他写点文字。

　　细读《语文新探》书稿，我发现这部文集有以下三个特点：

　　一是表达了对语文教育的宏观思考。比如，《中职生需要什么样的语文课堂教学》从宏观层面，思考中职学校的语文老师应该构建适宜——学得会、有用——有价值、有趣——有活力的新课堂，具有指导性。《构建校本语文教研制度的实践与思考》以学校为本，从构建教科研制度出发，结合本校的具体案例进行分析，提出了校本语文教研的组织制度、自我反思制度、专业引领制度、听课评课制度、集体备课制度、教学研究实践制度、教科研成果奖励制度等策略，增强了操作性和推广价值。《在语文教育中培养学生的终身学习能力》立足大语文观，强调了语文教师身处变化多端的教学改革浪潮之中，应秉持万变不离其宗的思想，牢记语文教育的根本任务，始终凸显语文课程的工具性和人文性，着力培养学生的听说读写能力，从而促进学生的终身学习和终身发展。《阅读文学理论著作　厚实语文教学素养》《基于名师工作室建设的语文良师培育路径》等论文，对语文教师的素养和成长进行思考、论述，富有新意。

二是反映了对语文教育的中观探索。比如《为文章学阅读教学法正名》《论文章内部节奏与课堂教学节奏的和谐统一》《"五读"教学法指导下的古诗词阅读教学鉴赏》《如何选择小说阅读的切入口》《结合中职语文教学谈工匠精神的培育》等文章，总结实践经验，创新教学模式，践行语文教师挖掘教材、钻研文本、重视学情、优化教法的教学理念，言之成理，教之有道，都是继平探索语文教学的智慧结晶，可谓行动研究的显著成绩。

三是体现了对语文教育的微观实践。比如《"古诗词鉴赏"考点分析与解题策略——以湖北省技能高考为例》一文，就是经过我的推荐，发表在全国中文核心期刊《语文教学与研究》杂志上的。还有继平对汉川文化名人、晚清湖北才子黄良辉的研究成果，都体现在他的语文教学之中，做到了研究与教学的紧密结合，凸显了文学研究的教学价值，而不是将书斋内的研究所得束之高阁，成为故纸堆，没有什么实际作用。值得一提的是，继平的阅读视野较宽，阅读范围较广，阅读书籍较多，既有文化典籍，又有理论著作，还有文学名著名篇。比如他对《论语》《诗经》等文化典籍、先秦散文名篇，以及郁达夫、舒婷、刘富道等现当代著名作家的作品进行解读和研究，学有所获，将研读的体会写成《孔子的孝道观与当前青少年思想道德教育》《论〈诗经〉心理描写的艺术特色》《先秦名篇中的论辩智慧》《郁达夫游记的文学语言修辞美》《舒婷诗歌艺术专题研究》《论刘富道的小说艺术》等具有一定深度的论文，发表在相关报刊，或收入专著，确实难得。他对《兰亭集序》《离骚》《寡人之于国也》等名篇的解读，不是人云亦云，而是表达出自己独立的看法，体现出作为语文教师必备的文学素养和宝贵的创新思想。本书还收录了作者的若干篇"下水作文"，文质兼美，形神兼备，展示了良好的作文基本功，可作为学生作文的范文。

难能可贵的是，继平从教多年，作为一名基层语文老师，平时承担着较繁重的教学任务。但他勤于学习，勇于反思，善于总结，写出了一篇篇好文章，在相关报刊和论文集上公开发表多篇论文、教学设计，且大部分成果荣获国家、省、市级奖励，可圈可点，实为不易。

继平在语文教育教学之路上付出了努力的汗水，现在能够将自己的著作结集出版，实乃"多年磨一剑，今朝露锋芒"，值得庆幸，可喜可贺！

是为序。

2024 年 3 月于湖北孝感

（余志平，湖北工程学院文学与新闻传播学院教授、院长，武汉大学现当代文学博士，获评第十二届湖北文艺评论奖二等奖、孝感第二届文化名家。）

追寻语文教育的诗意

王佑军

湖北省孝感名师、语文正高级讲师李继平，即将出版语文教育教学专著。他的书稿，是继平委托我的大学老师、湖北工程学院文学与新闻传播学院院长余志平教授转给我的。虽然我和继平老师还不算熟悉，但是翻阅书稿，发现这部近二十四万字的文集很有特点，因为我也是从事语文教育教学的，既是同行，也是老乡，于是便答应给他的《语文新探》文集写点东西。

按照文集顺序细读书稿，我有如下体会：

第一辑是文本教材新解。有对《诗经》的解读，有对郁达夫散文的研习，有对先秦诸子百家散文的鉴赏，有对《兰亭集序》《离骚》等文学名篇的阐释，这其中运用了文艺美学、文章学、语言学、修辞学的理论。从他撰文所引用的参考文献，可以看出，继平喜欢读书，阅读了大量的文学理论著作，具备相当的文学理论素养。不然，难以写出那些具有一定深度的论文。他的几篇论文都在杂志和相关大学学报上公开发表，实属不易。

第二辑是阅读教学新法。这部分分量最重，近七万字，其中大部分论文和教案，有些已公开发表，有些还获了奖，集中体现了他对阅读教学的探索与思考。他提出了一些颇有新意的观点，比如追求文章内部节奏与课堂教学节奏的和谐统一、文章学阅读教学法、"五读"诗词教学法等，让人眼前一亮。他还结合自己的教学实践，提出了诸如诗词、小说、散文等文体的教学策略。值得肯定的是，继平尝试多种教学法，如诗文联读教学、大单元教学、整本书阅读教学，想出很多办法，提高自己的教学效果，本辑收录的几篇教学设计就可以印证。

第三辑是作文教学新路。继平旗帜鲜明地提出自己独创的"一二三四"作文教学法，涵盖作文的审题、立意、构思、结构、行文等方面，他对作文教学的总结和提炼，不仅接地气而且实用。本辑收录了十篇"下水作文"，很多是他以前教初中语文课程时写的，文字优美，充满才情，虽然已过去二十八年，但现在看来，仍然可以当成学生写作的范本。

第四辑是语文教研新创。继平长年在学校做语文教研员和语文教研组长，对语文课堂教学、教研制度、教师成长等方面，都进行了深入的探索实践。学校成立了李继平语文名师工作室，活动丰富多彩，卓有成效。他带头讲公开课、示范课，带领工作室成员学理论、钻教材、研教法、做课题、搞研讨，互相学习，共同进步，促进更多的同事从合格教师、骨干教师成长为良师，从良师走向名师。

第五辑是语文教育新论。有对语文课堂教学的探索，有对阅读、写作的思考，有对孝文化的研究，有创建学校诗联文化和诗联文化进课堂的实践，紧密结合他自身的教学工作和研究喜好，不是假大空，而是真小实，反映了继平的教学智慧和工作实力。

综观全书，对于一名基层语文教师来说，可谓洋洋大观。我注意到，继平的两篇论文在相关杂志发表后，被中国人大复印报刊资料《高中语文教与学》全文转载收录，这很不容易，也令人羡慕。他还在《语言文字报》《语文教学与研究》《中学语文教学参考》《中华活页文选（教师版）》《对联》等国家级报刊上发表过论文，实属难得，可见他一直以来精心教书，潜心教研，笔耕不辍，逐梦前行，于是才有如今的专著出版。

最后，我以"语文新探"为题，送给继平一首藏头七绝诗，作为序言的结尾：

语托春潮逐前浪，
文借秋风两岸香。
新句每得图自在，
探骊却忘鬓染霜。

2024 年 3 月于湖北荆州

（王佑军，湖北省荆州市教育科学研究院院长，湖北省中学语文教研员，湖北省特级教师，正高级教师，湖北名师，教育部教学指导专业委员会委员，湖北省教学指导委员会委员，长江大学硕士生导师，湖北省政府督学。）

目录

第一辑　文本教材新解

论刘富道的小说艺术

刘富道是一位 20 世纪 70 年代末至 80 年代在湖北文坛乃至全国有较大影响力的小说作家。本文以他的短篇小说代表作《眼镜》和《南湖月》为例，探讨了其小说艺术风格。他用幽默、诙谐的语言和笔调，热情地歌颂了处于改革开放潮流之初的年轻人的人情美和人性美，同时含蓄地讽刺了一些不正之风。主题轻松明快，风格委婉清淡。本文还分析了其小说的不足。

一、幽默、诙谐——由《眼镜》看刘富道小说的生活情趣

老百姓的生活本来就是富有情趣的。人们以彼此之间深厚而真诚、相濡以沫的情结，充满机智、勇毅的斗争，乐观、积极、向上的态度，相互慰藉，激励坚定生活的信心。人民的乐观主义和英雄主义精神，幽默、诙谐的天性，生活内容的丰富多彩，人与人之间相互怡悦的感情交流，这一切自然状态得到更大发展，生活中也就充溢着更丰富、更浓厚的情趣。正是因为抓住了生活中的情趣，湖北作家刘富道的小说受到了欢迎。他的《眼镜》（《人民文学》1978 年第 2 期）和《南湖月》（《人民文学》1980 年第 7 期）曾引人注目，并分别获得 1978 年和 1980 年全国优秀短篇小说奖，一时间提高了湖北文学创作的地位。正如《湖北当代文学概观》[①] 中所言："痛定思痛，文学在痛苦的宣泄后，要探

[①] 　熊忠武主编《湖北当代文学概观》，湖北科学技术出版社，1994，第 22 页。

究造成伤痕的历史根源，于是反思文学在全国应运而生，湖北作家以自己的创作汇入到这一文学潮流中，刘富道以一篇《眼镜》一举成名。"经过十年特殊时期，爱情小说还鲜有人涉足，湖北作家刘富道以他的睿智和机警大胆创作，为当时的文坛注入了新鲜的活力和生动的气息，同时也获得了成功。

《眼镜》以第一人称的方式，借魏荣之口，比较细腻地抒写了魏荣的曲折思想和感情活动，从她对陈昆的初步接触了解，到随着一次一次社会上和厂里的斗争风浪，以及她对陈昆的为人处世、思想品德和才华学识的深入了解，从最初的烦恼、犹豫到最后确立爱情关系。作者对这一过程的描述，既较好地写出了陈昆的形象，使人有一种由远及近、渐次清晰之感，包含一种令人折服的力量，又大胆涉入爱情生活的领域，刻画了一个朴实的女青年的恋爱心理，细腻、委婉、动人，使得作品增添了许多情趣，其中如对"眼镜"的细节的处理，就起着点睛的作用。魏荣最后把自己给陈昆配的眼镜送给他，正说明"眼镜"不再是一个被人轻侮的标志，它象征着姑娘美好的爱情。"文化大革命"时期"四人帮"散布的那一套丑化和诬蔑知识分子的谬论，已经不能左右人们的思想观念。关于《眼镜》的妙处或妙趣，刘富道在《关于小说创作的几句话》①中说："这个故事的结局，是魏荣请陈昆到家里喝汤，并以一副眼镜为信物相赠。说老实话，这些我所满意的细节，都不是动笔前想好的，而是写着写着，就自然而然地写到那里去了。"

这种描写生活情趣的特色，在刘富道以后的创作中益见显著。在同辈作家中，他也许是最不惮于说出这种听起来有些粗俗的主张和追求的了："也许是不自觉的，也许是自觉的，我好像专门

---

① 刘富道：《步入文学殿堂》，长江文艺出版社，1994，第93页。

拾取了一些生活的趣味，追求一种笑的效果，并以自己的作品在某种程度上达到了这种效果而满足，哪怕是经过我的笔加以强调的一个口头语，能为读者所授受并得以流传，也沾沾自喜——足见我的浅薄。"[1]但他毕竟不是"为趣味而趣味"，更不是追求廉价的笑料来换得趣味，他说他对艺术的解释是："以为艺术就是叫人笑，叫人哭，叫人啼笑皆非，再加上一点，让人们在笑中、哭中、哭笑不得中思考一些什么。"[2]他其实是严肃的，只不过他是力求让自己严肃的意蕴借幽默、诙谐的笔趣表达出来。这样一种对艺术的理解，这种创作上的追求，在作品中找到适当的形式表现出来，就形成了刘富道小说的创作个性，并首当其冲地把"汉味"文学语言风格带入中国当代文学的行列，即运用诙谐、机智、风趣的人物语言描写幽默、灵活、开朗的湖北人尤其是武汉人的形象，具有浓郁的地域特色。

二、委婉、清淡——从《南湖月》看刘富道小说的美学追求

《南湖月》讲述的是一个轻松而优雅的爱情故事，描写了街办工厂"没有职称也还称职"的技术员柯亭为所在的街道工厂去置办一台锅炉的事。一个偶然的机会，他与某厂副经理的女儿苑霞相识，苑霞帮柯亭从具有浓厚特权思想的父亲厂里购置到了锅炉，在相互接触中，两人建立了爱情关系。小说通过颇为曲折的情节，揭示了特权思想、封建意识、官僚主义，歌颂了青年一代的美好思想。可以说在《南湖月》中，作者的幽默和讽刺才能发挥到一个新水平，比《眼镜》更加成熟。着力发掘生活中的情趣，表现生活中富有诗意的情趣美，这是《南湖月》的突出特点。刘

---

① 刘富道：《写一点生活的情趣》，《步入文学殿堂》，长江文艺出版社，1994，第28—33页。

② 同上。

富道很早就提倡"写一些生活的情趣",可以说是较早表现生活情趣的作家之一。他曾说:"在我储存的生活素材中,有些作为一个社会问题因此显得很深刻,但缺乏情趣,或者我还没有意会到它的情趣,抓不住一个有趣的故事悬念,这种情况我就无法动笔了,因为我想即使硬写出来,读者也会感到乏味的。"[①]这句话可以概括作者一贯的美学追求。

刘富道追求小说的抒情性。他喜欢用一种清淡柔和的色彩描绘出委婉动人的人物形象。他擅长用白描手法勾勒人物,虽不浓墨勾勒却使人物楚楚动人。苑霞很美,"由于得天独厚,生得这般颀长而匀称的身材,看起来特别帅,连爱赌气的小伙子都得让路,仰着脸目送她通过"。作品写柯亭与苑霞交换自行车:"交换仪式非常简单,没有握手,没有签名留念……"整个仪式只有两句对话,一个欣喜地问:"修好了?"一个如实回答:"修好了。"姑娘多情,想要酬谢他,正要问姓名住址,小伙子一笑了之,跨上车就走了。当柯亭来找他,她瞬息间认出是他,朝思暮想着如何答谢的她,虽又惊又喜,却满脸红晕。像这样,似乎太平淡,但一个纯朴善良、开朗却不失羞涩的女性形象已跃然纸上。作品只用人物的几句对话就表现出人物深沉的内心世界。如苑霞的父亲瞧不起街办工厂,把妻子从街办工厂调到国营工厂,苑霞说:"我听人家骂官僚主义,骂特权,心里又痛快,又痛苦。我痛苦的是,好像是谁剥夺了我骂官僚主义、骂特权的资格。"这样几句话就写出了人物的心灵美,使读者的心怦然一动,与作品中的人物相沟通。

《南湖月》的语言活泼、诙谐、风趣,并带有委讽色彩。如柯亭工厂的女书记出榜招贤,问厂里谁去买锅炉时,谁也不敢揭

---

① 刘富道:《写一点生活的情趣》,《步入文学殿堂》,长江文艺出版社,1994,第28页。

榜。"这时柯亭出人意料地揭榜了。'好吧，你去试试看看吧，反正……反正……反正你要跟我把它搞回来。'女书记本来想说反正没有别人揭榜，反正我不作你的指望，说着说着，变成了一句肯定的话。"作者把一个街办工厂女书记的口气描摹得惟妙惟肖，同时也传达出一种善意的委讽韵味。又如当苑霞来到柯亭厂里，一则为父亲的事向他负荆请罪，二则来送买锅炉的条子。如作品中所述："书记喜眯了眼，光朝外面长长脸的姑娘瞅。'星火'的姑娘，有嫁给药厂的，今天药厂这么漂亮的姑娘——还是苑副经理的女儿，找上这个'街办的'门，我书记脸上增了许多光彩，有许多感叹。苑副经理是个慷慨人，给个小锅炉，还搭个大姑娘，莫看我们是个小小街办的，他还蛮看得起哩！"作者在这里讽刺了苑经理，但不是正面、尖刻的嘲笑，而是用诙谐的语言做一种侧面的委婉轻讽。这就使读者在轻松愉悦的阅读氛围中，得到一种心灵的享受。

在《南湖月》中，作者时而调侃、逗趣，笔调轻松自如。如写柯亭和苑霞如何由一个极偶然的机会邂逅，写柯亭到药厂门口去找苑霞，一个是有求而来，一个是踏破铁鞋无觅处，喜出望外，情景相生，别有风趣；又时而义愤填膺，讽刺嘲弄。如柯亭与苑副经理的谈话中，让苑副经理误以为"防老剂酊"是和"益寿宁"一类的滋补药品，巧妙地暴露了他的无知和腐朽的人生观，有了较好的讽刺效果。同时，这些细节的运用也构成了作品中的情趣因素。所有这些都很好地表现在他的幽默、诙谐的格调中，体现了他对生活所做的独特审美评价。

三、刘富道小说的开头技巧和语言艺术

刘富道注重小说的开头和语言艺术。他在《节奏与情调》[①]中强调："小说开头的几个自然段至为重要，因为作者是从这里

---

① 刘富道：《步入文学殿堂》，长江文艺出版社，1994，第21—23页。

开始把自己的情绪赋予文字的。开头几段的语言色彩和进入情节的快慢速率,基本确定了这个作品的节奏和情调,随后就得一直这么写下去,否则就会跑调,不能给人以美学的整体感。"刘富道以自己修改小说《父亲的形象》的开头为例,说明了小说节奏与情调的重要性。他原来写《父亲的形象》准备采用第三人称,由作者叙述故事,语言节奏比较明快,而且带有一种旁观者的嬉笑的情调。而后来,他修改了原来的节奏和情调,变为深沉的思索和淡淡的感伤。他介绍说:"当我与作品中的'我'融合为一体,对父亲的描写,就带有浓厚的'我'的情感。写到祖母如何纺纱,如何攒钱。她谢世二十年后的今天,还有人怀疑她临终时没有把积攒的钱交代清楚这些细节,我的心又向下沉了,为了维护整个作品的节奏和情调的统一,又不得不把本能地跳出来的趣味和俏皮的句子,予以删削,或者涂上浅淡的色彩。写在稿纸上的文字,视其节奏快了就适当地调整语气,加添句子,使它与前面的文字协调起来。"① 可见作家的匠心所在。

"侃侃而谈,娓娓动听,引人入胜——这是小说语言的一个基本要求……侃侃而谈,是说小说写得要像从容不迫的谈话一样,要像朋友谈心一样真挚。"② 可见刘富道对小说开头和叙述语言的见解。他还说:"人在非写作时刻的意识活动中,自然流出来的句子,记录下来,也许就是很好的小说叙述语言,或者是很得体的小说开头。"③ 华中师大刘安海教授在《小说创作技巧描述》中引用了刘富道的中篇小说《候鸟》的开头:"最后上座,最先离席,这是妈妈每顿饭的惯例。爸爸总是最先上座,只要端上酒杯,又总是最后离席。然而生活会出现例外,于是小说便从例外

---

① 刘富道:《节奏与情调》,《步入文学殿堂》,长江文艺出版社,1994,第22页。
② 刘富道:《小说语言一般谈》,《步入文学殿堂》,长江文艺出版社,1994,第48—54页。
③ 同上。

开头了。"这个开头显得幽默，犹如一个俏皮的亮相。从《候鸟》漫不经心、闲谈式的开头，可见刘富道对小说开头的独到经营。刘安海教授这样评论小说开头艺术的重要性："你感到作家把你当成了知己，一句一句地向你恳切地娓娓地谈来。这样，作家和读者之间的距离无形中缩短了，消失了，读者不知不觉地被作者拉进了他所创造的艺术镜框里，读者在作品中感受到一切好像是自己观察到的，自己体验到的，自己创造出来的。"①

四、结语——刘富道的现在及其他

湖北作家赵金禾在《一个人和一本书》中简单介绍了刘富道《阅读感悟》一书的主要内容，并提到《武汉晚报》副刊部主任王石先生写的《刘富道的过去和以后》。② 赵金禾说："王石先生称富道为'湖北新时期小说第一人'，我以为准确，铁定，经得起科学考证。"③ 诚然，刘富道在湖北当代文学的地位是显赫的，对湖北文学的发展功不可没，但他的小说还是存在不足之处。

严格地讲，刘富道小说描写生活的情趣，是值得充分肯定的。他对语言艺术的讲究，以及对叙述节奏和情调的把握，也是我们应该学习的，但这并不等于说这样写就不可以写出生活中更厚重的东西。从这个意义上讲，他的作品还缺乏一点震撼人心的力度。于是，在这个缺憾美中，刘富道走着他的小说创作道路。

参考文献：

[1] 简明当代中国文学辞典 [M]. 石家庄：河北人民出版社，1988.

[2] 刘安海. 小说创作技巧描述 [M]. 武汉：华中师范大学出

---

① 刘安海：《小说创作技巧描述》，华中师范大学出版社，1988，第145页。
② 《北京文学》2001年第6期。
③ 赵金禾：《一个人和一本书》，《湖北作家》，2004。

版社,1988.

[3]刘富道.步入文学殿堂[M].北京:长江文艺出版社，1994.

[4]熊忠武主编.湖北当代文学概观[M].武汉:湖北科学技术出版社,1994.

[5]赵金禾.一个人和一本书[J].今日湖北,2004（8）.

本文发表于《湖北成人教育学院学报》2006年第3期，第35—37页。

论《诗经》心理描写的艺术特色

本文结合《诗经》具体文本的阐释，概括出《诗经》心理描写的五种方式，即含情描述式、复沓咏叹式、谈心呼告式、象征寓意式、比兴比拟式。并对这五种方式进行语言策略分析，从而探讨《诗经》在心理描写方面的艺术特色。

俄国文学家普列汉诺夫说："艺术家必须是一个心理学家。"[1] 这句话告诉我们，写人物重在表现人物的思想性格特点，只有揭示出灵魂，人物才能站立起来。文学家塑造出栩栩如生、具有鲜明性格的人物形象，单靠外部的肖像与行动描写是不够的，还必须深入细致地探索人物心灵深处的思想、情绪、感受及其产生的原因与发展变化的过程，并采用各种不同的艺术手法，将肖像描写、行动描写和心理描写有机地结合起来，为塑造人物形象和揭示主题服务。所谓心理描写是人物内在的动态描写，是人物内心世界活动的直接表述。[1] 具体地说，心理描写是绘声绘色地刻画人物的内心活动，写出人物在不同时间、地点、事件、环境和遭遇中的思想感受、体会和愿望，从而表现人物性格的一种艺术手法。[2] 文学拥有丰富的艺术手法，在描写人物复杂微妙的心理活动上尤为见长。文学对人类的精神世界和内心生活的揭示与表现，更为其他艺术方式所不及。文学表现人的内心世界的方法是多种多样的，不仅能够通过人物的对话、行动、表情、姿态、服饰，以及环境描写中去展现人物的精神面貌，而且能够直接剖视人物隐蔽的内心世界，描述其微妙的心理情绪，乃至于潜意识活动。

《诗经》作为中国诗歌及文学的光辉起点和源头，反映出丰富的艺术特色，表现出巨大的艺术成就，为中国文学提供了鲜活的营养。笔者在研读《诗经》的过程中，鲜明地感受到《诗经》作品中不同人物的不同神态，不同对象的不同性格，不同个体的不同心灵，活灵活现，细致深刻。本文拟从人物的心理描写角度，探讨《诗经》这一方面的艺术特色。

一、含情描述式心理描写——娓娓道来，超我之境

"一旦外在事物特征在情感诱导下发生较大的变异，那便是抒情。"[3]人在感情浓烈时，会产生种种不一样的感觉，在异样的感受下，眼中的外物也会发生种种变化，而抒情作品所抒发的正是这种"当下"的真实体验和感受。这种含情、重情的描述，是文学抒情的重要手段。《诗经》中这样的作品很多，以三首抒情方式相同的《周南·卷耳》《魏风·陟岵》《小雅·出车》为例，可以说明此种抒情方式臻于成熟。

《周南·卷耳》一诗，第一章只说妇女怎样无心采卷耳，虽然不必说出如何的相思，而我们已经体会到她的相思之苦了。下面三章，都是这位妇女想象到她的丈夫在外生活艰困，翻山越岭，思念家人的情形。最后一章连用四个"矣"字，更表达出无限慨叹、无可奈何的忧思情绪。

与《周南·卷耳》具备异曲同工之妙的还有《魏风·陟岵》和《小雅·出车》。周振甫在《诗词例话》中引用了梁启超《中国韵文里头所表现的情感》的文字说："《魏风·陟岵》三章，第一章父，第二章母，第三章兄，不说他怎样地想念爹妈哥哥，却说爹妈哥哥怎样地想念他。写相互间的情感，自然加一层深

厚。"[4]《小雅·出车》里没有直接写胜利归来的战士心情，却是通过他对妻子的想象来表现，以战士妻子的行动和喜悦心情来衬出战士归来的喜悦之情。诗人凭借丰富的想象，超越于事物的客观特征进入超现实的境界，真实地抒发了自己在特定情境下的体验与感受。

二、复沓咏叹式心理描写——回旋跌宕，感情充沛

复沓咏叹式心理描写是指为了酣畅淋漓地倾吐某种感情，或加强抒发情感的浓度和力度，用完全相同或大体相同的语句，来反复吟唱的描写方式。这种描写方式能强调某种感情，增强诗文抑扬起伏的节奏感和回环往复的旋律美。此种形式创始于《诗经》。"《诗经》那种回环往复、重章叠咏的手法也正是音乐中反复歌唱留下的痕迹。"[4] 同时也成为《诗经》章法结构和语言运用的一大特色。许多诗作，如《周南·芣苢》一诗，反反复复言说的只是一种非常简单的妇女采芣苢（车前子）的劳动过程，共三章十二句，只更换了六个动词，多是相同或相似的句子反复吟唱。简单的语言，简单的韵律，却在回环往复的吟唱中，突出了妇女们采集车前子时愉悦的气氛和欢乐的心情。"作为诗来吟诵，其审美价值正在于'采芣苢'的多次重复所形成的节奏和韵律，这是一种由劳动的节律而升华成的一种生命运动的旋律。人们在体味这种生命律动中能够获得美的愉悦。"[3] 复沓咏叹式抒情的优点是反复申述、抒情浓郁，节奏鲜明、音律和谐。台湾学者裴溥言在评解《王风·采葛》时说："只是说一旦分别了，起初像是隔三个月没见面，接着又像隔了三季没见面，再久一些，就像三年未见，是强调他的心理感觉。夸张笔法，正合人心，便成好诗。所以'一日之秋'的成语也会被大家公认而普遍流行。"[5] 还有学者从时间观上研究这首诗，"一日如三月、如三秋、如三岁，

这显然不是客观时间，而是因热恋中的思念和期盼而感受到的心理时间。"[6]

三、谈心呼告式心理描写——直诉衷肠，真挚自然

谈心呼告式心理描写，即抒情主人公在描述某人或某物时，由于感情过于激动，突然撇开读者，直接向描述对象倾诉衷肠，真切地呼唤有关的人或物，通过谈心、发誓、召唤、斥责、诅咒等形式，以倾吐情感或情绪。谈心呼告可以抒发作者强烈的思想感情，并引起读者的感情共鸣，周振甫先生称之为"直率"。

笔者发现《邶风·凯风》《小雅·蓼莪》和《小雅·四牡》三首诗，均为子女对父母的自责诗。关于《邶风·凯风》，"全诗四章，一片孝心，所写情感一层深似一层，而七子自责之心也一步紧似一步"[5]。可见古人已有清醒的自省意识和反思态度，这是难能可贵的。《小雅·四牡》写"小官吏苦于行役，叹息他不能回乡，奉养父母"[7]，主要抒发思念父母之情，对不能服侍父母表示叹息，比起《邶风·凯风》一诗，则缺乏打动人心之力。而与这两首不同的《小雅·蓼莪》"写一个孝子，想报父母的养育之恩，尽心赡养父母，却因行役在外，而父母病故，不得终养，因此无限悲痛。这是一首感人至深的血泪诗篇，曾经打动过许多人的心"[8]。特别是第四章，连用九个"我"字来表达对父母的深厚感情，真乃一字一泪，字字诉情。今天我们读《蓼莪》，也很容易引起共鸣，就是因为这首诗是出自孝子的真诚心，而人由父母所生养，都感念父母生养的辛劳。"哀哀父母，生我劬劳"八个字，可谓道出了天下子女对父母的自责之心和尽孝之心。

《诗经》中的一些战争徭役诗、婚姻爱情诗、讽刺怨喻诗，使用谈心呼告式的心理描写手法是很常见的。如《秦风·黄鸟》，

诗人哀悼子车氏三兄弟被迫殉葬于秦穆公："彼苍者天，歼我良人！如可赎兮，人百其身！""秦穆公用人来殉葬，看的人哀痛怜悯的情感，迸在这四句里头，成了群众心理的表现。"[4] 周振甫先生称之为"奔迸的表情法"。《小雅·巷伯》第六章："取彼谮人，投畀豺虎。豺虎不食，投畀有北。有北不受，投畀有昊。"说把谮人投给豺虎，连豺虎都不吃，只能投给昊天，让天来制裁他的罪行了。这些都是极为愤激的话，可见诗人的感情非常激动，激烈之语喷薄而出，不再用什么比喻等含蓄修辞手法了。当然，要是环境不容许他这样说时，那又当别论了。"寺人孟子的本意不是说豺虎挑食、地狱拒客，而是借豺虎不吃、地狱不收的极端说法反衬谮人之可恶已达到何种地步。其实质还是表达'欲其死亡之甚'的反谗动机。"[9]

四、象征寓意式心理描写——托物抒怀，深沉诉说

象征寓意式心理描写，是指通过某种具体可感的事物形象，借助于联想或想象，去暗示相关的情感、精神或哲理的描写方式。"文学中的象征，是用具体形象或形象体系来暗示性地意指这一形象或形象体系之外的对象，包括精神、情感、理想、愿望等。"[3] 陈风中抒情诗最特别的有星月两篇。星篇指东门之杨，月篇即月出。《陈风·月出》共三章，三章每句句末有一"兮"字，而在"兮"上的第三字用韵，这样一韵到底，也一"兮"到底，便建立了特有的风格，再配上热情恋歌的浪漫主义情调，让我们有些怀疑这不是国风中的民歌，而是楚辞中的诗人杰作。裴溥言说："宋代的伟大作家苏轼，便是最欣赏月篇的一人。……因诵月出之篇而望美人，这完全摆脱了经学家'刺好色'的头脑，来欣赏月出篇了，至少，苏轼已把月出篇作为象征诗来欣赏。"[5]

《诗经》中唯一的一首禽言诗《豳风·鸱鸮》，开后世寓言童话之祖。诗中所表现的是老鸟爱护小鸟的一片苦心，但是我们读后，却能体会出当年周公护国爱民的一片赤忱。后代成语"未雨绸缪"就是从本诗第二章而来。最后两章十句，表现鸟在风雨飘摇中的处境，几乎每句都以"予"字开头，连用八个"予"字，句法新奇，音调美妙，感情浓烈，"没有一句动气话，没有一句灰心语，只有极浓极温的情感，像用深深的刀镂刻在字句上。……他那表情方式，是用螺旋式，一层深过一层"[4]。

五、比兴比拟式心理描写——含蓄蕴藉，中和朴素

比兴比拟式心理描写，指以相关的事物为先导，通过起兴、比喻、比拟等自觉的象征手法，来显露作者情感或情绪的描写形式。"比兴是中国古代诗歌表情达意的重要手法"，"比拟"也是作家常常运用的抒情方式。在《诗经》中，运用比兴比拟手法创作的抒情之作可以大量见到。在《周南·关雎》《周南·桃夭》《召南·鹊巢》《小雅·鸳鸯》等诗中，均有起兴诗句。如《周南·桃夭》每节均以"桃之夭夭……"的起兴句开头，写桃花盛开的热烈鲜艳，桃树结果的累累殷实，以及桃叶生长的蓬勃茂盛，渲染出一种欢快热闹的情调和喜庆吉祥的氛围，与紧接着抒发出的对出嫁女子未来幸福生活的美好祝愿，在情绪上有着宽泛的联系和恰当的对应性。与此不同的是，《魏风·硕鼠》一诗，采用比喻的手法，从既定的观念和主题出发寻找比喻性的物象，以大田鼠比喻贪得无厌的剥削者，二者之间的关系呈现出直、显、狭的特点，使之形象逼真、栩栩如生地表现出农民对统治者沉重剥削的怨恨与控诉。比起同为控诉统治者的《魏风·伐檀》，农民和奴隶对统治者的愤怒之心已变为怨恨之情了。如果说《周南·螽斯》的比体，只是对比式的比喻，那《魏风·硕鼠》的比体，却

是象征手法的托物言志。因此，虽同属比体，《魏风·伐檀》较之《周南·螽斯》更令人激赏。

为了避免把丰富生动的内心体验硬挤进语词概念的牢笼，诗人还常采用触景生情、借景抒情、寓情于景、托物寓情、咏物托志、状物抒情的手法，象征、暗示出人物的情感。古人常以"情景交融"为好诗，但是《小雅·采薇》却是情景不融的典范："昔我往矣，杨柳依依；今我来思，雨雪霏霏。"王夫之说："以乐景写哀，以哀景写乐，一倍增其哀乐。"[10]雷淑娟对此分析："将情理互相矛盾的词语放置在一个紧凑的横组合段中，呈现出一种互相冲突的悖论关系，造成语义的重叠、交合、浓缩、亦此亦彼的模糊体验。特别在景语、情语相互交织的语句中，情与景相互冲突，使能指互相加强。"[11]周振甫先生称之为"反衬"手法，并认为"反衬手法在表情上比陪衬更有力量"[4]。笔者认为，该诗运用了语义相反的对比意象，产生两种意象之间的语义张力，从而强化了诗人的情感，达到"惊奇"和"陌生化"的"间离化"效果。张国风先生也指出："比兴对语言环境的要求实际上说明，比兴这种诗歌表现方法所追求的是一种联想丰富的美，一种多义性和暗示性的美。"[12]

六、余论

先秦诗歌重在抒发和主观表现的艺术精神，首先在中国第一部诗集《诗经》中，就有着充分的显现，这本是十分明显，似乎无须多论的。但是由于长期以来文学史界对于《诗经》现实主义的强调，关于《诗经》偏于抒情和由此所带来的心理活动的描写，以及艺术想象的构思，还是要进一步予以重视，并进行研究的。王培元、廖群两位学者概括出《诗经》重在表达的两种创作追求，即情真景虚、舍"事"重"发"，并得出了"《诗经》的作者们喜欢倾吐、表达、抒发，渴望被了解，这构成了它艺术精神的主体特征"这一结论。[6]

综观《诗经》中的心理描写，可以发现《诗经》非常关注人民的生活状况，充分表现人生的真实感受。对于人们内心情感的真切描写，随处可见。人们在生活中的喜怒哀乐、悲苦情愁，我们大抵可以在《诗经》的心理描写中见到。因此，《诗经》不仅仅是对社会某一阶层的，而是对于社会整体的描写（尽管比重不同），这才是《诗经》的伟大之处。从总体上来讲，《诗经》中的心理描写偏于简约、委婉，虽然不乏深刻、直率的诗作。除了极少数的作品外，确实是"温柔敦厚""怨而不怒""哀而不伤"的，感情和心理活动的表现也比较有节制。这是《诗经》的特色，也是中国诗歌的特色。

参考文献：

[1]张继缅.写作技法八讲[M].北京：中国青年出版社,1986.

[2]诸孝正.现代写作学[M].武汉：长江文艺出版社,1987.

[3]李荣启.文学语言学[M].北京：人民出版社,2005.

[4]周振甫.诗词例话[M].北京：中国青年出版社,1962.

[5]裴溥言.先民的歌唱：诗经[M].北京：九州出版社,2017.

[6]王培元，廖群.中国文学精神（先秦卷）[M].济南：山东教育出版社,2003.

[7]金启华.诗经全译[M].南京：江苏古籍出版社,1984.

[8]杨天宇.诗经：朴素的歌声[M].上海：上海古籍出版社,1997.

[9]叶舒宪.诗经的文化阐释：中国诗歌的发生研究[M].武汉：湖北人民出版社,1994.

[10]王夫之.姜斋诗话：卷上[M].上海：上海古籍出版社,1984.

[11]雷淑娟．文学语言美学修辞[M].上海：学林出版社，
2004.

[12]张国风．传统的困窘——中国古典诗歌的本体论诠释
[M].北京：商务印书馆,1999.

本文发表于华中师范大学《高等函授学报》（哲社版）2006
年第4期。

郁达夫游记的文学语言修辞美

　　本文以较少受人关注的郁达夫游记作品为研究对象，从文学语言修辞美学的角度进行探讨，概括出郁达夫游记语言修辞美学的七个主要特征，并进行一定的理论阐释。

　　郁达夫的游记作品在中国现代文学之林中特色鲜明，个性突出，深受广大读者喜爱。"郁达夫的许多山水记游文字，都写得非常优美，与他的小说相比，这些散文明显在文字上变得平易雅驯，文风上渐趋洗练从容，文中显现出来的才华也脱了粗粝之感，更多细致与飘逸。"[1] 本文从修辞美学角度，探讨郁达夫游记的主要特色。

一、奇偶交错，音节参差

　　试读《仙霞纪险》第五段："五步一转弯，三步一上岭。一面是流泉涡旋深坑万丈，一面又是鸟飞不到的绝壁千寻。转一个弯，变一番景色，上一个岭，辟一个天地，上上下下，去去回回，我们在仙霞山中，龙溪岸上，自北去南，因为要绕过仙霞关去，汽车足足走了有一个多钟头的山路。"[2] 在散句中，适当插入经过精心组织的铺排句式，骈散相济，音节有双有单，交错而行，其音节如圆荷落雨、碧盘滚珠，朗朗上口，潇洒自然。郁达夫非常重视语言的节奏感。他说："韵律或幽或迫，音调或短或长，虽有当时的情景如何而互异，然而起伏有定，高低得宜，总不能逃出旋律的范围以外，却是一定的。"[3] 和谐自然、协调匀称是节奏的基本要素。达夫游记，巧用节奏，凸显其特有的音韵美。

二、善用虚字，传声达意

郁达夫长于运用虚字，表达特殊的情调和复杂的感情。《钓台的春昼》结尾处，船家劝告游兴正浓的郁达夫下山，于是高声说："先生，我们回去罢，已经是吃点心的时候了，你不听见那只公鸡在后山啼么？我们回去罢！"[2] 连用四个虚字"罢""了""么""罢"，既表现了船家急于下山的心情，也表达了郁达夫依依不舍的游兴。委婉真诚的声调，把人物的神情透露出来，实写船家的委婉相劝，虚写达夫的留恋情怀，恰到好处。试想，如果没有这几个虚字，文字还有什么韵味呢？

三、文中有诗，表露真情

"文中有诗"是中国散文普遍存在的现象。在达夫游记中，自作的旧体诗被巧妙地运用到行文中，有机镶嵌，浑然天成。像《钓台的春昼》《西游日录》《杭州小历纪程》《出昱岭关记》《龙门山路》《皋亭山》等文中就有自然清新的旧体诗。唐弢主编的《中国现代文学史》曾就《钓台的春昼》和《西游日录》两文中的旧体诗的功用展开分析。[4] 周晓明、王又平主编的《现代中国文学史》也对《钓台的春昼》一文中的旧体诗进行研究。[5] 旧体诗的成功运用，使得达夫游记更具跌宕多姿的感情色彩，也更显和谐自然的语言节奏。

四、合理列锦，产生张力

列锦格是中国古典诗词意象经营的一种方式。所谓列锦意象，就是通过列锦辞格这种相对稳定的言语形式来营构的意象。《方岩纪静》中描写了方岩半山腰的景色："北面数峰，远近环拱，至西面而南偏，绝壁千丈，成了一条上突下缩的倒复危墙。危墙腰下，离地二三丈的地方，墙脚忽而不见，形成大洞，似巨怪之张口，口腔上下，都是石壁，五峰书院，丽泽祠，学易斋，就建筑在这巨口的上下腭之间，不施椽瓦，而风雨莫及，冬暖夏凉，而红尘不到。更奇峭者，就是这绝壁的忽而向东南的一折，递进而突起了固厚、瀑布、桃花、复釜、鸡鸣的五个奇峰，峰峰都高大似方岩，而形状颜色，各不相同。"[2]这里，用了两处列锦意象，表现了山峦及附近景物的幽静、空灵和岑寂，令人流连忘返。

关于列锦意象的作用，有专家指出："由于意象之间有关因果、承续、递进等逻辑联系的词语缺席，由于句法的灵活性，使名词性的意象间产生了一种强大的相关引力，使诗的语言高度凝练而富有张力，富有弹性，深化了语言的意蕴。"[6]郁达夫选用书院、祠、斋、复釜等古朴、端庄、沉重、色彩浓厚的词语列锦，恰当地描绘了方岩山的清幽；选用瀑布、桃花等生动活泼的意象，则点缀出方岩山的生气，收到动静相宜、大小协调、高低互衬的效果。

五、调配通感，造成"错位"

所谓通感意象，就是为了创造审美效应而利用不同感官之间的相互联系，通过某些语言呈现策略而营造的意象。郁达夫同朱自清一样，也是善于运用通感辞格的语言大师。如《半日的游程》写郁达夫在茶庄喝茶，山清静，人也清静，"我们一面喝着清茶，一面只在贪味着这阴森得太古似的山中的寂静"[2]，把山幽静的听觉意象赋予了味觉，让人尽情享受。还比如在《南游日记》中，"一阵阵冷风，一块块浓雾，尽从黑暗里扑上我们的身来"[7]，将人对风和雾的触觉意象赋予了动觉，使人觉得冷风和浓雾的强烈刺激，写出了冷风和浓雾的动感与力度，非常形象生动。

在《雁荡山的秋月》中，写作者目送友人离去，"送他们出了寺门以后，我并且还在月光下立着，送他们一个个小影子渐渐地被月光岩壁吞没了下去"[7]。人走远了，看不到了，本为视觉，可作者把这视觉移于动觉，说人的影子被远处的景物所吞没，具体可感，并富有立体感和空间感。

通感给读者带来的审美愉悦是丰富而美妙的。正如雷淑娟博士所言："通过来自不同感觉语义场词语之间的超常搭配，造成语义组合上的'错位'，而这种'错位'对营构通感意象来说是关键性的，如果没有这种'错位'，词语搭配关系就'自动化'了；而文学语言，就是'反自动化'，以各种变异手段创造使人们重新感觉石头的坚硬的新鲜可感的'陌生化'，因此，可以说通感意象的言语策略都是变异修辞的一种典型形式。"[6]

六、辩证对比，丰富语义

对比本是一种辞格，即把两种互相矛盾、互相对立的事物或同一事物中互相矛盾对立的方面加以对照、比较，收到语义鲜明的表达效果的修辞方式。大自然本是多姿多彩的，游记当然要描绘这种丰富美。

在《扬州旧梦寄语堂》一文中，作者描写扬州的瘦西湖："瘦西湖的好处，全在水树的交映与游程的曲折；秋柳影下，有红蓼青萍散浮在水面，扁舟擦过，还听得见水草的鸣声，似在暗泣。而几个弯儿一绕，水面阔了，猛然间闯入眼来的，就是那一座有五个整齐金碧的亭子排立着的白石平桥，比金鳌玉蛛，虽则短些，可是东方建筑的古典趣味，却完全荟萃在这一座桥、这五个亭上。"[7]利用红、青、金、碧、白等颜色词的配合，在读者的心理视觉中形成色彩对比鲜明的意象，既有局部的色彩对比，如红与青、金与碧、金碧与白，用时又有全局的整体铺排，五光十色，给人一种色彩绚烂之感。

郁达夫还擅长运用语义相反意象的对比，让读者在对比张力中展开遐想，在为读者展开自然时空的同时也展现出可供想象的心理时空。在《感伤的行旅》中，他真实而深刻地写道："但最触动我这感伤的行旅者的哀思的，却是在同一家旅舍之内，从前后左右的宏壮的房间里发出来的娇艳的肉声及伴奏着的悲凉的弦索之音。"[7] 娇艳对悲凉，肉声对弦索之音，两组语义相反的对比意象，让我们读出了其中的反讽意味，也触摸到了达夫的那颗忧国忧民之心，很容易使读者联想到杜牧的"商女不知亡国恨，隔江犹唱后庭花"一诗。

七、建构比喻，塑造"惊奇"

在意象营构的种种言语策略中，比喻无疑是意象功能最强的手段。在描写自然景物和环境方面，郁达夫成功地运用比喻的手法，并通过自己的感受来描写环境，达到了"物我合一"的美学境界。《花坞》描写花坞的迷人风韵，"将人来比花坞，就像浔阳商妇，老抱琵琶；将花来比花坞，更像碧桃开谢，未死春心；将菜来比花坞，只好说冬菇烧豆腐，汤清而味隽了"[2]。前半描形绘色，后半写意传神，相得益彰，而形与神的摄取，则充分表现了一个耽于古典、老于世情的名士的精神风貌。同时，花坞特有的风采也得到形神兼备的描绘，具有真、细、美、趣的意味。

郁达夫有时还运用"陌生化"的比喻，给读者以深刻的印象，使读者在惊奇之中去寻觅所描写事物之间隐秘的相似性。《雁荡山的秋月》结尾是这样的："而玩月光玩得不久，走到灵峰谷外朝阳洞下的时候，太阳却早已出了海，将月光的世界散文化了。"[7] 这里，"散文化"显然是前人不曾使用过的"陌生化"比喻，究竟是何意，还需读者细细体味，可理解为月光世界的淡化、虚化以至消失，还可理解为山中月夜给人的那种感受如散文一样，虽不浓烈、激猛，却如品茶，清香飘溢；或似赏乐，余音缭绕，感觉是淡淡的，却又是持久的。可见，郁达夫这种有意识地"解构"日常语言，追求模糊审美效应的实践是宝贵的，令人钦佩。

郁达夫说："文学作品，都是作家的自叙传。"[8]并认为"所以以写实主义为基础，更加上一层浪漫主义的新味，和殉情主义的情调的文学作品，当然在文学上价值为最高"[9]。从这段叙述中，能明确地看到他的主张和创作倾向。一个作家所描绘的形象的核心就是要呈现出内心世界的"本我"，只有"真"的才能是"美"的，这本身应该说就是一条真理。对此，郁达夫早就有过明确的论述。在达夫的游记中，我们不仅能欣赏到祖国的名胜古迹与景色风物，同时也能强烈地感受到他贴近社会、关注民生的爱国情怀。我们今天来读达夫的游记，似乎可以见到这位具有浪漫气质的中国作家清瘦的面容、睿智的目光和那颗炽热的心。

参考文献：

[1] 温儒敏，赵祖谟．中国现当代文学专题研究 [M]．北京：北京大学出版社，2002.

[2] 郁达夫：郁达夫诗文名篇 [M]．长春：时代文艺出版社，2003.

[3] 李光连．散文技巧 [M]，北京：中国青年出版社，1992.

[4] 唐弢．中国现代文学史 [M]．北京：人民文学出版社，1979.

[5] 周晓明，王又平．现代中国文学史 [M]．武汉：湖北教育出版社，2004.

[6] 雷淑娟．文学语言美学修辞 [M]．上海：学林出版社，2004.

[7] 中国现代文学馆．中国现代文学百家：郁达夫．北京：华夏出版社，1997.

[8] 郁达夫．郁达夫文集(第7卷)[M]．广州：花城出版社，1983.

[9] 郁达夫．郁达夫文集(第5卷)[M]．广州：花城出版社，1982.

本文发表于《湖北大学成人教育学院学报》2006 年第 5 期。

先秦名篇中的论辩智慧

先哲的语言智慧作为中华优秀传统文化的重要组成部分，一直闪耀着夺目的光辉。《烛之武退秦师》《邹忌讽齐王纳谏》《触龙说赵太后》《子路、曾皙、冉有、公西华侍坐》《寡人之于国也》《劝学》等文言文篇目，为我们展现了孔子、孟子、荀子等思想家，邹忌、触龙、烛之武等著名讽谏之臣，以及杰出游说家的语言智慧。他们不仅出色地完成了各自特定的言语交际任务，还以其独特的语言效果使人"玩之无穷，味之不厌"，大有启迪后人、益人心智的特殊意义。

一、"一鼓作气"的游说艺术

语言活动要求交际双方，在交际活动中都做出积极的反应，促使交际活动进行下去。游说就是语言活动的一种。《烛之武退秦师》中，秦、晋入侵郑国，在这样危急的情况下，烛之武求见秦穆公。秦穆公心知其意，烛之武只能"夜缒而出"去见他，这说明秦穆公采取了一种非合作的敌对心态。秦穆公的意图很明显，他希望挫败这次言语交际。对此，交际者烛之武接连以"郑亡而秦无利可图""秦越国以图郑土实难""亡郑实益晋薄秦""晋国屡背秦义"的语篇打动秦穆公，使其在斟酌利害得失之后，对烛之武接连发出的语言刺激做出了回应。回应的倾向是合作的，即愿意中断与晋国的联盟，与郑国结盟。这便是语言学上"一鼓作气"的交际方法，与中国古代军事史上所记载的《曹刿论战》的策略原则一致。

这告诉我们：说话（言语交际）必须掌握时机与语境，适时出语，见景发语，注意表达方式，切不可该说话时不说。

二、"意他言己"的讽谏策略

讽谏君王并不是一件容易的事。在《邹忌讽齐王纳谏》一文中，齐威王昏庸，听不进忠言，使齐国许多大臣心忧如焚，局面颇为难堪。邹忌知道齐威王好大喜功，爱听顺耳语，不接纳直言忠谏，于是采取了与其他人不同的讽谏方法。他首先跟齐威王讲了自己私生活的故事，使齐威王听来颇感有味。当齐威王心理上卸下了防御后，邹忌再循序渐进地把话题引到事先预设的轨道上，等到齐威王发觉邹忌谈说私情的用意时，讽谏已经完成了。

仔细分析可知，邹忌的讽谏明显地分为两个部分：诱导与伏击。诱导是前一部分，即讲邹忌私生活中的故事。它由前提与结论两个结构成分组成，前提是邹忌身为丈夫、丞相，结论是妻子偏爱他、妾畏惧他、客人有求于他。伏击部分为语篇末段，也是语篇的语义重心部分。它也由前提与结论两个结构成分组成，前提是齐威王身为国王，有权有势，结论是"宫妇左右莫不私王，朝廷之臣莫不畏王，四境之内莫不有求于王"。邹忌是大臣，妻妾及客人违心地说他美，这是个前提；齐威王是国王，宫妇左右及天下人怕他而不敢忠言直谏是结论。当齐威王好奇地由诱导进入伏击后，其反感心理就无形地被淡化、抑制了。齐威王接受了"诱导"部分的事实，承认了"伏击"部分的结论成立后，自然而然地就肯定了邹忌此次讽谏的总结论："由此观之，王之蔽甚矣！"于是，便有了齐威王改过自新、广开言路的结局。这便是邹忌"意他言己"的讽谏策略。

三、"请君入瓮"的劝谏技巧

《触龙说赵太后》给我们展示了左师触龙"请君入瓮"的讽谏艺术。触龙求见赵太后，目的是劝谏她让长安君出质于齐以解赵围。由于赵太后对这个议题非常反感，明言"有复言令长安君为质者，老妇必唾其面"。触龙不忙于入题，而是先向她问安、拉家常，使她认为触龙体谅她，在心理上解除了对触龙的戒备，心甘情愿地顺着触龙的话头继续交谈。触龙见太后态度缓和了，便逐渐转向预定的方向，以男人也爱小儿子的话柄作为诱饵，引出赵太后爱燕后还是更爱长安君的话题。至此，赵太后已进入了触龙的"圈套"，但此时还非亮明真实目的之良机。如果此时急于直奔主题，刚"入围"的赵太后可能立即退出"圈外"，那么触龙就前功尽弃了。于是，他又进一步诱导，比较了赵太后爱燕后与爱长安君的方式有何不同，迫使赵太后承认自己爱长安君不及爱燕后那么计深虑远。至此，触龙才说出此行的真实目的——让长安君出质于齐。此时，赵太后顺着触龙的逻辑引导一步步深入，转变为十分认同他的意见。于是，触龙"请君入瓮"的劝谏获得了全面成功。

此外，《子路、曾皙、冉有、公西华侍坐》中孔子作为教育家、思想家，通过富有智慧的语言营造了轻松和谐的气氛，其中循循善诱的指导、因材施教的应对、客观公正的评价，展现了孔子及其弟子的性格特征与精神气质。其语言魅力和语言特色值得细品。《寡人之于国也》中，孟子善用比喻、巧用排比，语篇结构严谨、气势充沛、说理透彻，可以说是不可多得的优美演讲词。学生通过朗读和翻译，方可领悟到这两篇演讲词的精彩与绝妙。

这些经典文言文名篇具有极高的审美价值，其中也蕴含高超的言语交际艺术，对提高学生口语交际能力有实际指导作用。教师可以赏析为切入点，通过分角色朗读（表演）、论辩智慧赏析、口语交际训练等方法进行教学，促进学生传承中华优秀传统文化、提高口语交际能力。

本文发表于《语言文字报》2022 年 11 月 2 日，第 3 版。

再读《兰亭集序》

  东晋士人和文人崇尚自然，顺情任性，最典型的表现在流芳千古的兰亭集会上。这次名士和文人参加的集会，充分显示了人与自然和谐的精神，这一精神却是魏晋叛逆精神在人生中寻求灵魂家园的必然结果。《兰亭集序》反映的就是叛逆精神走向成熟的动态心灵，集中体现了魏晋风骨和魏晋精神。《兰亭集序》作为集哲学、美学、文学、书法多项成就于一身的千古美文和中华第一行书，历来受人赞赏，但对该文的主题思想，众说纷纭，莫衷一是。最常见的和最普遍的说法，是把王羲之引用《庄子·德充符》中的一句庄子借孔子之口说出的话"死生亦大矣，而不得与之变"中的"死生亦大矣"，作为全文的文眼和主题所在，认为该文委婉地批评了士大夫生命虚无的玄学思想观念，表明了作者对生死问题的重视，以此来启发所谓的士大夫和名士，不要让生命轻易地从自己的身边悄悄逝去。许多解读、鉴赏文章也如是说，由人民教育出版社出版的《教师用书》也持这样的观点。

  通过深入研读该文，结合魏晋时期的思想和文学发展特征，笔者认为，《兰亭集序》是中国文人直面人生、直面死亡、拒绝一切宗教幻想精神的乱世智语，集中表达了中国文人在生死问题上的痛苦与旷达、无奈与超脱。本文文眼非"死生亦大矣"，而是"岂不痛哉"和"悲夫"，即两个字："痛"与"悲"。可以想象，在兰亭聚会时，王羲之等人置身于美丽的大自然，通过游目骋怀，体会大化运转的庄严与华妙，世俗的羁绊和生命的忧伤都被化解了。

一般说来，中国人对待死亡的态度有以下几种情形：一是暧昧的回避，如孔子说"未知生，焉知死"。二是虚幻的宗教化的审视，如道教的生死观。三是在殉道意志的支持下，进行诗意化的观照，如屈原。四是以自然的姿态去面对。相比较而言，最后一种态度最为理性。[①]读者知道，我们的人生笼罩着死亡的阴影，但即使这样，我们还是要好好地生活。当王羲之说"固知一死生为虚诞，齐彭殇为妄作"，"修短随化，终期于尽"，"死生亦大矣，岂不痛哉"，"后之视今，亦犹今之视昔"时，正表达了一种甚至拒绝相对主义的安慰，痛苦地接受人终有一死的事实，并认为这是人生的不可回避的宿命的清醒意识。[②]鲁迅曾一再引用的裴多菲的名言"绝望之为虚妄，正与希望相同"[③]，与王羲之正是千古同悲、千古同感。但他们的悲叹、悲痛，并不等于悲观，而是道出了我们中国人对待时间、历史、人生的睿智心态和清醒认识，才如此打动千万读者。正因为人的死亡和快乐的短暂，是不可抗拒的自然规律在起作用，时空无限而人生有限，所以悲哀与孤独才是人生的底蕴，这是一种基于自我觉醒的时代情绪，它深深地影响到文学与审美风尚。然而更令人悲哀和无奈的，就是即便洞察了这一切，却"犹不能不以之兴怀"，这便是一个清醒而怀疑的中国诗人眼中所看到的历史与人生的真相。在这篇美文中，我们发现诗人最能感物兴怀的正是人生的悲剧主题，即从

---

① 郯训仵、李剑锋：《中国文学精神：魏晋南北朝卷》，山东教育出版社，2003，第117页。
② 邵毅平：《中国诗歌：智慧的水珠》，浙江人民出版社，1991，第118页。
③ 出自鲁迅散文诗《希望》。

宇宙永恒、人生短暂中感悟个人悲剧和人生的价值所在。[①]难怪李泽厚先生称"魏晋南北朝是一个人的觉醒的时代，也是一个文学自觉的时代"[②]。

原文《对人生的清醒与怀疑——〈兰亭集序〉主题新探》发表于《新课程研究·教师教育版》2008 年 3 月刊，后经过修改形成本文，发表于《阅读时代》2023 年 3 月下半月刊。

---

① 袁济喜：《古代文论的人文追寻》，中华书局，2002，第 213 页。
② 李泽厚：《美的历程》，生活·读书·新知三联书店，2009。

生态思想的倡导与弘扬

  人教版高中语文第一册《寡人之于国也》（节选）一文，比较集中而鲜明地阐述了孟子的仁政思想。笔者认为，在教学过程中，教师和学生都比较关注孟子作为儒家代表人物所提出的仁政思想的具体内容和具体措施，而忽视了孟子所提出的生态学思想，即保护自然资源和生态环境，追求人与自然、民与君协同进化、持续发展的理想和目标。从这个意义上说，笔者认为，孟子是我国伟大的传统生态学思想家。

  文章的第三段，孟子提出了发展生产的三种措施。三组排比句，阐明了儒家对于环境管理和环境保护的根本目的，是保证自然资源的持续利用。文中并明确指出，人们之所以要采用生态学的措施（"不违农时""数罟不入洿池""斧斤以时入山林"）来保护自然资源（谷、鱼鳖、山林），根本目的是保证自然资源的持续利用性（"谷与鱼鳖不可胜用""材木不可胜用"），这样，才可能保证人民群众起码的生活需要（"使民养生丧死无憾也"）。只有满足了人民群众的生活需要，才可能为统治者提供真正的和坚实的基础（"王道之始也"）。在这里，孟子具有民本主义的倾向，将民本主义从社会历史观上的一种学说转化为环境管理问题上的一项基本原则。

  文章的第四段，孟子进一步提出教养百姓，使民心归顺的仁政主张，阐述王道之成的道理，也是"使民加多"的根本措施。

连用四组排比句，把仁政的主张层层铺叙，为梁惠王展现出美好、和谐、稳定、安康的社会前景，描绘出"天人合一"的自然生态、社会生态、文化生态和谐统一的国家蓝图。

通过教学该文，可以发现，我国传统文化中的生态意识就其完整性和内容性而言，形成了一个内容丰富的理论体系，既对中华文明的持续发展起了基础性的支撑作用，也对我们现代环境意识的形成与传播具有重要的借鉴作用。

本文发表于《语文教学与研究》（读写版）2007年4月刊。

对联的对偶修辞美学特征

本文概括出对偶辞格在对联文体中表现出的四个美学特征，即建筑美（造型变化）、对称美（联意相关）、语言美（文字凝练）、节律美（节奏和谐），认为对联这种独立且独特的文体把对偶修辞的美感特质发挥到了极致，极大地开拓了对偶辞格的内涵，是"意美、音美、形美"之集大成者。

对偶是一种常见的修辞手法，在我国语言文学当中，可以说是运用最广泛、意蕴最丰富的修辞方式，也是沉淀民族审美心理最深厚、最能体现汉文学古典美特征的一种表达方式。这种表达方式在各种文体中都有应用。中联会刘太品先生说："（对偶）它的表现形式是并列使用两个对称的句子，从而起到强调表达内容、美化表现形式的作用。随着对偶修辞手段的不断发展和进步，这种修辞手段终于成长到自身独立起来作为一种文体的阶段，这种独立使用自成篇章的对使句，就是对联文体。"① 大量资料表明，对联是由对偶句发展而来。远在先秦著作中就出现了对偶句，经汉、魏至南北朝，形成以俪句为主，讲究对仗和声律的骈文，同时律体诗亦趋成熟。王均裕先生认为："律诗每首八句，每两句叫一联。其中颔联、颈联必须对仗，简称'对联'。这才是对联一词的来由。"[1]

对偶具有无穷的魅力。王均裕先生说："对偶，由于结构相

---

① 引自《对联文体特点及对仗与声律原理——运城盐湖区对联知识讲稿》。

同，字数相等，意义相同、相关或相反，因而在形式上显得格外整齐匀称，既表现为对称的美，也表现为均衡的美；在语音上，平仄协调，节奏鲜明，朗朗上口，悦耳动听，它的确是很有修辞效果的一种形式。"[1] 但是，很少有专家对楹联对偶辞格进行深入的研究。对偶的内蕴特别是它在对联文体中的运用和审美效果，对于我们深入地认识对联的美学特质，继承古典美、创造现代美都是大有裨益的。

本文在纵观对偶修辞研究成果的基础上，结合对联作为一种独特文体的特征，概括出对联对偶修辞的四个美学特征，即造型变化美、联意相关美、文字凝练美、节奏和谐美。

一、造型变化——建筑美

对联的外在造型变化美主要表现为整齐美和参差美。

1. 整齐美

整齐，又叫"整齐一律"，是形式美的一种形态。汉字是单音独体字，无论多么复杂的一个字，所占的时间和空间都是相同的。这样，它排列起来就非常整齐，具有一种独特的建筑之美。加上对联的上下联句字数相同，不论是横排还是竖排，都像整齐的仪仗队一样，非常美观。从美学角度来看，这就形成了整齐、均衡、对称的形式美。对联中的对偶，由于句法、词性和声律的两两对应，自然能产生一种强大的吸引力和内聚力。经过前后映衬，互相补充，形成一个和谐的内蕴丰富的整体。

2. 参差美

对联中的对偶，有一字对偶（一言联），也有两字对偶（二言联），还有三字对偶（三言联），等等，字数逐渐增多。如中国最长的对联为清代"联圣"钟云舫所撰重庆江津县临江城楼长联，总计 1612 个字，上下联各 806 字。对联这种句不定字数的特点带来了参差错落之美，要比整齐划一的五言、七言律绝在外形造型上更具有变化丰富之美。很多对联有多个分句的长句、短句相间，特别值得一提的是，塔形联是最具有特殊参差美的对联形式。塔形联的排列呈现参差美与对称美，整体则构成一个完美的塔形。塔形联凸显了文学语言的造型美，并通过特定的造型直接给人以视觉上的具象感和空间感，或通过对联具象形式的排列，构成有意味的塔形，形象化地体现对联的内容。比起形式整齐的律绝来，对联把参差错落之美表现得较为充分，并围绕一个主题，在参差的形式中达到内蕴的和谐一致性。

此外，除了上下联句之间的工对、宽对、邻对，内容上的正对、反对以外，还有串对（流水对）、当句对（本句中自成对偶，上下句也成对偶）、扇面对（隔句对）、错综对、鼎足对（三句对，即三句相连、字数相同、互为对偶的句子，如鼎之三足并立）、连璧对（四句对）、联珠对（五句及以上）等一些特殊的对偶形式，使对偶更富于变化和参差之美。[2]

二、联意相关——对称美

中联会刘太品先生说："对联文体的形式要求，是上下联字词之间在形、音、义上的全面对称。"[①]这句话道出了对联的联意对称美。楹联令人喜爱的根本原因，在于对称、对比和对立统一。对偶具有对比美、对称美；声律具有抑扬美、和谐美。王力先生说："中国古典文论中谈到的语言形式美，主要是两件事，第一是对偶；第二是声律。"（见《中国古典文论中谈到的语言形式美》，《龙虫并雕斋文集》）对联之所以称其为对联，不但在其中需要对偶或对仗，重要的还在于一个"联"字，刘联不联则不能称其为对联，如果上下联是两个互不相关的事物，而两者

---

① 引自《对联文体特点及对仗与声律原理——运城盐湖区对联知识讲稿》。

之间又不能映衬、贯通、呼应，就是不合格的对联。中国楹联学会制定的《联律通则》第六条把对联的这个特点概括为"形对意联。形式对举，意义关联，上下联所表达的内容统一于主题"[3]。这条规定实为提纲挈领，切中要害。曾伯藩先生在《对联作法》一书中也说："合乎事物的逻辑关系，这是写作对联必须遵循的一条规律。"[4]

曾伯藩先生还认为："对联是具有特殊形式的诗。"[4]对联与诗词一样，其中也有意象或意象群，上句与下句成对偶或句中自成对偶，则形成了意象群的对称、平衡。而且特别应该指出的是，这种对偶具有丰富和拓展意象体系的机制，在创作中常常有上句逼出下句，或先写下句"追补"上句的情况。这种情况表明，在对联作者心中首先形成的只是一个意象单元，接着为了满足对偶的要求，再进一步去感知、想象，生发出另一个意象单元，从而构成一组对仗形式的意象群。可以说，正是对联对偶修辞的这种特点，使得一大批对联作者在创作过程中，或冥思苦想、呕心沥血，或信手拈来、浑然天成，从而构思出一副副绝妙佳联，为世人称道、叹服。这就是闻一多先生所提出的"戴着镣铐跳舞"，以及歌德所说的"在限制中才显出名手"。对联对偶的这种独特魅力，注定了它将激发联家最大的应战热情和创造能量，而联家则在全力以赴地钻研、磨练中逐渐掌握对联独立文体的要求，最终臻于随心所欲但不逾矩的自由境地。

三、文字凝练——语言美

对联之所以从古至今千年不衰，一个很重要的原因就是它文字精练，表现力强，精悍短小，便于传播，对仗精巧，朗朗上口。

对联具有极强的表现力，这不仅与中国的语言文学特点有关，更主要的在于作者对联句进行高度的浓缩和提炼，使其成为比赋、骈文更精练，比诗、词、曲更灵活的特殊文体。它不需要小说的三要素，只需把想要表达的意思用最洗练、简洁的文字表达清楚即可。

如周恩来青年时代题赠王朴山的一副联：

浮舟沧海；立马昆仑。

此联仅八个字，却让我们感受到他救国救民的伟大胸怀和为中华崛起而奋斗的顶天立地的英雄气概，可谓言简意赅，气贯长虹。

刘勰在《文心雕龙·丽辞》中说过："丽句与深采并流，偶意共逸韵俱发。"在内容上，对偶的两句形式并列，简洁凝练的内容却相对或互补；刻意的严谨格式，却容得下无比广阔的内容。

明代顾宪成题东林书院大门联：

风声雨声读书声，声声入耳；
家事国事天下事，事事关心。

上联意在写景，下联重在言志。两种互不相关的事物相互为用，妙在：上联不单是为写景而写景，一句"声声入耳"，道破了作者的用心，而下联的"事事关心"则是作者的立意初衷。

四、节奏和谐——节律美

对联的节奏是比较灵活的，但并不是无序可循的。所谓的节奏灵活，是说它没有固定的程式，在长联中只要做到大概的平仄交错就可以了。至于七言以下的短联，因为字数少，要求必须严格。（关于七言以下短联的平仄要求，中联会《联律通则导读》一书只是在"导读"部分做了一些解释和说明，但并没有做出明确的规定。）

汉字分为平声和仄声两大类，对联对偶将平声和仄声有规则的相间相反而形成整齐美、起伏美、抑扬美，对联这种严密完美的音调律，使对联具备了极为悦耳和谐的听觉美。姚仲明先生在《修辞美学》中说："对偶句能给人以和谐、对比、匀称的音乐美和结构上的整体美。"[5]

朱光潜先生在《诗论》一书中对中国诗的节奏与声韵的关系做了翔实的论述，这里不做赘述。对联是一种非常接近于诗的独立文体，两者有很多相通之处，只不过对联在用韵上没有限制，比较自由，没有诗那么高的要求。朱光潜先生认为："四声不但含有节奏性，还有调质（即音质）上的分别。""四声的功用在调质，它能产生和谐的印象，能使音义携手并行。作诗虽不必须依声调谱去调平仄，在实际上宜用平声的地方往往不能易以仄声字，宜用仄声的地方也不能随意换平声。"[6]对联声韵的高低抑扬之美，主要通过平仄、停顿和对仗来体现。平仄是字音声调的区别，它有规律地交替和重复，能造成音调的和谐而有变化，形成节奏。对联大量的二字一顿，穿插一定数量的一字顿甚至少量的三字顿，使人读来不觉单调。其欢快紧凑而又流畅和谐的韵律，给人无限的音乐想象和美感。

鲁迅先生在《汉文学史纲要》中说："中国文字有三美，意美以感心，一也；音美以感耳，二也；形美以感目，三也。"笔者认为，作为一种具有独特形式、丰富技巧和巨大魅力的独立文体，称对联是"意美、音美、形美"三美一体的集大成者，实不为过。

参考文献：

[1] 王均裕 . 修辞拾贝 [M]. 成都：四川教育出版社 ,1985.

[2] 周春霞，尹志斌.古代对偶辞格的几种运用形式 [J].对联.民间对联故事（上半月），2011（3）.

[3] 中国楹联学会.联律通则导读 [J].对联.民间对联故事（下半月），2012.

[4] 曾伯藩.对联作法 [M].长沙：湖南文艺出版社，1987.

[5] 姚仲明，陈书龙.修辞美学 [M].武汉：长江文艺出版社，1991.

[6] 朱光潜.诗论 [M].北京：北京出版社，2005.

本文于 2012 年 5 月获评中国楹联学会第三届中国楹联论坛"对联修辞研究征文"优秀奖，并发表于《对联·民间对联故事》（中国楹联学会会刊）2012 年 12 月上半月刊。

《离骚》中的"美人"是指楚怀王吗

屈原的代表作《离骚》是一首政治抒情诗。比兴的手法渗透到了整个作品之中，相比《诗经》来说，其比兴已具有一致性和连贯性，从而具有了整体象征性。但对于该诗中"惟草木之零落兮，恐美人之迟暮"中的"美人"，很多人理解不一致。如教材就注释为"美人，指楚怀王"。相配套的教师教学用书解释为"比喻理想中的君王"。袁行霈先生在《屈原的人格美及其诗歌的艺术美》一文（见《中国诗歌艺术研究》增订本，北京大学出版社，1996年）中，也把"美人"称为"理想中的君王"。一些参考资料也持这种观点，如吴铜运主编的《高中文言文译注及赏析》（长春出版社，2004年）等。

我们暂且不去判定这种说法的正误，先来追溯这种观点的根源。东汉王逸给刘向所编的《楚辞》作序，在《离骚经序》中说："《离骚》之文，依《诗》取兴，引类譬喻，故善鸟香草，以配忠贞；恶禽臭物，以比谗佞；灵修美人，以媲于君……其词温而雅，其义皎而明。"[①] 这是以实证的方法分析《离骚》中的比兴寄托。但是，美人何以为美呢？王逸却不得其解，以为"美人谓怀王也，人君服饰美女，故言美人也"，这个理解就有偏差。

那么，什么才算是美呢？《说文解字》："美与善同义。"《孟子·尽心下》："充实之谓美。"《庄子·知北游》："德将为

---

① 洪兴祖：《楚辞补注》，中华书局，1983，第2—3页。

汝美。"这些理解都说明了春秋战国以来对美的一般看法，认为美人就是德善之人。所以，很多文人墨客才用美人来比喻君子，屈原把自己譬喻为美人，这其中就含有他本人对美的看法。草木零落，美人迟暮，象征着贤人的失落和郁郁不得志，也象征着有抱负的君子政治生命的终结。《楚辞选译》①就认为"美人"是"自我比喻"。王洪在《中国古代诗歌历程》②中认为，"诗人用'美人迟暮'来比喻自己对时光流逝，志不获骋的担忧"。这也正反映出《离骚》忧愁忧思，"发愤以抒情"的创作动机和忠君爱民的诗歌主题，也符合诗人的情感逻辑。

综上分析，笔者认为，《离骚》中的"美人"实为自喻，是指屈原自己。

---

① 陆侃如、龚克昌选译：《楚辞选译》，上海古籍出版社，1981。
② 王洪：《中国古代诗歌历程》，朝华出版社，1993。

第二辑　阅读教学新法

《南州六月荔枝丹》的创新教学设计

　　科技说明文在日常的语文教学中是不受到重视的。笔者针对科技说明文的教学进行创新设计，基于《南州六月荔枝丹》的教学实践，详细陈述了教学流程，阐述了教学理念。并结合中职科技说明文的教学，提出了一些教学策略。

　　由高等教育出版社出版的语文基础模块下册教材（2019 年 8 月第 4 版）第二单元收录的全为科技类文章，即科技说明文。当今时代，随着科学技术高速发展，反映科技成果、传播科学知识的文章大量涌现。笔者认为，阅读这类文章，重要的是要在准确、迅速地抓住关键语句的基础上，筛选、提取出文章的重要信息，不需要也没有必要精读、细读，而可采用略读、速读的阅读方法。因为各种文章都有一定的冗余信息，其中科技文章多达 75%，对这类文章科学略读，不会影响对文章主题的理解。因此，对于科技说明文这类文章的教学，教师要少讲解和分析，多让学生思考和复述，让学生动笔写缩写式的文章，推进作文生活化和"人""文"的统一，从而实现阅读教学的真正目的：促进语言应用，提高写作能力。

一、常见的《南州六月荔枝丹》的教学

　　浏览互联网上的一些语文教学网站，点击《南州六月荔枝丹》，就会出现许多关于本文的教案。通过研究，会发现网络上

的这些教案，大多以理解说明顺序、探究说明方法、掌握对象特征、品析语言特色为重点，教师讲的过多，学生练的太少，忽视了将阅读能力内化为写作能力的训练与培养。高等教育出版社编著的配套《教师教学用书》，虽然提到了"培养学生筛选信息的能力"，以及"写作和交流"，但对科技类文章的阅读方法和缩写、改写训练未作强调，所以没有引起广大教师的重视。

令人欣喜的是，《中学语文教学》杂志 2005 年第 3 期刊载了浙江省衢州二中章浙中老师撰写的《吃罢荔枝话荔枝》一文[1]。该文介绍了其教学流程：激趣—体验—交流—展示—探究—迁移。笔者认为，在章老师的教学中，"展示——跳进课文品语言"，这一环节是全课的亮点。章老师采取小组合作的形式，让每个小组就荔枝的某一部分动笔写文段，然后与课文相应语段做比较，谈学生自己的得失成败。这种培养学生动手写作能力和比较阅读能力的做法，值得大力提倡。遗憾的是，在当前的语文教学实践中和语文报刊上，这样实用的教学方法实在太少太少。

二、笔者的教学设计与实践

在教学《南州六月荔枝丹》一文时，笔者注意到本文语言浅显易懂、说明事物清楚、人文色彩浓厚的特征，在课堂上以学生略读、复述、练习为主，教师充当教学的组织者和促进者，用学生的思维训练代替教师的分析串讲，让学生的脑、口、手动起来，促进逻辑思维的发展和能力的提高。

具体教学过程如下：

1. 学生略读全文。略读时让学生筛选、提取出介绍荔枝和包含荔枝各部分特征的语句与信息，这是阅读科技说明文的关键。

2. 理解说明顺序。用教师提问的方式，让学生思考，然后回答本文介绍荔枝时所使用的各种顺序。教师可让学生调换和颠倒文章所用的说明顺序，然后思考能不能倒过来，倒过来好不好？这样，学生就必须为了知其所以然而进行逆向思维，从而真正搞清楚说明顺序之间的必然的逻辑联系。通过这样的逆向思维，学生的思考力度加大，对问题的认识更接近本质。

3.复述荔枝特征。采用分组竞赛的形式，通过写作学习后，每组推举一人为代表，复述教师所指定的荔枝某一部分的重要特征，不需要面面俱到，而是要抓住说明对象的重点和关键。在这个步骤中，有学生对课文作者贾祖璋先生提出质疑。学生认为，既然荔枝是一种水果，就应该多介绍一下荔枝的果肉和味道，但课文对果肉和味道没有做过多的介绍，写得也很平淡。还有的学生指出，课文介绍荔枝的外壳、颜色、形状、大小、重量、壳膜、瓤肉、特性、果核和花，感觉没有重点和非重点之分，平均用墨，没有主次。对于学生的质疑和想法，不管对与错，教师要及时肯定，表扬学生敢于向教材和作者质疑的可贵精神。

如何根据文章的特点和教学的特点需要，采用不同的复述方式；怎样使复述作为一种认知策略让学生娴熟地掌握，对这些方面，有些教师很少考虑和涉及，这是不足之处。实际上，这种学习的策略知识应作为教学目标来预设。

4.文章改写练习。对于文章的改写，师生可以分头改写，同台竞技，将《南州六月荔枝丹》改写成平实性的说明文，要求有特色，做到详略得当、重点突出。这一步是科技说明文的教学终极目标。

在结束该文的教学之后，笔者对学生开展了教学满意度调查，教学满意度达到98.7%。学生复述和改写都很成功，都抓住了荔枝的特点。复述有重点，改写有特色。课堂气氛和谐，学生学有收获，教学效果良好。

北京大学教授孔庆东在《中学语文教学》（2005年第5期）

上撰写文章《和中学教师谈说明文的写作与教学》[2]，高度评价《南州六月荔枝丹》是不可多得的文质兼美的科技说明文，并认为"我们不需要学生在作文里编造那么多动人的故事，我们需要平实通顺流畅简练的应用文体。这样的文章多了，不但有助于全民文化素质的提高，而且有助于全民道德品质的修养……作文和做人的道理是相通的，先要有质，然后再追求文"。孔教授的这番话，对当前重视散文和诗歌教学，而轻视应用文和科技文等实用文体教学的广大教师，或许是一个良好、善意的提醒。语文教师只有加强了说明文的教学，并重视说明文的写作训练，学生动笔写作的能力才能真正得到提高，这也为学生今后走入社会打下了一定的文学基本功。

三、科技说明文阅读能力的培养策略

对各类文体的阅读能力的培养，语文教育专家魏书生为我们做出了榜样。教师不仅要教给学生做人的道理，还要教给学生学习和读书的方法，为终身学习奠定基础。对中职生今后在工作和生活中会经常遇到的科技说明文，教师更应该加强阅读能力的培养。

首先是采用视读方式。要求学生默读，即不发出声音，克服唇读、喉读和心读，进行彻底的默读，是快速阅读的基础。

其次是控制视线运动。要求学生阅读时减少眼停次数和时间，减少回视次数，使眼停与注意同步进行。在教学中，如果教师过分强调精读，学生不逐字读就感到不安，这样该习惯就会保留下来，有碍眼、脑的和谐配合，限制阅读速度。

最后是抓住重点阅读。对于科技文章，首先要阅读开头一、二段，然后阅读以后和各段落的开头几句或一行，最后再阅读末尾的两段或一段，这是由文章结构决定的，因为开头一、二段一

般要表述写作主题、作者的观点或概括下文内容，最后一段或接近尾部的段落多为文章的综述、结论及其中心思想，而中间各段开头几句，很可能是主题句。

另外，在阅读过程中要求学生积极思考，对词语和句子的接续、意义的展开及情节的推进做出推测，依照语感、知识经验、逻辑判断进行跳读，删除一些冗余信息。为了更有效地提高速度，有意识地培养学生的预测、推断和语感能力是非常必要的。如此长期训练，学生必有收获。

参考文献：

[1] 章浙中. 吃罢荔枝话荔枝 [J]. 中学语文教学,2005(3):39.

[2] 孔庆东. 不要人夸颜色好，只留清气满乾坤：和中学教师谈说明文的写作与教学 [J]. 中学语文教学,2005(5):59—61.

本文于 2023 年 3 月在湖北省首届博裕杯"新时代职业教育高质量发展"论文大赛中荣获二等奖。

"古诗词鉴赏"考点分析与解题策略

——以湖北省技能高考为例

《湖北省技能高考文化综合考试大纲》中，对"古诗词阅读"这一考点的总体要求是"赏析浅易的古典诗词"，具体要求是"理解诗词句意，领悟思想感情，鉴赏表达技巧"。古诗词阅读既可以考查学生的理解能力、分析能力和鉴赏能力，又可以考查学生的语言表达能力，因而成为高考语文试题中的"常客"和必考的热点。笔者梳理了湖北省技能高考 2017 年至 2023 年这七年的文化综合考试真题，发现语文试卷中对"古诗词阅读"这一考点的考查内容，集中表现在以下四个方面：联想想象，描述画面；体味情感，把握主旨；了解事件，分析形象；字斟句酌，鉴赏技巧。从考查形式上看，题型均为简答陈述题，没有选择题、填空题。从考查分值上看，两道简答题各 3 分，共 6 分。从考查难易程度上看，每年考查的均是浅近的古诗词，难度不大。

下面，就近几年湖北省技能高考"古诗词阅读"方面，分析若干个考点，并介绍实用的解题技法。

考点一：联想想象，描述画面

古今诗人都善于通过精粹诗句来展现优美画面，让读者有身临其境、置身画中之感。于是，"描绘诗句展现的画面和场景"这种题型，成为高考语文试卷中的热点，被用来考查学生对诗歌内容的理解能力，对所描述画面的想象能力，并进一步引导教学，促进教师在日常教学中帮助学生提升描述能力和审美能力。例如2019年、2022年均考查了这种题型。

例1：2022年真题

河阴夜泊忆微之

唐·白居易

忆君我正泊行舟，望我君应上郡楼。

万里月明同此夜，黄河东面海西头。

题目：这首诗前两句描绘了怎样的场景？请简要概括。

思路点拨：本题考查学生描绘画面、概括景物的能力。解答此题，考生首先要正确理解诗句意思。考生可根据"舟、楼"等意象的特征，添加修饰语，然后连词成句。描述和概括时要注意两点：一要忠于原诗；二要简明扼要。

参考答案：夜晚来临不便行舟，夜泊河阴的黄河岸边，此时我想起朋友元稹；我相信元稹你也在想念我，说不定还会登上会稽的城楼，向北眺望思念着我呢！

解题技法：

描绘诗句展现的画面和景物，可按以下步骤进行：

1. 找出意象，把握景物。在整体感知诗意、理解诗歌内容的基础上，找出所要描绘画面范围的所有意象；或者说弄清诗中描写了哪些景物，再对原诗内容进行合理想象，把诗人因追求简练而省略的内容补充出来，把握画面的构成，最后再描绘景物所构成的画面。

2. 添加修饰，连词成句。根据意象特征，为意象添加恰当的修饰语，并连词成句，最后用优美的语言将其描述出来。如2019

年真题，考查了唐代高骈的《山亭夏日》。题目：作者写了哪些夏日之景？请简要概括。这首诗写夏日风光，用近似绘画的手法，描绘了作者在山亭上所见景物：绿树浓荫、楼台倒影、池塘水波、满架蔷薇，构成了一幅色彩鲜丽、情调清和的图画，表现了诗人悠闲自在的生活状态。

3.发挥想象，调动感官。描述诗中的画面，要在正确理解诗意的基础上，调动各种感官，从听觉、视觉、触觉、嗅觉等多方面感知画面的特点，描摹出大部分的、主要的景物。

4.巧用修辞，语言生动。在描绘诗句所展现的画面时，可以灵活使用比喻、拟人、排比等修辞手法，使语言表达更形象、生动，从而增强语言的艺术感染力。但要注意，不能偏离诗歌的主题。

考点二：体味情感，把握主旨

无论是哪类题材的古诗词，都要求考生耐心细致地品读全诗，并结合作者的经历、诗歌创作的背景，体悟诗歌传达的思想感情、蕴含的情感基调以及作者的情绪等，从而考查学生披文入情的能力，所以此考点出现的频率极高。例如2017年、2021年、2022年、2023年，连续多年都考查了这种题型，均考查了全诗抒发了诗人怎样的思想感情。

例2：2023年真题

早梅

明·道源

万树寒无色，南枝独有花。

香闻流水处，影落野人家。

题目：全诗抒发了怎样的思想情感？

思路点拨：本题考查情感主旨把握。诗中前两句，运用对比手法，写当万树凋谢萧条了无颜色之时，唯独早梅不畏严寒，凌寒开放。在小溪旁边闻到花香，看到早梅的花影倒映在山里人家的墙壁上，显出萧瑟冬天里的生机。

参考答案：全诗赞美了早梅坚韧不拔、与众不同的高洁品格，抒发了对早梅的喜爱之情。

解题技法：

体味诗人情感，可以从以下几个方面入手：

1.抓题材，显情感。古诗词类别不同，情感表达往往亦有不同。思乡诗，一般表现客居他乡的游子漂泊凄凉孤寂的心境，以及对家乡、亲人的思念；山水诗，往往表现对大自然的热爱以及厌弃世俗、向往归隐之情……了解这些，有助于考生把握诗歌情感。

2.品意象，寓情感。意象是渗透了诗人主观情感的景和物，如王维《使至塞上》中的名句"大漠孤烟直，长河落日圆"，这里的大漠、孤烟、长河、落日等意象内涵丰富，将诗人的慷慨悲壮和孤寂之情巧妙地融入在自然景物之中。

3.画词句，明情感。古诗词中大多有能够表现诗人情感的关键词句，解答时只要勾画出这些词句，就能准确地把握诗人的情感。

4.知背景，推情感。体会诗歌情感，还要联系作者，了解诗人的人生经历、人生志向等。如2022年真题唐代白居易《河阴夜泊忆微之》。白居易与元稹是好友，彼此相知颇深。全诗虽仅仅28个字，却包含着无限深沉的友爱和眷恋的深情。

考点三：了解事件，分析形象

分析人物形象和所述事件，无论是诗歌或者小说等作品，其实都很相似。分析古诗词中的人物形象和所述事件，是阅读诗词的第一步。2018年考查的是人物形象，2020年考查的是所述事件。

例 3：2018 年真题

望书归
宋·贺铸

边堠远，置邮稀。附与征衣衬铁衣。

连夜不妨频梦见，过年惟望得书归。

题目：这是一首以妻子口吻写的诗，诗中描绘了一个怎样的妇女形象？

思路点拨：本题考查了诗词中的主人公形象。人物形象一般针对叙事诗中的主人公、抒情诗中的主人公的形象而设题。本词以妻子（思妇）的口吻，借捣衣寄远以表达怀念丈夫（戍人）之情，这种以文入词的成熟技法，做到思想性和艺术性的统一。

参考答案：描写了一位日夜思念牵挂、关爱体贴远征丈夫的妇女形象。

解题技法：

分析古诗词中的人物形象或所述事件，可从以下方面展开：

1. 明确时代，知晓背景。首先，需明确作品所处的时代背景，了解诗人所处的时代背景。

2. 理解事件，揣摩含义。要理解诗意，尤其是其中涉及的典故，代指物及它们背后所表达的真正含义。2020 年真题，考查了唐代张说《岭南送使》的所述事件，被流放的诗人张说委托使者将书信带回京城。

3. 抓住特征，划分类型。主人公形象，即诗词中刻画的人物的形象特征，如乐府民歌《陌上桑》中罗敷美丽、智慧、不慕权贵的形象。抒情主人公形象，有时诗词描绘出来的形象不是诗人本人，而是某一类人的特征，如《诗经·蒹葭》中执着寻觅爱人的形象。贺铸《望书归》描绘的就是一位思念在外征战的丈夫的思妇形象。

考点四：字斟句酌，鉴赏技巧

鉴赏古诗词的语言和表达技巧，是阅读诗词的基本功。古诗词不仅平仄和谐，而且非常注重语言技巧和题材创新，讲究艺术手法或写作方法的运用。此类试题越来越受到命题者的青睐，频繁出现在语文试卷中。2017 年、2018 年、2019 年、2020 年连续四年均考查了此类题型。

例 4：2017 年真题

于长安归还扬州九月九日行薇山亭赋韵

隋·江总

心逐南云逝，形随北雁来。

故乡篱下菊，今日几花开？

题目：这首诗采用了虚实结合的手法，请结合诗句简要分析。

思路点拨：本题考查艺术手法。可运用艺术手法的模板进行套用，但不能泛泛而谈，一定要结合诗句展开具体分析。

参考答案：一、二句写实，借流云、归雁写出自己南归的心情和行踪；三、四句由实而虚，写出对故乡花事的猜想，巧妙地表达了思乡之情。这种移物的表现手法，深化了全诗的感情，使思乡之情富有深沉、具象之美。

解题技法：

鉴赏古诗词的艺术手法或写作方法，可从如下几个方面着手：

1. 紧扣诗眼，抓住关键。从诗眼或题眼入手，是鉴赏古诗词的一个捷径。诗眼是诗歌中最开拓意旨和最具表现力的词句，是作品中的点睛传神之笔，是一篇诗词的主旨所在。本诗中的最后一句"今日几花开"就是诗眼，借以增添喜爱故乡菊花的情趣，增强思乡之情的形象性。

2. 知人论世，整体把握。知人论世，整体把握诗词的情感基调和思想主旨，是鉴赏古诗词的根本。所谓知人论世，就是通过了解诗人所处的时代背景、诗人的生平及创作，发现诗词中"看不到"的背景和人影，进一步领会诗词的主题及其社会意义。所谓整体把握，顾名思义，就是不要把诗词分解得太支离破碎，要整体把握，才能"拼图""搭积木"，形成完整的答案。

3. 明确类型，对号入座。古诗词中，因形象性与抒情性的需要，常借助各种艺术手法来表现，其中最常见的是比喻、起兴、拟人、夸张、对偶、反复、衬托、对比、托物言志、以小见大、虚实（动静、远近、上下、乐哀）结合等。对于这个题型，语文真题一般都会明确地指出本诗中的哪几句使用了什么样的艺术手法，然后让考生进行简要分析，这就让考生有的放矢，挨船下篙，不至于离题、偏题，甚至答非所问。只要考生准确识记并掌握了这些手法的表达效果，就能更好地体会诗词的形象，领悟作者的感情，鉴赏诗词的艺术手法。

例如，2018 年考查的贺铸《望书归》采用了以小见大的艺术手法，2019 年考查的高骈《山亭夏日》运用了动静结合的描写技巧，2020 年考查的张说《岭南送使》运用了对比的写作手法。此类考法，比比皆是。

原文《湖北技能高考"古诗词阅读"考点分析与解题技法》发表于《阅读时代》2023 年 7 月下半月刊，后经过修改形成本文，发表于《语文教学与研究》2023 年 8 月刊。

把家乡名人文化的种子，播进青年教师的心田

——湖北省汉川市青年教师培训班黄良辉文化综合性学习课堂实录

在国力衰败、政治凋敝、民生维艰的晚清时期，黄良辉作为"湖北第一才子"，在文学创作上取得了较高的艺术成就，在晚清文坛上享有一定的地位。湖北省汉川市教师进修学校把"黄良辉文化专题研究"列为综合课程和地方课程的重点内容，重在探索黄良辉的文学成就，让青年教师培训班的学员运用文学鉴赏的方法，开展自主探究学习，从而提高鉴赏能力，追求高尚情趣，提高自己的文化涵养，同时，增强他们热爱家乡、建设家乡的感情和动力。

一、背景材料

黄良辉（1840—1904），湖北汉川分水人。1870年，应试中举，名列湖北第一。湖广总督张之洞称赞他"五百年必有名世，十三省只此秀才"。素有"湖北第一，天下第七"的美誉，生前即有多首诗篇入选当时的各种诗词选集。其著作《黄氏文钞》二十万字，内容丰富，体裁多样，有诗歌、辞赋、散文、奏议、寿序、书信等，实为晚清大文学家。民间流传着许多有关他的趣闻逸事，尤以诗联居多。

为保护、挖掘"黄良辉文化"这份宝贵的非物质文化遗产，提升湖北省汉川市的整体文化形象，汉川市政府成立了"黄良

文化研究会"。该研究会为中国楹联学会团体会员单位，现有会员一百余人。2008 年 7 月，汉川市召开了"黄良辉文化研究会成立大会暨第一次学术研讨会"，中国楹联学会会长孟繁锦及各省市楹联学会负责人均到会，开展了学术交流活动。目前，黄良辉文化研究会正组织有关专家、学者解读《黄氏文钞》，收集整理黄良辉的故事，编写有关黄良辉文化的乡土教材。

二、学生分析

1. 本班学生为"汉川市青年教师培训班"学员，来自汉川市的初中和小学，均为在职青年教师，学历均在专科以上，有一半教师具有本科学历。本班学员五十人，思维活跃，具有一定的教育教学经验，具备开展综合性学习的素质和能力。

2. 本班学员已经掌握了鉴赏各种体裁的文学文本的基本方法，有能力开展对某一位文学家的专题学习和研究。

3. 本班学员已经具备了收集信息和处理信息的能力，能够对黄良辉文化的相关信息、资料进行收集，整理和分析。

三、教学准备

教师提前一个月，将《黄氏文钞》中的相关资料复印给学生，同时把五十名学生分为四个小组，每组承担不同的学习和研究任务。第一组主要学习黄良辉的几首咏怀诗，重点研究诗歌所表达的情感，讨论诗歌所蕴含的忧国忧民情思。第二组主要学习《上湖广总督书》，重点研究他向湖广总督张之洞秉笔直书所涉及的十个方面的内容，讨论文章所体现的民本情怀。第三组主要学习《词赋》，重点研究其词学观，讨论黄良辉所理解的词的艺术特征的内涵。第四组尝试概括黄良辉的文学精神和文学成就，探讨汉川市大力开展黄良辉文化研究的时代意义。

小组内部各成员分工协作，每人都有明确的研究任务，共同完成对文本的鉴赏和研究。教师向学生提供《辉光》杂志（黄良辉文化研究会会刊）和《第一次黄良辉文化学术研讨会论文集》，供学生学习、参考，还向学生介绍有关黄良辉的网站名称，帮助学生浏览查阅。

四、实施目标

1. 进一步学习怎样进行文学鉴赏，掌握文学鉴赏的基本方法。

2. 运用所掌握的文学鉴赏方法对某一位文学家进行专题研究和探讨。

3. 培养多渠道收集信息、处理信息的能力和小组合作学习的能力。

4. 进一步开展地方历史文化名人的宣传与教育，扩大黄良辉文化研究的知名度与影响力。把这一批青年教师培养成"带头人"，让他们在培训结束之后回到基层中小学，带领更多的中小学生学习和研究黄良辉文化，从而掀起在全市学习和研究黄良辉文化的热潮。

五、实施方法

1. 在整个活动中，以"黄良辉文学文本朗读"和"黄良辉文学艺术鉴赏"活动为主体，体现学生自主探究学习。教师通过在课堂上组织开展诵读和讨论交流活动，体现教师是学习活动的指导者、合作者和支持者的身份与作用。

2. 在查阅学习黄良辉文学文本和研究鉴赏黄良辉文学艺术的活动中，采用小组合作的学习方式，促进学生相互学习，相互交流与团结协作。

3. 在汇报学习、研究情况和学员的交流活动中，教师引导学生发现问题、提出问题，从而进行探究性学习。

六、实施过程

教师：一月前，我已把相关文本和资料印发给大家，布置了重点研究项目和交流讨论的题目。这些天，大家积极性很高，有针对性地开展了学习和研究。

今天，这两节课就用来交流我们的学习、研究情况，每组限时二十分钟。下面先请第一组汇报他们的学习和研究成果。

荣郁：黄先生许多咏怀诗，表达了他一贯忧民爱国的情怀。如他在四川总督府时写的《咏怀》："烟柳似将睡，风蝉相与言。采诗恻民瘼，披易悟天根。"说明他写诗、收集诗是为了关心人民的疾苦，研读《易经》是为了领悟大自然的规律。当时，他对国家安危非常担心，身在四川，心已飞到保家卫国的前线。他在诗中写道："交南尚血战，我滞锦官城。安得九皋鹤，乘之万里征。"

潘利明：黄良辉不服老，他的《秋日感怀杂咏》表达老当益壮的情思，"斑鬓已如此，元颜未肯低"。他常回忆少年时期志存高远的宏愿和老有少心的情趣："弱冠尚奇伟，厉清（耿介有骨气）志八荒。谈笑吐虹霓，委灰有余芳。阆风（仙山）虽云高，灵螭为我翔。"（见《咏怀杂诗》）

周浩勇（第一组总结发言人）：读黄良辉的诗歌，觉得语言清新自然，有盛唐遗风。黄良辉结合身边景物，展开想象，运用比喻、比拟、夸张等修辞手法，表达自己的思想情感和个人志向，内容丰富，手法多样，写下了许多诗歌佳作。

教师：《上湖广总督书》是黄良辉在1893年写给湖广总督张之洞的。他是张之洞的好友，对张"督鄂"很关心。针对当时张之洞在湖北地区执政时的所作所为，结合当时的政治、经济、军事等社会现状，比较直接地对张之洞的一些做法进行了批评。下面，请第二组的同学们汇报自己的研究成果。

（限于篇幅，第二组同学发言略）

蒋芬（第二组总结发言人）：《上湖广总督书》可以说是黄良辉的散文代表作。全文以"此辉之所不解也"为线索，将黄先生的十条批评意见串联起来，内容集中，层次清晰，不蔓不枝，一气呵成。例如，他揭示厘金给人民带来的灾难，写得具体深刻，动人心魄。"厘金日增月累，十倍于初。阁下每遣一员经理厘务，必论以比较前额，务有余羡。不独委员横征暴敛，肆无顾忌；即局卡丁役，莫不虎视鹰瞵，借名奉旨劫夺民财。"后来"恩许免厘，刊示镂碑，通饬阖省。乡间父老，歌功颂德。阁下未及三月，朝令暮更，路碑毁示，复颁新章。资本虽极微末，均照新章，加倍完纳。前之歌颂，变为诅詈"。这是血泪的控诉，也是饱含深情地为民请命。在文章的结尾，黄良辉作为老朋友，还将张之洞在任湖广总督前后的所作所为进行了对比，认为他"前后异辙，判若两人"，毫不客气地批评张之洞是"倒行逆施、堕聪黜明"，并希望张之洞"幡然迥虑，改弦更张，布德行仁"，那么，"中国则幸甚矣"，他对张之洞寄予很大的期望，爱国忧民之情跃然纸上，可谓"字字真情，句句良言"。这十条批评意见涉及湖北乃至全国的政治、经济、军事、教育、赋税、社会治安，甚至张之洞本人的政治作风和为官之道，内容丰富，意见尖锐，可以看作是晚清中国社会的缩影。

教师：第三组主要学习辞赋《词赋》，学习难度大于诗歌和散文。但同学们不怕困难，基本上读懂了这篇赋。刘勰在《文心雕龙》中说："赋者，铺也；铺采摛文，体物写志也。"欣赏辞赋，主要从内容和语言两个方面进行。下面，请第三组的同学们交流看法。

（限于篇幅，第三组同学发言略）

刘刚（第三组总结发言人）：在《词赋》中，黄良辉主要就词的产生、发展、流变以及不同的词风，谈了自己的认识。还就词的文学特征、表现形式、表达技巧等方面发表了自己的见解。比如，他认为"翘文囿之别构，实藻性而绘情"，一语中的地指出了词构思精巧，藻性绘情的文学本质特征。他还指出词要"取致僻远、行神虚空、浓纤合度、修短得衷"，这样才能做到"味以淡而弥永，格以变而愈工"，真正体现出词作为一种文学体裁的特色。在结尾，黄良辉认为词能够娱情，从而达到蕙质兰心、神虚思逸的境界，难道一定要"玳瑁装函，珊瑚搁笔，宝機排牙，钿轴藏漆"吗？文学使人修身养性，它能让人超越自然境界和功利境界，从而进入道德境界和精神境界，这已经很接近现代的文学观了。从《词赋》中，我们可以看出他较深的文学理论造诣和精辟的文学理论观点，值得我们学习。

教师：黄良辉作为晚清文人，在二十万字的《黄氏文钞》中，向我们展示了一个真实而鲜活的文人形象，清晰地表现了他作为文学家的文学精神，丰富地展现了其卓越的文学成就。下面，请第四组的同学们交流自己的学习体会。

（限于篇幅，第四组同学发言略）

董又奇（第四组总结发言人）：黄良辉作为清末举人和湖北第一才子，文学创作成果丰富，诗歌、散文、辞赋、楹联、书法，无一不精。一部《黄氏文钞》，凝聚了他毕生的心血和智慧，也向后人展现了一个蔚为壮观的文学世界。从丁宝桢和张之洞的高度评价中，不难看出他作为文学家的巨大文学成就。实际上，一部《黄氏文钞》，表现内容丰富多彩，表达方式灵活多样，创作技巧驰骋多变。可以认定黄良辉乃晚清大文豪。

翻阅《黄氏文钞》，我们不禁为黄良辉的创作成果所折服，钦佩他的批判精神，欣赏他的忧患意识，赞叹他的自我情怀。这也正是黄良辉文学精神之所在。

第一，鲜明的批判精神。特别是在一些代官僚所写的奏折和他向朝廷所写的"书"中，这种批判精神表现得尤为充分。他大胆直言，秉笔直书，针砭时弊，讽时伤世，表现出作为一个文人应尽的社会责任。比如《上湖广总督书》《代张司徒樵野奏折》等文，就反映了他体恤民情的强烈呼声。

第二，强烈的忧患意识。1840年之后，随着殖民主义者的入侵，祖国危亡日深。甲午战争后，民族危机更加严重，已面临着被资本主义列强瓜分的危险。黄良辉在很多诗文中都抒发了对民族危亡的忧虑和对祖国前途的关切。他的诗文多次出现"忧"和"愁"等字眼，并非偶然，正是诗人强烈的忧患意识的表现，足见其思虑之多，忧患之重，悲愤之深。他在《入沅》一诗中写道："威柄（权势）神州弱，儒冠季世（末世）轻。岛夷（侵略者）方侮汉，无路请长缨。"这是诗人忧国忧民的真实写照，是诗人愤慨于封建统治阶级的腐朽和同情民间疾苦的直接反映，是一个正直的知识分子和爱国主义者所流露的难言之痛，这也是晚清的时代悲剧。

第三，浓厚的自我情怀。古人说：赋诗言志。黄良辉作为文学家，借诗联文赋以抒写怀抱和心绪，并借此树立自我的性格、人品和形象，在作品中表现出浓厚的自我情怀。他擅长寓情于景，善于托物言志，表现主观情感意志，塑造自我人格形象，追求文学审美理想，形成文学鲜明个性，令人称道。

教师：四个组的同学们分别交流了各自的研究成果和体会，大家的发言很精彩，表现出较强的研究能力和文学基本功，让人欣慰，值得赞扬。

下面，大家畅所欲言，对当前我市开展黄良辉文化研究的意义，发表自己的看法，也可以提出一些建议。

（学生自由讨论交流）

教师小结：当前，我市黄良辉文化研究还处于起步阶段，参与的人员还不多。但我们相信，有众多的中小学教师参与进来，必定会促进黄良辉文化研究的繁荣发展，黄良辉文化研究也一定会在我市生根、开花、结果。黄良辉文化研究也一定会走出湖北，迈向全国，为促进汉川经济社会发展做出更大的贡献！谢谢各位！

公开课结束，黄良辉文化研究会会长黄文学致辞，他欣喜地赞扬老师和同学们研究得深，讲诵得好，在汉川教育界开了个好头。他还讲了研究黄良辉文化的重大意义、研究近况和远景规划。鼓励大家继续开展对黄良辉文化的教学与研究。研究会常务副会长黄河清，即席诵读了他对这次研究活动的祝贺楹联："传承文杰一生龙虎气；滋养川原百代栋梁材。"

在公开课的评议会上，与会者十余人一致肯定这次综合性学习活动很成功。汉川一中、汉川补习高中等校的代表都表示，要把进修学校的经验带回学校，在师生中开展黄良辉文化研读活动，为文化兴市做出新的贡献。

本文发表于《新课程研究》2009 年第 6 期下旬刊（教师教育版），第 178—180 页。

湖北技能高考文言文阅读的命题特点和复习备考策略

　　湖北省教育考试院公布的 2024 年技能高考文化综合语文考纲，没有将文言文阅读考查单列，而是合并在"古代诗文阅读"之中。考查包括六个方面：一是实词的应用，重点考查一词多义和古今异义；二是考查 19 个常见文言虚词的意义和用法；三是辨析不同的文言句式，包含判断句、被动句、省略句、状语后置句、宾语前置句（包括动宾和介宾前置）、定语后置句；四是考查文言词类活用；五是翻译浅易的文言文句子；六是考查对文言文的内容理解。这就要求老师们研习并把握近年来湖北技能高考文言文阅读的命题特点，传授给学生必要的解题方法和技巧，科学地组织文言文教学及复习备考。

一、近九年来湖北技能高考文言文阅读的命题特点

　　研究和剖析 2016~2023 年这八年间的湖北省技能高考文化综合试卷文言文真题，发现具有题型固定、教考衔接、考查素养的命题特点。

　　一是题型和分值固定。按照每年的试卷结构，文言文阅读考查有 4 道题，3 道选择题各 3 分，1 道翻译题 4 分，共 13 分的分值。

　　二是考查内容上，全部为古代人物传记和精典故事。

　　三是文章选材上，2016 年取材于《左传》，2017 年、2018

年连续两年取材自《资治通鉴》，2020年、2021年连续两年取材自《史记》，2019年取材于刘基的《郁离子》，2022年取材于《战国策》，2023年取材于《后汉书·列传》。可见命题者对史书的偏爱。

四是考查形式上，注重来源教材，教考结合，选择题中所涉及的选项，除了真题选文材料之外，其他选项均来自中职语文教材和考纲规定的必考文言文篇目。

五是考查内容相对固定。第8题考查文言实词，固定为"对下列语句中加点词语的解释，不正确的一项"的设问方式，题干ABCD四个选项均来自真题原文。第9题考查文言虚词，固定为"下列各项中，加点词的意义和用法，与例句中的某词相同的一项"的设问方式，题干ABCD四个选项均来自考纲规定的必考文言文篇目。第10题一般考查对文章内容的理解，有时考查文言句式。第11题考查一句原文的翻译，句子不长，不是很难。

文言实词浩如烟海，某一年考查哪一个文言实词，肯定无法预测。对于文言虚词，2016~2023年八年之中，"之"考查了2次，"于、而"各考查了2次，"以、乃"各考查了1次。考纲规定的19个文言虚词，八年来只考查了5个，还有14个都没有进入过真题。预测2024年及今后的虚词考查，命题者可能延伸到其他虚词，但肯定会考查常见的虚词，比如"其、则、为、何、也、乎"等虚词，"安、盖、所、耳、夫、焉、矣、哉"等不常见的虚词，也不可忽视。

关于文言句式，2016年考查的是状语后置句，2019年考查的是判断句，2017年、2018年、2020年、2021年、2022年、2023年均没有考查。预测2024年及今后如果考查文言句式，可能会重点考查被动句、省略句、判断句、状语后置句、宾语前置句、定语后置句中的一种或几种。需要注意的是，文言句式的考查，一般会从真题选文中选择一句特殊文言句式为例句，固定为"下列各项中，与例句句式相同的一项"的设问方式，题干ABCD四个选项，均来自考纲规定的必考文言文篇目。四个选项会涵盖多种文言句式，但只有一句与例句相同，考生须认真判断、甄别。

二、文言文阅读教学和复习备考策略

一是研读考纲，立足考纲巧规划。湖北省技能高考语文科目考试的特点是：考纲整体稳定，试卷基本定型。考查内容有18个语文专题模块，分别对应语文试卷真题1至18道题的知识点和考查点。对这18个专题模块，师生要合理安排、规划好三轮复习教学。

二是常规教学中精讲多练重细节。老师精讲求效率、学生多练求速度、师生反思求质量，是贯穿常规教学的三个原则。教师通过方法指导把知识点纵向深化，学生重在每个专题模块知识点的积累、背诵、理解、通关。湖北省技能高考语文考纲规定，除了考查中职语文基础模块教材中的文言文篇目之外，另外补充了老版和新版中职语文教材均没有收录的四篇课外文言文为考查篇目，具体篇目是：《张衡传》《登泰山记》《过秦论》《阿房宫赋》。其中《张衡传》言简意丰，重点突出，详略得当，用词精准，是一篇经典的古代人物传记。该文具有充足的文言文学习资源，还承载丰富的思政元素和文化、科学知识。鉴于湖北技能高考文化基本上每年都考查古代人物传记，所以，从"教考评一致性"的角度考虑，人物传记的教学就显得很重要。因此，《张衡传》的教学就应该受到广大中职学校师生的重视。

在常规教学中，学生应掌握文言文阅读各类题的解题方法：文言虚词要结合思维导图来理解，加强识记；文言文翻译重在方法，尤其是加强固定结构的积累；寻找词类活用、文言句式的规律；做到知识网络化、能力自主化，达到知识点与能力点的有机结合。

三是运用逆向思维，化难为易提效率。文言翻译是中职生学习文言文的难点。笔者教给学生"逆向阅读法"，即先让学生阅读文本后的选择题，再在选项内容的辅助之下去阅读文本，最后将文本和阅读题进行对比，以促进对文本内容的深入理解。再如文言文的翻译题，笔者同样教给学生"逆向翻译法"，因为不同体裁的文言文往往有其一定的创作规律。首先针对创作规律总结出"标准答案"，再在"答案"的指引下翻译文言文。有了这个"标准答案"之后，学生在阅读文言文时便能迅速了解原文的主要内容，然后结合详细信息，理清原文思路和主要内容。

四是科学备考，务实高效强素养。笔者总结了科学备考的几句顺口溜："限时训练，仿真模拟，提升能力；关注细节，注重逻辑，规范解题；查漏补缺，精益求精，重视错题。"或许会对大家有一定的帮助。

对课内文言文，基于"教学练评"一体化的新课改趋势，以及国家对各级考试强调以生为本、教考衔接、重视教材的总体要求，教师应带领学生对课内文言文进行一个系统全面的复习，将一词多义、古今异义词等加以整理，把文言文的文学常识列一个表格，这样更方便复习。

三、结语

文言文是中华民族优秀文化传承的重要载体和高考语文的重要组成部分，是培养学生语文核心素养、提升学生读写能力不可或缺的重要内容。学习、阅读文言文，要在理解内容的基础上，体会文章主旨，做更深入的思考，并且能有独特的个人情感体验，古为今用，联系实际生活体会其哲理。对课外文言文，应按照课内文言文的阅读要求进行模拟训练。对课外选文中的意蕴比较丰富的句子，要能用自己的话语表达，或是用现代汉语翻译。

总之，课外文言文阅读能力从课内迁移、反复训练、积累延伸中得来。课外文言文阅读能力不可能一蹴而就，要认真积累，反复训练，持之以恒，能力就会不知不觉提高了。

参考文献：

[1] 王玲 . 逆向思维在 "文言翻译" 教学中的运用 [J]. 中学语文 ,2024（8）：64—65.

论文章内部节奏与课堂教学节奏的和谐统一

——一个被广大语文教师所忽视的教学生态问题

从广大语文教师所忽视的文章内部节奏入手，分析文章内部节奏在文章教育中的重要作用，并勾勒文章内部节奏在语文课堂中的表现形式，提出语文教师应追求文章内部节奏与课堂教学节奏的和谐统一，从而构建生态化语文课堂。

什么是节奏？说法很多。人本生态美学的提出者、成都大学曾永成教授认为："节律是最具普遍性和互通性的一种本原性的信息形态。节律感应作为一种特殊而普遍的信息——能量交换活动，乃是以节律为中介的生态认知和调节的重要方式。由于节律形式和生命体的节律活动的对应性和相关性，生命体的节律就可能由于对象节律形式的激发、调节和引导而达到与对象节律形式一致的主客同一的境界，这就是节律感应。"并认为："节律是人类审美活动的基本特性。"[1] 曾所提到的"节律"即节奏。曾教授的人本生态观为揭示审美活动的节律感应的生态本性提供了必要的理论生长空间，深化了对节奏的研究，推动了生态美学的发展，对语文教育这种审美活动也有着一定的参考价值。山东师大曹明海教授在《语文教育智慧论》一书中这样概括"节奏"的含义：节奏就是有规律的运动，是"运动"的起伏所形成的"波状"形态。具体些说，就是宇宙间的自然事物和社会生活不断发展变化的律动。[2] 曹教授就文章的外部节奏和内部节奏给出了明确的定义，并指出语文教学中把语言声音所构成的外部节奏和情绪的消长起伏而构成的内部节奏混为一谈的错误现象，提醒广大语文教师在语文教学中对作品节奏的艺术分析，不能只停留在语言构成的外部节奏上，更重要的是分析把握作品内部的节奏，具体地了解作家塑造和刻画艺术形象的过程，弄清作品的内部构造系统，更加深入地领略作品的动态美，揭示作品的艺术魅力。曹教授的观点是独到的，也是难能可贵的。

本文即以此为逻辑起点，展开论述。

一、加深对文章内部节奏的认识

曹明海教授认为，文章的内部节奏是由作品内部各种内容要素和意识流动所构成的内在形式的节奏。具体地说，作品的内部节奏，就是作品各个构成部分的起承转合、疏密缓急，或者情节的张弛变化，事态的发展波澜，场景画面的转换、跳跃，人物的活动等各种内容要素的交替变换，而构成的内在运动的节奏。[2]在作品的情节中矛盾、冲突、行动、事件和命运的发展中，有高潮和低落、发展和顿歇、紧张的高潮点和结局，这里面有情势的变化、动作的跳跃、场景的转移、叙述的快慢和断续、冲突的激烈和舒缓，以及它们的彼此更替，由此所形成的作品的内在律动，便是内部节奏。如果说作品的外部节奏主要体现在语言声调的错杂变化上，那么作品的内部节奏，就主要体现在情绪的抑扬起伏、感情的发展波澜、意识流动的变化规律上，它是回荡在作品里的生命的脉动旋律。国内一些较权威的语文教育学专著或教材，没有重视文章学的理论研究与实践运用，更谈不上对文章节奏的深入探讨，如东北师大语文教育家朱绍禹编著的《语文教育学》，于亚中、鱼浦江主编的《中学语文教育学》，张鸿苓主编的《语文教育学》，阎立钦主编的《语文教育学引论》，谢象贤主编的

《语文教育学》，庄静肃、王芳智、高玲主编的《语文教育学》等，均没有研究文章学在语文教育中的重要意义。一直到河南师范大学曾祥芹教授著《现代文章学引论》，华中师范大学杨道麟著《语文教育学导论（修订本）》的出现，文章学终于走进了语文教育学的殿堂。杨道麟在其《语文教育学导论（修订本）》中说："翻阅师范院校通用的近百部语文教育学教材，论及语文知识教学时，也多半排斥了文章知识，有的用'常用文体知识'或'写作知识'代替文章知识，还是以偏概全，挂一漏万。这些事实足以说明，确立文章知识在语文知识体系中的合理地位，该是多么迫切，多么必要！"[3] 曾祥芹教授一语中的："语文教师抓住了文章知识这个主干，就能在语文教育中带动整个语文知识的网络。"[3] 这些观点，使广大语文教师真正意识到文章学知识在语文教育中的重要作用与应有地位，推动了语文教师自觉地把文章学知识融会贯通于语文课堂的进程，促进了语文课程工具性与人文性的统一，提高了语文教学的效能，这是令人欣喜的现象，反映了语文教育学的巨大进步。

迄今为止，在语文教学中，有一种偏颇的认识，即认为作品的节奏，就是语言构成的声音节奏，把语言声音所构成的外部节奏和情绪的跌宕起伏而构成的内部节奏混为一谈。笔者认为，只从语言声音的角度来谈文本的节奏，只能是对文本节奏的表层认识。在语文教学中，只有透过语言、声调的节奏变化，深化到作品的情感激流中而感受到情绪律动，才是对作品节奏的深层把握。

二、把握文章内部节奏在语文教学中的作用

众所周知，对诗和其他体裁的文体的审美阅读，都只有把握情绪的跌宕起伏的律动——作品的内部节奏，才能谛听作者的心

声，领略作品的神采，了解作者创造艺术美的过程，揭示作者感情对铸造意象的规范作用，才能深入到作品的内部世界和隐蔽领域，对作品的内部构造和艺术营构，做出深入的恰如其分的艺术审美。也就是说，才能真正深刻地理解作品，把握作者匠心构筑的艺术真话。例如孙犁的《荷花淀》，这篇小说并未描写叱咤风云的人物，也没有叙述曲折离奇的故事，但它却具有一种动人心弦的艺术力量，吸引着、激动着、感染着我们，这就是作品中奔腾着的感情激流，情绪抑扬起伏的内在律动。小说描述的"送夫参军""探亲遇敌""战火洗礼""参加战斗"四个场面，揭示了白洋淀妇女性格展开、感情发展的四个阶段。"送夫参军"主要是写水生嫂与水生两人之间的话别，表现了白洋淀妇女的温柔、含蓄和腼腆。"探亲遇敌"则反映出她们的镇静和团结。"战火洗礼"主要描写了白洋淀妇女的勇敢和机智。"参加战斗"一段为略写，一笔带过，展现了白洋淀妇女的成长和进步，抒发了作者对白洋淀妇女的热爱和赞美之情。腼腆—镇静—勇敢—成熟，这是白洋淀妇女性格展开的四个阶段，可亲—可爱—可敬—可赞，则是作者内心感受和情绪变化的四个阶段。这四个阶段，体现了作品内部构成的四个层次，它由远而近，由隐而显，由淡而浓，层层深入地展示了白洋淀妇女性格和感情的起伏变化，而这正是不为人们所注意的感情发展的内部节奏。《荷花淀》以情绪的消长起伏、感情的发展变化为依据，不仅写出了白洋淀妇女对丈夫的爱和白洋淀男子对妻子的爱，也写出了白洋淀人对家乡的爱，还写出了作者对白洋淀人由可亲、可爱到可敬、可赞的热爱之情。作者把这三种爱的感情潮流融为一体，冲击着每个读者心灵的堤岸，使人激动不已、心潮难平，而人物思想性格的发展和故事情节的展开，也正是与这一感情大潮波澜起伏的内在律动相适应，从而使小说摇曳多姿，呈现出一种整体节奏感和曲折变化的美。

笔者在教学本文时，就实行了上述思路，做到了文章思路与教学思路、文章节奏与教学节奏的统一，教学效果良好。

显而易见，文学作品的内部节奏是体现作品艺术美的重要方面。因此，我们在语文教学中对文本节奏的艺术分析，一定要结合"形"（形、线、色、音响、动作等），扣住"神"（事、理、情等），形神兼备地对文章进行赏析，使学生沉浸在作品的叙述过程中，勾勒出情绪跌宕起伏的波状形态，体验意识流动的轨迹和历程，传达出感情发展波澜的内在律动。正如语文教育专家孙春成在《给语文教师的 101 条建议》中所说："语文教学是通过一篇篇文章的教学来进行的，而文章内容本身是具有抑扬、张弛、虚实、开合等诸多因素的，有着内在的起伏变化的节奏。因此，设计教学方法就要考虑到文章这些特点，组织有起伏的教学节奏。成功的课堂教学，在于组织新鲜活泼、变化和谐的教学节奏。"[4]

三、追求文章内部节奏与课堂教学节奏的和谐统一

关于文章内部节奏与课堂教学节奏的和谐统一的研究，现有的文献资料并不多见。较常见的是把文章学的原理与规律，引入语文教学，作为语文教学设计的一个逻辑起点，属于"借用"阶段，并未到达"内化"层次。如曾祥芹主编的《文章学与语文教育》是国内较早提出把文章学的原理与方法同语文教学有机结合的专著。曾教授以降，逐渐有专家、学者开始重视文章节奏在语文教学中的重要作用，并展开研究。浙江省特级教师周一贯在《语文教学优课论》中，列专节论述优课的教学节奏：流程节奏、内容节奏、语言节奏和思维节奏。在"内容节奏"中，就教学内容的轻重、难易、多少的合理布局而形成变化交替的内容节奏，做了一些说明[5]，但未涉及文章节奏的本义。江苏南通师院时金芳在《语文教学设计》中，列出专章《语文教学设计的文章学原理》[6]，

在文章与语文教学设计的思路、结构、技巧等三个方面，进行了具体比较，归纳出一些把文章学的原理和规律应用于语文教学设计的方法与技巧，颇有新意，可惜却疏忽了对文章节奏的阐述。

山东师范大学万福成、李戎教授在《语文教育美学论》中，明确提出把节奏原则作为语文教学活动美的一个基本原则，并要求"教师要根据语文教学内容的不同来安排教学活动节奏"[7]。在如何体现节奏美方面，方法与周一贯先生的《语文教学优课论》大同小异。广州师院宋其蕤的《语文教学美学论》（广东教育出版社，2003年），列专章论述了语文教学的节奏美，虽然未摆脱《语文教学优课论》的模式，但内容比《语文教育美学论》翔实得多。语文教育专家孙春成在《给语文教师的101条建议》中，提出组织教学节奏应注意教学内容、教学过程、教学环节、教学方法四个方面，并建议教师合理支配教学内容的深浅难易，科学安排知识的多少快慢，灵活改革课堂教学方法[4]，从而把握语文课堂教学节奏，但未探讨文章的内部节奏。在一些教育期刊上查阅到的关于课堂教学节奏营造与控制的论文，发现均没有摆脱教学内容、教学方法、教学环节、教学言语、教学思维这五个方面的窠臼，缺乏新意。只有曹明海教授在其《语文教育智慧论》一书中，鲜明地提出广大语文教师应重视对文本内部节奏的分析，从而引导学生把握文本内部节奏，更好地开展语文教学。笔者认为，只有挖掘到文本内部节奏的教学，才是真正贴近了文章本质的语文教学。那种停留在对佳句名段进行支离破碎的赏析层面的教学，虽然可以培养学生的语感，但没有合理引入文章学的知识、规律和原理，学生不知道作者为什么这样写，以及这样写的目的，显然是不全面、不科学的。武汉江汉大学韦志成教授在《现代阅读教学论》中呼吁："可见，品味语感可以加深对课文的理解。但是，也要防止走极端，有人把语感当作是语文教学的一切，这也不对。

在领悟课文内容时，不能只求助于语感，还必须随机传授相关的语文知识进行'理智的了解'，使学生知其然又知其所以然，把知识学习和语感结合起来，那就全面了。"[8]韦先生这里所说的"语文知识"虽然没有说清楚，但显然包括文章学在内。

追求文章内部节奏与课堂教学节奏的和谐统一，常用的方法是：依据文章思路，制定教学思路。文章的构成有事理（或思想）、情感、结构、语言四个基本要素，思路在其中起着重要的连缀作用，而文章内部节奏也包含在思路之中，阅读教学按照文章的思路进行是完全必要的。值得注意的是：文章思路侧重在"写"，教学思路侧重在"教"，文章思路与教学思路可以统一或吻合。但每篇文章为表达中心而进行的谋篇布局是各不相同的，同一作者所写的许多篇文章也反映出各不相同的思路。千篇一律地来对待它们，只能反映出教师对文章还不够理解，没有深入到文章的内部。文章教学，关键在于教师探寻和捕捉到作者思路的"焦点"与"核心"所在，找准"切入口"，抓住"文眼"，确立"教眼"，认识"文心"，深入理解文章，提高教学效果。让我们追求文章内部节奏与课堂教学节奏的动态统一，构建出师生与文本及作者和谐共存的生态课堂！

参考文献：

[1] 曾永成. 人本生态美学的思维路向和学理框架 [J]. 中国人大复印资料《美学》,2006（1）.

[2] 曹明海. 语文教育智慧论 [M]. 青岛：青岛海洋大学出版社,2001.

[3] 杨道麟, 语文教育学导论（修订本）[M]. 武汉：湖北人民出版社，2001.

[4] 孙春成. 给语文教师的 101 条建议 [M]. 南京：南京师范

大学出版社,2003.

[5]周一贯.语文教学优课论[M].宁波：宁波出版社,1998.

[6]金芳.语文教学设计[M].北京：社会科学文献出版社,2001.

[7]万福成,李戎.语文教育美学论[M].青岛：青岛海洋大学出版社,2001.

[8]韦志成.现代阅读教学论[M].南宁：广西教育出版社,2000.

本文于2006年8月获评中国文章学研究会第22届学术年会优秀成果奖二等奖，并发表于《语文学刊》2009年第6期，后被《高中语文教与学》（复印报刊资料）2009年第11期全文转载。

浅谈科技文阅读的备考策略

在科学技术日益发达的今天，自然科学类文章的阅读能力显得越来越重要。研究近几年湖北省高考科技文阅读的命题特点，对高三学生的复习备考是很有意义的。

一、命题特点探究

1. 命题材料的特点。全国各地的高考科技文紧紧跟踪现代高科技各个领域的最新成果，在选取的各领域最新、最具前瞻性的研究成果中，尤其青睐生物学、生命科学等研究领域，并密切关注影响人类生存的引人注目的科技动态。如湖北省高考语文科技文 2006 年为《深海呼吸》，2007 年为《彩陶——中国远古文化的辉煌代表》，2008 年为《说湿地》，2009 年为《数字海洋》，2010 年为《中国古代的天文》。除 2007 年为社会科学文章以外，其余均为自然科技文。

2. 命题形式及考点。尽管自然科技文测试的内容广泛，涉及化学、物理、生物、医学、天文、地理等自然科学的各个领域，但命题形式一直是"四选一"的单项选择题，分别考查"关键词语和重要概念的解释""重点句子的理解""信息筛选和整合""科学推断和想象"四个考点，是我省高考科技文阅读的固定考点和模式。

3. 命题难度及考查重点。为贯彻素质教育的需要，科技文阅读命题难度稳中有降，重点考查学生筛选、整合信息以及阅读理解的准确性，不考查自然科学本身的专业知识。

二、解答步骤详解

1.通读全文。自然科技文的篇幅一般多在 700~800 字，原文可能没有题目，这给我们把握文章主旨造成一定困难，而篇幅较短，阅读量小，又相对减小了难度。做题之前要通读全文，迅速形成整体印象，初步了解主要信息。在通读全文时，应重点留意每段的首句和尾句，因为这些句子大多揭示了本段的主要内容，常常与全文主旨密切相关。考生把握了首句和尾句，可以在很短的时间内获得很多重要的信息，以 2006 年湖北卷所考的《深海呼吸》为例，我们在初读全文时应抓住或圈住的大致内容有：写作对象为深潜动物，主要探讨的问题是为什么海洋里的深潜动物能在大海里潜伏那么深、那么久，而人却不能做到这一点？科学探索的结果是海里深潜动物与人相比有一个特殊的器官加一种特殊的物质即肺、肌红蛋白。全文涉及两个特殊的概念：深潜动物的肺、肌红蛋白。结论：正是因为这个特殊的器官或物质及其特殊的功能及作用，造就了深潜动物的特殊本领。至此，初读全文的任务才基本算是完成了，这样才能为此后准确地进行各个选项的判断奠定扎实的基础。

2.审清题干。审清题干的要求就是看清命题者问你什么，特别是看清命题者所给出的选择指令是什么，即看清命题者要你选择正确的一项还是不正确的一项，这看起来是一个极简单的问题，可偏偏在考场上每年都有考生因没有看清这个问题而错失 3 分或 6 分的。因此，审清题干就成为科技文阅读中必不可少的一步。如 2006 年湖北卷、2007 年湖北卷、2009 年湖北卷三份试卷的四道题中有三道标明的是"不正确的一项"几个字。可见，审题问题不可不慎重。

3. 找准对应。所谓找准对应是指科技文解读中，我们必须把题干及其选项所涉及的内容，回归到课文相对应的段落与句子，这一步是解读科技文的关键。为此，必须根据题意，从原材料中找出与各个选项相对应的句段，并从这些句段中提炼出有效信息，找准已知条件，作为解题的依据。如 2006 年湖北卷《深海呼吸》第 8 题 C 项"深海潜水动物不会得减压病，因为它的肺部覆盖着一种特殊的活性物质，在被强大水压压扁收缩时，阻止了大量氮气进入血液"。我们把有关它的内容回归原文，就会发现它对应的就不再是一个段落的内容的问题，也不是一个句子两个句子的问题了，它实际对应的内容既涉及最后一个自然段的最后三句话，还涉及第一自然段的最后一个长句子。

4. 做好比较。这一步是科技文解读的第二个关键，这一步是紧密地与前一步骤联系在一起的，前一步实际上是一个准确筛选信息的过程，这一步才是真正的甄别信息的过程。将选项信息与原文信息进行比较，就要从排除干扰项（即不符合文意或题意的选项）入手，还要寻找出干扰项，就得了解干扰项的设置方法。一般而言，设置干扰项主要是在概念判断上做文章，其主要方法有：偷换概念、以偏概全、无中生有、源流倒置、夸大其词、混淆或然与必然、答非所问等。如 2006 年湖北卷《深海呼吸》第 6 题 C 项，在原文中根本找不到根据，纯属命题者故意提出来迷惑考生的，此选项为无中生有，应当排除。又如 2008 年湖北卷《说湿地》第 7 题 B 项"湿地为人类生存发展提供了所有物资"，它同原文"湿地提供的动物产品，是人类重要的蛋白质来源。取自湿地的芦苇是重要的造纸原料。湿地的水资源为人类提供用水保障，还可以通过各种方式转换能量"相比，明显是扩大了范围，犯了以偏概全的错误。这就告诫学生，选项中一旦出现"凡""全""都""所有""一切""各种"之类的字眼时，我们就要引起警惕。如2009年湖北卷《数字海洋》第9题为推断题，B项"开发海洋资源与保护海洋环境并不存在矛盾，因为数字海洋可提供科学地开发和保护海洋的最佳方案"，这个结论错误，此选项无中生有。原文提供的信息是建设数字海洋，可以促使人类对海洋开发利用的方式更趋合理，按照资源合理开发利用的原则，为世界各国提供最佳方案，既避免了海洋开发的盲目性，也为海洋的可持续发展提供了保障。文章作者的态度很明显，人类就是要合理地开发、利用海洋资源，保护海洋环境，促进海洋的可持续发展。假如开发海洋资源与保护海洋环境并不存在矛盾，那又何必要建设数字海洋呢？故B项推断不正确。

三、结语

由于科技文的分值（12分）相比现代散文的分值（18分）来讲，要少一些，导致了一些高中语文教师，在平常教学中忽视了科技文的阅读训练，使学生把一些本该得的分值丢了，实在可惜。实践证明，做好4道科技文阅读题，可以增强考生的自信心，为考生更好地答题打下一个良好的心理基础。因此，笔者呼吁，广大语文教师应该教给学生必要的科技文备考策略，让学生得到不该丢的分，实乃幸事！

专业，助我点燃信念的灯

——了解专业、热爱专业、树立学习自信心

一、标题

高教版中职语文基础模块上册"专业，助我点燃信念的灯"语文综合实践活动

二、活动背景

平面设计专业是我校于 2011 年新开设的一个专业。当年招收学生三十六名。很多学生对该专业的课程设置、学习重点、发展前景、就业方向等认识肤浅，学习自信心不强。

为了让这批学生比较全面地了解平面设计的专业知识，更好地认识本专业，培养对专业学习的兴趣和积极性，树立专业学习的自信心，更长远地进行职业规划，我作为该班的语文老师，利用课本第一单元设计的语文综合实践活动主题，组织学生实地采访广告设计单位和设计人员，访谈学校领导和专业教师，结合专业实际设计调查问卷，通过各种媒介搜集专业资料和行业新动向等材料，从而加深学生对本专业的了解以及行业的认识，更好地进行专业学习。

整个活动共设计调查问卷 2 张，准备采访提纲 2 份，实地采访广告设计单位 5 家，播放视频资料 1 盘，收集专业资料 8 份，编制职业生涯规划 7 份，撰写调查报告 1 篇。在整个活动中，学

生得到了锻炼，专业认识逐步深化，沟通协作能力有所提高，效果良好。

三、活动主题

本案例作为综合实践主题活动，教师始终是活动组织者、指导者、参与者、协助者的角色，即指导学生编写调查问卷，拟定采访提纲，将学生分成五个活动小组，组织实地考察和人员采访，帮助学生收集、整理专业资料，协助学生撰写调查报告和职业规划。不包办代替，不面面俱到，让学生走出学校，进入社会，尽量调动学生参与活动的积极性和主动性，自主、合作完成活动任务。让学生转变学习方式，由被动、机械学习，变成自主、能动学习，转变大部分学生"中考失败者"身份的定位思想和自卑心理，尽快适应中职学习和生活。

四、活动过程

1.全班学生分组，确定小组活动内容。教师将学生分为五个小组，以小组为单位，确定活动内容。即实地采访设计单位、广告公司，开展问卷调查及撰写调查报告，访谈学校领导和教师，收集整理专业资料，职业规划设计方案，选择分工合作，着手准备，全员参与，组内互评，并推荐优秀者参加班级交流活动。

2.准备好调查问卷、访谈提纲、资料整理思路、职业规划设计方案，联系好实地采访单位，带领学生开展活动。

3.采访学校领导和专业教师，了解学校对本专业的课程设置以及对同学们的要求。

4.走访、调查本专业的相关优秀企业。实地访谈平面设计企业并发放调查问卷，了解企业负责人和设计专业人士对本专业的理解和认识，了解平面设计专业发展状况和就业前景。

5.做好专业资料的收集与整理工作。将学生搜集整理好的资料发放到全班所有学生手中，做到资料共享。

6. 对各组的活动成果及职业生涯规划具体方案汇总，形成一个总调查报告。

五、活动细节

1. 访一访：有两个组负责开展校内和校外访谈活动。一个组负责访谈校内领导和教师，一个组负责访谈校外广告设计企业。其中，校外访谈任务更艰巨，也更具有挑战性，要求学生具有良好的语言沟通能力和人际交往能力。同时，校外访谈具有一些不可预知的影响和困难，要求学生具有灵活机动的应变能力和处理突发事件的能力。教师应全程陪同，全心指导广告设计企业负责人和专业设计人员认真填写调查问卷，并回收调查问卷。教师要在整个学生外出时间段，保证学生的交通安全和人身安全。在此过程中，教师注重培养学生细致深刻的观察分析能力和准确得体的语言表达能力。

2. 谈一谈：同学们展示搜集到的关于行业的资料和新动态，以及本地平面设计行业中的一些优秀人才的情况。在此过程中，教师注重培养学生对材料的选取和组合的方法与能力，提高学生的口头表达能力。

3. 想一想：结合对自己职业生涯的设计，用表格的方式，列出自己的优点和弱点，给自己制定一个三年职业生涯规划，端正学习态度，明确学习目的，为今后立足于社会奠定基础。

4. 写一写：组织、指导学生制订职业规划设计方案，整理、分析调查问卷，总结活动过程，撰写调查报告，最后在班上交流。

5. 评一评：让学生在班上畅所欲言，评价自己的活动体会和收获，评价自己和同学的表现，评价整个活动的过程和效果，评价社会人员对本专业的认识和理解，从而做到取长补短、扬长避短，好好学习，扬起自己理想的风帆，发愤学习，努力让自己拥有一技之长，成为一个有用武之地的人才。

六、活动结果

本次综合实践活动，学生们做到了积极参与，相互协作，共同学习，同学们自己感到比较满意。大家基本上摸清了本专业的课程设置、学习重点、良好的发展方向和广阔的就业前景。可以说，基本上完成了活动任务，取得了预期效果，锻炼了学生，提升了能力。但是还存在一些问题有待今后解决。主要是一些学生依赖性较强，不能自己开展活动，总依赖老师手把手地教。部分学生的主动性还不够，综合能力欠缺，缺乏与人交往能力和沟通能力，表现迟钝，语言呆板，不能灵活自如地与外界人员交谈。这可能与学生年龄不大，社会生活经验欠缺，学识不够等因素有关。总之，还有一些需要加强学习和改进的方面。

七、活动评析

本次综合实践活动，笔者遵循了综合实践活动的理念，突出了综合实践活动作为经验性、实践性、综合性、发展性课程的特点；强调以学生的经验能力、社会实际和社会需要为核心；注重多样化的实践性学习方式，如探究、调查、访问、考察、资料搜集整理、写作等方式；以知识结果的获得为直接目的；超越了教材、课堂、学校的局限，密切了学生与自然、社会、生活的联系；体现了职业教育的特色，满足了学生个性差异的发展；有效地培养和发展了学生解决问题的能力、创新精神和综合实践能力；充分体现了综合实践活动课程的意义和价值。学生普遍认为自己得到了一次难得的锻炼机会，各方面的能力都得到了一定程度的提升，并希望老师今后多多组织类似的活动，让他们拓宽视野，接触社会。笔者也认为这次活动组织严密，设计科学，环节完整，过程紧凑，效果比较理想。

　　反思笔者自身的教育教学行为，还存在一些欠缺之处。一是笔者自身专业是中文，对平面设计专业的理解程度有待提高；二是与社会上的广告设计企业接触不多，与相关行业人员不熟，实地采访和调查过程进展较慢；三是调查问卷还有待进一步科学化；四是在指导学生制定个人职业生涯规划时，还需要更具有针对性，从而使学生的职业生涯规划更切合自身特点，更具有个性化。

　　本文获评湖北省孝感市教科院 2012 年度教学案例评比一等奖。

《高一古代诗歌选读》教学设计

——咏怀诗（其一）、杂诗（其二）教案

教学目的

一、了解诗歌创作的时代背景。

二、体会诗歌表达的思想感情。

三、学习诗人借景抒情的表达技巧。

四、比较两诗意象、构思、意境、情感的不同。

教学重点

一、体会诗歌表达的思想感情。

二、学习诗人借景抒情的表达技巧。

教学难点

一、比较两诗的异同。

二、背诵两诗。

教学准备

一、学生自备白纸、画笔。

二、多媒体。

三、PPT 课件。

教学步骤

一、导入：清代乾隆皇帝曾赞颂古代的一位文人"嗣宗青眼夸神交"，唐代诗人王勃也说过"岂效穷途之哭"。此人博览群籍，尤好老庄。他嗜酒能啸，善弹琴。又能为青白眼，世俗之人，以白眼对之，喜好之人，乃见青眼。这位傲然自得、任性不羁的古人，就是——阮籍（学生答）。让我们一起走进阮籍的精神世界，走进他的《咏怀八十二首》（其一）。

二、阮籍简介：演示幻灯片。

三、教师范读诗歌（配乐朗诵）：正始时期最有成就的诗人，应推"竹林七贤"中的阮籍。阮籍有五言《咏怀诗》八十二首，抒写一生的志向、感触，这里选的是第一首，写夜中不寐，独自弹琴的情境。

四、学生朗读，教师指导。

五、学生分组读，比一比哪个组读得好。教师点评。

六、教师问：请找出本诗的诗眼。

学生答：忧思。

七、教师问：诗人是如何表现他的忧思的？

学生答：开头两句通过动作描写（夜晚失眠，起来弹琴），表达了诗人心中的隐忧。三、四、五、六句通过"明月、清风、孤鸿、翔鸟"以动写静，渲染出一种凄凉的意境，以清冷的自然景色为衬托，来抒写内心的孤独和忧思。最后两句直抒胸臆，点破忧思、伤心。

八、教师问：诗人为什么会如此伤心，如此忧思？（引导学生用知人论世的方法解答）

九、学生翻译全诗，要求押原韵。

教师译文：夜半不能入睡，起床坐着弹琴。明月透过薄纱照进来，清风吹动我的衣襟。一只孤雁在野外哀号，飞翔的鸟儿在鸣叫，盘旋在树林。走来走去还能看见什么，只能忧愁忧思独自伤心。

十、学生说读：三国魏时期，阮籍处在司马氏与曹氏激烈斗争的政治旋涡之中。为了保全自己，他不得不小心翼翼，希望避世远祸，因此常用醉酒和狂放的方式，明哲保身，不涉是非。在其醉态和狂态掩盖下的是内心的无比孤独寂寞、痛苦忧愤。

十一、学生背读：背诵全诗。

十二、学生画读：学生利用画笔，结合自己的感受和理解，创造性地把本诗的诗意画出来。（教师播放轻音乐，让学生身临其境）学生展示自己的画作，并交流欣赏。

十三、教师导入陶渊明《杂诗十二首》（其二）：屈原说"举世皆浊我独清，众人皆醉我独醒"；阮籍说"夜中不能寐，起坐弹鸣琴"；李白说"花间一壶酒，独酌无相亲。举杯邀明月，对影成三人"。他们都比世俗之人有更高远的志向，不愿随波逐流。而陶渊明也是这样一个人，今天我们来学习他的《杂诗》（其二）。

十四、陶渊明及作品简介（演示幻灯片）。

十五、教师背诵（配乐）。

十六、教师问：请找出最能表现诗人情感的一个词。

学生答：悲凄。

十七、指导学生读，读出悲凄的情感和语气。

十八、教师问：诗人为什么悲凄？（用诗中的语言作答）

学生答："日月掷人去，有志不获骋。"时光飞逝离人而去，空有壮志难得伸展。

十九、教师问：你认为诗人选用了哪些意象？营造了怎样的意境？

学生答：选用了白日、素月、月影、夜风、冷席、孤影等意象，刻画出了自己心寒、不眠的孤独凄寒心境。

二十、学生概括全诗的主题：这首诗写诗人半夜不眠的情景，抒发了事业无成、壮志难酬的感慨。用环境的清冷衬托出自己孤独的心情，又以时光的流逝引出有志未展的悲凄，是陶渊明咏怀诗中的代表作。

二十一、两首比较欣赏：比较两首诗的意象、构思、意境、情感的不同。

1. 意象

阮诗：明月、清风营造出一种凄清的气氛，也象征志趣的高雅、品行的高洁。孤鸿、翔鸟象征内心的孤寂，也是自我的化身。

陶诗：白日、素月浩荡光明，可见陶渊明胸怀博大，"风来"照应下文"气变"，引入"不眠"，"不眠"引出"夕永"，日月交替照应"日月掷人去"。意象贴切，意脉相连，使人感到自然、亲切，情感真挚，悠然冲淡。

2. 艺术构思

阮诗：开篇直抒胸臆，中间借景抒情，结尾直接抒情点题。

陶诗：开篇写景营造气氛，中间触景生情，结尾直接抒情点题。

3. 意境

阮诗：清幽冷寂。

陶诗：空阔冷清。

4. 情感

阮诗：孤独苦闷忧愤，感情表露隐晦曲折，没有点出忧思的原因。

陶诗：抒发了时光流逝、壮志难酬的悲哀，感情表露直接一些，点出了悲凄的原因。

二十二、教师创作七绝二首《题阮籍》《题陶渊明》：

题阮籍

｜｜－－｜｜－　⊖－Φ｜｜－

论 道 谈 玄 忧 政 乱，抚 琴 长 啸 酒 为 家。

－－｜｜－－｜　｜｜－－｜｜－

穷 途 恸 哭 抒 忧 愤，浩 气 长 存 满 岳 崖。

题陶渊明（首句入韵）

Φ｜｜－－｜｜－　⊖－Φ｜｜－

辞 俸 回 乡 自 乐 安，隐 居 山 野 享 怡 然。

－－Φ｜－－｜　｜｜－－｜｜－

田 园 诗 赋 传 千 古，我 辈 至 今 梦 桃 源。

二十三、总结：古代很多文人和仕人时运不济，命途多舛。对他们应该报以深深的理解和同情。好在我们生活在"海阔凭鱼跃，天高任鸟飞"的新时代，同学们一定要珍惜当前的大好时光，认真学习，细心做事，胸怀大志，报效祖国！

二十四、作业：画出陶渊明《杂诗》（其二）所表达的诗意，背诵本诗。

本教案于 2010 年 8 月在湖北省教科所举办的湖北省第一届"人教杯"创新教学设计大赛中荣获三等奖。

如何选择小说阅读的切入口

——以《外国小说欣赏》教学为例

在《外国小说欣赏》选修课教学实践中，笔者认识到，准确、精当地选择小说文本阅读的切入口，能有效地消除学生阅读外国小说的畏难情绪，领悟每篇小说独具的看点和读点，克服传统小说教学面面俱到的弊端，切实提高教学效率。那么，什么是文本切入口呢？所谓切入口，就是教师、学生、文本三者展开对话的突破口，指在师生平等对话的过程中，用怎样的话题和方式展开对话，从什么地方开始对话。从切入口入手，我们就能提纲挈领地对文本进行全面的剖析，把课文分析透彻、分析到位，真正做到"牵一发而动全身"，使文本言语真正成为师生对话的第一载体。找准了阅读的切入口，就能起到以点带面、牵一发而动全身的作用，发挥四两拨千斤的功效。从这个方面来说，小说阅读切入口的选择就显得十分重要。笔者结合《外国小说欣赏》的教学实际，谈谈这个方面的体会。

一、从题目入手找准切入口

文章的题目是文眼，是作者经过反复推敲而确定的，寄寓了作者在情感和构思等方面的大量信息，其作用不言而喻。因此，从题目入手，找准切入口，就成为一种简洁高效的办法。

例如，学习第六单元《半张纸》时，学生看到题目，就会产生这样的疑问：小说写的是谁的纸？为什么只有半张纸？通过半张纸叙述了哪些故事？这时，教师因势利导，让学生带着问题走进文本。学生读完后，就会恍然大悟地认识到，半张纸就是贯穿小说始终的选材布局的结构线索，是作家精心选取的一个"生活的横断面"，这比教师滔滔不绝地讲解，效果要好得多。

又如，教学第二单元《炮兽》时，读该小说可从题目发问：炮兽是一个什么东西？是炮还是兽？小说为什么要突出炮兽呢？让学生带着这些问题阅读文本，作者就会告诉你答案：炮兽原来是一尊滑脱了的二十四磅重弹的大炮，它有豹子的敏捷、大象的重量、老鼠的灵巧、斧子的坚硬、波浪的突然、闪电的迅速、坟墓的痴聋，极尽破坏之能事，大肆疯狂。小说主要写的是人与炮兽、人与大海的搏斗。通过超越现实的想象、夸张等艺术手法，极力渲染炮兽的张狂和威猛，营造悲剧气氛，为人物的陆续出场提供背景和舞台，提供对比和衬托，从而更好地揭示人物的性格。而这些也正是第二单元的教学目标。

二、从文中的议论句入手找准切入口

在小说中，作者往往会穿插一些表露自己观点的句子，这些句子常常起着揭示哲理、启迪思考的作用。在小说阅读中，抓住这些句子，就基本上抓住了小说的主旨。

例如，学习第五单元《在桥边》时，该小说穿插了大量的描写和议论，情节平缓。学生阅读该小说，一定要抓住几个议论性的关键句子。如"这（是）很清楚（的），我很爱她"（见第五自然段），"他们的幸福掌握在我的手中"（见第三自然段），"我的心都碎了，因为我必须数，不能再目送她过去，我非常感谢在对面数汽车的矿工。这直接关系到我的饭碗问题"（见第六自然段）等。主人公暗恋一位在冷饮店工作的姑娘，虽然暗恋的方式只是每当她过桥时，目送她走过，但是，这是主人公生活和情绪中唯一的亮点。主人公暗恋姑娘与计数工作之间的矛盾，成为情节的生发点。该小说表面上表现了爱情对于一个处境堪忧的小人物具有如何强大的力量，而深层则是对德国二战后重建中偏重物质而缺乏精神关怀的现实问题，以及小人物在这种历史背景下的精神状态的思考。

三、从文中的抒情句入手找准切入口

有些小说的抒情性和思想性很强，教师要引导学生体会作者和人物深刻而细腻的心灵情感，走进作者的情感世界。

例如，教学第三单元《丹柯》时，要抓住主人公丹柯的一句极具抒情性和思想性的话语："林子是有尽头的，世界上的一切都是有尽头的"！勇士丹柯用这句话来鼓舞大家树立克服困难的勇气和信心，也成为全文的题眼，显得异常有力而令人警醒。在咆哮的雷雨声中，丹柯掏出了自己燃烧的心，当作火炬，照亮人们前进的道路，引导本族人民走上了光明自由的天地，揭示了小说歌颂"为人民造福的英雄，其身虽死而精神却永远光照人间"的主题，反映了高尔基的革命英雄主义和浪漫主义思想，是一篇以思想为主题和目的的小说。

四、从语言的陌生处入手找准切入口

在文学作品中，常常会发现一些令人感到陌生的语言。而正是这些看似令人费解的陌生语言，却蕴含着作者别样的情感，饱含着深刻的意蕴。

例如，第八单元《沙之书》，开头一段博尔赫斯就表明了他对虚构的态度："如今人们讲虚构的故事时总是声明它千真万确；不过我的故事一点也不假。"这句看似前后自相矛盾的话语，高二学生理解起来有一定的困难。这时，教师就要以此为切口，引

导学生去感悟这句话的内涵。这里，"人们"可以理解为是那些主张写作忠于现实的人，他们的小说强调尽可能地贴近现实，但在博尔赫斯看来，反而可能是"虚构"的；而他的故事虽然看起来荒诞不经，但可能反倒是"一点也不假"。这和博尔赫斯对虚构一向的看法有关。在论《惠特曼》一文中，他说："一件虚假的事可能本质上是实在的。"对于博尔赫斯而言，虚构是艺术创造的根本点，是抵达更高实在的方式。通过虚构，写作这门活动往往可以最大限度地接近心灵的复杂活动。

五、从行文的空白处入手找准切入口

空白，是指作者在运笔行文的过程中，有意无意地造成的隐蔽、残缺、中断、省略的部分，即"笔所未到，意有所忽"之处。要引导学生发现空白处，或进行合情合理的想象，或进行由此及彼的联想，或进行由表及里的开掘，只有这样，才能找到与文本对话的窗口。

例如，第四单元《素芭》，该小说着重描绘素芭的美丽、聪慧、独特，而对她的凄惨命运一笔带过，形成"空白"，看似闲来之笔，却留下更广阔的思考空间。小说的结尾写道："这次，她的丈夫用自己的双眼和双耳，非常仔细地察听，相了亲，娶了一位会说话的姑娘。"这句含蓄的记叙，戛然而止，看似无意地交代了素芭被抛弃的命运，表面上轻描淡写，读起来却无比沉重。素芭今后的命运已经不言而喻了。在读者为这样的一个好女孩扼腕叹息时，作者对人世的悲悯情怀也一览无余。

六、从锤炼语言的精彩处入手找准切入口

优秀的文学作品往往凝聚了作家在炼字择语上反复推敲、细心琢磨的大量心血。著名语言学家陈望道先生曾说，语言只有联系语旨、语境，才能判别它的价值。教师要引导学生去发现、咀

嚼作品中典型的炼字之处，潜心品味作者炼字择语的良苦用心和表达效果。

例如，教学第四单元《娜塔莎》（节选自《战争与和平》第二卷）时，在第一部分中，从娜塔莎在为舞会做服饰准备时的语言、动作，可以看出她是一个热情、活泼、爽朗的女孩子，充满了青春少女的活力。作者用了一个非常传神的细节来表现娜塔莎的性格特征，她还没有把自己的服装弄好，又急忙对妈妈一边嚷着"帽子还要偏一点"，一边就冲上前去，结果"衣边的一块被撕了下来"。这里的"偏"和"撕"字，把娜塔莎急于参加舞会的兴奋、激动、焦灼不安的心态活灵活现地表现了出来。这就是作家锤炼语言的魅力。

本文于 2011 年 12 月获评湖北省教研室优秀论文二等奖。

"五读"教学法指导下的古诗词阅读教学鉴赏

近年来，我在古诗词教学中，尝试运用"五读"教学法，即有效运用学生"朗读、译读、背读、说读、比读"五步教学法，引导学生体会诗歌表达的思想情感，学习诗人的表达技巧，比较不同诗歌在意象、构思、意境、情感等方面的异同，从而受到审美教育，提高审美水平和创造能力。

下面，笔者结合阮籍、陶渊明的两首古诗比较教学的实例，谈谈自己的体会。

一、古诗词"五读"教学法的基本结构和模式

众所周知，各种形式的"读"对于文学文本的理解和把握至关重要。如精读、略读，朗读、默读，背诵读、翻译读，全班读、小组读，集体读、个人读，理解读、比较读，等等，形式丰富多样，作用各不相同。笔者在诗歌教学中，打破为读而读的机械僵化模式，摒除漫无目的的死读方法，把不同形式的"读"灵活穿插在学生对文本认知理解的不同阶段，形成"读"与"解"共同发展的螺旋式上升结构，提高学生的阅读能力。具体教学流程和步骤如下：

第一步：教师范读。在初步感知阶段，先由教师范读，再指导学生朗读，纠正读音，分清节奏，读准语气，把握速度。

第二步：学生翻译。在疏通文本阶段，由学生翻译诗歌，检

查学生对诗歌的理解水平，锻炼学生的写作能力和创造能力。通过对一系列意象的理解、联想和想象，探求和再现诗词的意境。此阶段还可由老师和学生一起修改翻译，加深学生对诗歌的解读。

第三步：学生背诵。在理清思路阶段，要求学生背诵。组织学生按照作者的思路进行背诵，化难为易，化整为零，各个击破，争取做到当堂背诵。

第四步：学生说读。在体会意境阶段，组织学生说读。让学生体会诗歌意境，发挥想象能力，融入创造能力，充分表达自己对诗歌的理解。让学生模仿与诗人说话的情境，把诗意扩展开来，在原诗句的基础上增加自己描写的内容，然后说给诗人听。由于时间有限，在课堂上只能分小组说读，每一个小组只说读一联或若干句。学生分组讨论，每个小组分别选派一名代表说读。这个环节是诗歌教学的升华，给学生揣摩诗意、探求诗境留下了很大的创造空间。

第五步：学生交流。在比较欣赏阶段，组织学生交流讨论，找出不同诗歌的异同，比较同类诗歌或不同诗人作品的意象、构思、意境、情感的异同，学习文学创作规律，了解文学创作方法，增加教学容量，提高教学效率，更深层次地与诗人和文本进行对话。

二、古诗词阅读教学实例

笔者选取阮籍《咏怀八十二首》（其一）和陶渊明《杂诗十二首》（其二）两首长短适中、容量适度的作品开展教学。上课伊始，教师配以阮籍所作古筝曲《酒狂》进行朗诵。此曲通过描绘混沌、朦胧的情态，以发泄内心积郁的不平之气，音乐内在含蓄，寓意深刻。以其人之曲，诵其人之诗，更显气氛悲凉，达到了诗与乐的和谐统一，相得益彰。此时，师生陶醉在乐曲和朗诵声中，仿佛已经走进了诗人的内心世界。开场简洁明快，富有音乐性和趣味性，立即抓住了学生的心，调动了课堂教学气氛。

在学生翻译诗歌时，教师强调要用诗歌的原韵来押韵，要求体现原汁原味。虽有一定的难度，但学生饶有兴趣，他们动笔思考，并加入自己丰富合理的想象，充实原诗，再现原诗的画面和意境。此举激发了学生的表现欲望和创造能力，他们全神贯注地思考、写作，实现了读与写的互相促进和良性互动。由于要求学生翻译押原诗的原韵，具有挑战性，学生更愿意尝试着去翻译。学生翻译后，师生共同探讨进一步修改翻译。学生你一言我一语，一首以诗译诗的作品就立即呈现出来。现照录如下："夜半不能入睡，起床坐着弹琴。明月透过薄纱照进来，清风吹动我的衣襟。一只孤雁在野外哀号，飞翔的鸟儿鸣叫盘旋在树林。走来走去还能看见什么，只能忧愁忧思独自伤心。"译诗中，琴、襟、林、心四字押原韵，既忠实于原诗，又扣准了意象，再现了作为"竹林七贤"之一的阮籍的生活状态。译读完成后，学生对诗人的思路和感情已经明确，当堂背诵全诗，并不是很难的事情。阮籍的《咏怀八十二首》（其一）能够被学生当堂背诵，教师很感欣慰，学生也觉自豪。教学氛围更为活跃，学生精神更为振奋。

该诗教学结束后，教师导入陶渊明《杂诗十二首》（其二）。我设计了如下的导入语："屈原说'举世皆浊我独清，众人皆醉我独醒'；阮籍说'夜中不能寐，起坐弹鸣琴'；李白说'花间一壶酒，独酌无相亲。举杯邀明月，对影成三人'。他们都比世俗之人有更高远的志向，不愿随波逐流，而陶渊明也是这样一个人。今天，我们就来学习他的《杂诗》（其二）。"然后用幻灯片演示陶渊明及作品简介，指导学生朗读全诗，让学生找出最能表现诗人情感的一个词。学生答：悲凄。教师指导学生读出悲凄的情感和语气。教师顺便提出一个牵一发而动全身的问题："诗人为什么悲凄？"要求学生用诗中的语言作答。学生答："'日月掷人去，有志不获骋。'时光飞逝，离人而去；空有壮志，难得伸展。"教师问：你认为诗人选用了哪些意象？营造了怎样的意境？学生答：白日、素月、月影、夜风、冷席、孤影等意象，刻画出了诗人心寒、不眠的孤独、凄寒心境。教师随势要求学生概括全诗的主题：这首诗写诗人半夜不眠的情景，抒发了事业无成、壮志难酬的感慨。用环境的清冷衬托出自己心情的孤独，又以时光的流逝引出有志未展的悲凄，是陶渊明咏怀诗中的代表作。

对陶渊明此诗的教学，教师主要起组织教学和指导学生的作用，让学生在掌握学习方法后，发挥主观能动性自学。之后进行两首诗的比较欣赏。笔者设计了这样的问题：这两首诗在意象、构思、意境、情感方面有哪些异同？学生通过自己思考、分组讨论，大致得出了如下结论——在意象方面，阮诗，明月、清风造成一种凄清的气氛，也象征志趣的高雅、品行的高洁，孤鸿、翔鸟象征内心的孤寂，也是自我的化身；陶诗，白日、素月浩荡光明，可见陶渊明胸怀博大，"风来"照应下文"气变"，引入"不眠"，"不眠"引出"夕永"，日月交替照应"日月掷人去"，意象贴切，意脉相连，使人感到自然、亲切，情感真挚。在艺术构思方面，阮诗，开篇直抒胸臆，中间借景抒情，结尾直接抒情点题；陶诗，开篇写景、营造气氛，中间触景生情，结尾直接抒情点题。在意境方面，阮诗，清幽冷寂；陶诗，空阔冷清。在情感方面，阮诗，孤独苦闷忧愤，感情表露隐晦曲折，没有点出忧思的原因；陶诗，抒发了时光流逝、壮志难酬的悲哀，感情表露直接一些，点出了悲凄的原因。

最后，教师对整节课进行总结："古代很多文人和仕人时运不济，命途多舛。我们对他们应该报以深深的理解和同情。好在我们生活在'海阔凭鱼跃，天高任鸟飞'的新时代，同学们一定要珍惜当前的大好时光，认真学习，专心做事，胸怀大志，报效祖国！"教师抓准时机对学生进行思想道德教育。

三、教学反思

这节课，笔者安排了两首主题类似、作者生活年代相近的古诗进行教学，容量适中。对阮籍《咏怀八十二首》（其一）的教学，让学生精读，要求学生背诵，采用"五读"诗歌教学法，进行大胆实践。从作品的整体出发，由表及里、由浅入深地理解诗作的主旨，用自己的切身体会去推测作者的本意，要求学生把自己的生活体验和主观感受融入欣赏过程之中。这也就是说，我们在鉴赏诗歌的时候要结合自己的生活经验，甚至把自己当作诗人，然后"将心比心"地去领会、把握诗人在诗中所寄寓的情感，从而理解诗歌的内容和主旨。这就是我们常说的"以意逆志"的诗歌鉴赏方法，即解读文辞，揣摩情意；融入体验，体会情趣。对陶渊明《杂诗十二首》（其二）的教学，教师进行学法指导，授之以渔，主要由学生自主性学习，实现学习能力的迁移拓展，充分体现新课改的理念和精神，提高学生的学习能力和审美能力。并将两首诗进行比较，从作者层面探讨诗歌欣赏的方法，即"知人论世"的诗歌鉴赏方法。让学生明确"诗人不同，诗风各异；境遇不同，诗情有别；时代不同，精神迥异"。

叶圣陶先生曾说过："语文教学的目的，就是不用教。学生达到不需老师教的时候，语文教学的任务才算完成了。"这是叶老对语文教学的期望。对于中国古诗词阅读教学，每位老师都有自己的教法。我们需要的是高效率的课堂教学，用最短的时间、最少的精力达到教学效果的最大化，这才是最大限度地提高学生素质和能力的实实在在的课堂教学。

本节课，笔者敢于创新，大胆实践，尝试运用"五读"诗歌教学法和比较教学法，组织学生自主学习，开展小组合作探究式学习，实现读、写、背的结合，学生学习欲望和表现欲望强烈，具有浓厚的自主性和选择性的特色。当然，本节课也还存在一些不足，比如，课堂上激发学生的学习兴趣和热情还不够，吸引学生参与学习活动的动力还不足，学生的思维空间和能力训练还需进一步拓展，教师的讲解还偏于陈述式，教师的教学还多半停留于预设性，生成性教学不足，教学的有效性还需进一步提高等。

目前，在国家非常重视中华诗词文化的宏观背景下，古诗词阅读教学成为教师关注的热点和焦点。教无定法，教无止境。广大教师有责任和义务，扎扎实实地开展诗词教学，让学生学习优秀的诗词文化，调动学生的学习积极性，着力培养学生自主学习能力。

本文发表于《阅读时代》2022 年 11 月下半月刊。

舒婷诗歌艺术专题研究

在 20 世纪 80 年代初期，舒婷作为朦胧诗派的代表人物，在创作上取得了较高的艺术成就，在当代诗歌史上占据着重要的地位。"舒婷诗歌艺术专题研究"重在探究舒婷的诗歌艺术特色，让学生运用诗歌艺术鉴赏的方法开展自主探究学习，从而提高鉴赏能力，追求高尚情趣，增加文化内涵。

一、学生分析

1. 高二年级的学生大都处于十八岁左右的年龄，正是世界观、人生观、价值观，还有爱情观形成的关键时期。根据这一年龄段学生的心理特点，让他们公开地、大方地、严肃地谈论爱情、人性、人际关系等话题，在进行诗歌欣赏的同时，接受正确的人生观教育，是非常必要的。

2. 高中学生已经掌握了鉴赏诗歌的基本方法，有一定的能力开展对某一位诗人的专题学习和研究。

3. 高中学生已经具备了一定的收集信息和处理信息的能力，对舒婷诗歌的收集、整理和分类不是难事。

二、实施方法

1. 在整个活动中，以"舒婷诗歌诵读"活动和"舒婷诗歌赏析"活动来体现学生的自主、探究学习。教师通过在课堂上组织开展诵读和讨论交流活动，体现教师是学生活动的指导者、合作者和支持者的身份。

2. 在查阅舒婷诗歌和鉴赏舒婷诗歌的活动中，采用小组合作的学习方式，促进学生的相互学习、相互交流和团结协作。

3. 在汇报图书馆查阅情况和交流活动中，教师引导学生发现问题、提出问题，进行探究性学习。

三、实施目标

1. 进一步学习怎样进行诗歌鉴赏，掌握诗歌鉴赏的基本方法。

2. 运用所掌握的诗歌鉴赏方法对某一位诗人进行专题研究和探讨。

3. 培养多渠道收集信息、处理信息的能力和小组合作学习的能力。

四、实施过程

课堂发言选录：

主持人1：我们全班同学都参与到舒婷诗歌艺术专题研究鉴赏活动之中，到图书馆查阅了《诗刊》等杂志，查阅了《朦胧诗选》《诗的审美与技巧》（张同吾著）、《诗歌修辞学》（古远清、孙光萱著）、《怎样写新诗》（王光明著）、《新诗的欣赏与写作》（孙光萱著）等书籍，还翻阅了《语文读本》和李老师提供的《教师教学用书》，收集到舒婷的诗歌作品共计17首。《致橡树》和《祖国啊，我亲爱的祖国》两首诗是老师与大家共同学习的，对另外的《神女峰》等15首诗歌，我们按表达主题将它们分为以下5个类别：人性爱情、人生态度、离别赠言、青春思考和哲理思辨。每个类别有3首诗歌。每个小组分别深入学习和研究3首诗歌，开展学习竞赛和讨论交流，概括舒婷诗歌创作的艺术特色。首先请听我们小组对《神女峰》《无题》《赠》三首反映诗人爱情观念诗歌的赏析。

学生（王曼）：《神女峰》这首诗构思上的最大特点就是翻用典故。"神女峰"是"巫山十二峰"中最为奇特的一座山峰，形如人体，因宋玉《神女赋》而得名。历代游客经过该地时都怀着感叹和赞赏的心情，观赏这位耸立于巫峡之中向着远处眺望的"神女"。舒婷则不然，她从人性自由的角度出发，发出了深沉的疑问："美丽的梦留下美丽的忧伤／人间天上，代代相传／但是，心／真能变成石头吗？"没有人回答这位敏感的女诗人的提问，于是她理直气壮地在诗的结尾亮出了自己的答案："与其在悬崖上展览千年／不如在爱人肩头痛哭一晚。"对于无数软弱善良、得不到爱情自由的中国女性来说，这无疑是一声振聋发聩的呼喊！

学生（王力）：我读了十几首舒婷的诗之后，有一个总体印象，就是她的诗大都比较含蓄，这是她的一种艺术风格吧。如《无题》有三节，每节的最后一句都是"我不告诉你"，显然有许多话没有说出来。不说出来比一语道破来得更耐人回味。留下答案让读者去填补、去解答，会使诗显得言有尽而意无穷。其实，"不告诉"也是一种特殊的"告诉"方式（如最后一句已暗示出这个"他"就是"弯身在我的书桌上"的"你"），用这种方式告知，可使诗歌具有一种委婉、含蓄的美。

学生（杨梅）：爱情诗很多很多，但舒婷的爱情诗《无题》有她的个性。诗的第一节："我探出阳台，目送／你走过繁花密枝的小路／等等，你要去很远吗？／我匆匆跑下，在你面前停住。／'你怕吗？'／我默默转动你胸前的纽扣。／是的，我怕。／但我不告诉你为什么。""我"的情感很强烈，这在"目送"和"匆匆跑下"等语句中已有表现；但感情比较深沉、含蓄，所以不采取直接倾诉的方式，而是在场面中、细节中显示出来，情真意切，读来很感人。

教师：这位同学以《无题》为例，研究了诗歌个性化的问题。艾青说，"每一个诗人都有他的诗神"。我揣摩，就是每一位诗人都能将自己个性化的思想感情融入他的素材，创造出自己的诗歌意象，体现自己的主题。凡是有成就的诗人，都是思想情感上有个性的诗人，正是思想感情的个性，成就了他们诗歌的风格。

学生（李利娜）：诗人的感情还是丰富、复杂和细腻的。《赠》中有这样的句子："我为你扼腕可惜／在那些月光流荡的舷边。你没有觉察到／我在你身边的步子／放得多么慢／如果你是火／我愿是炭／想这样安慰你／然而我不敢。"在这里，两种感情交叉复合，感性与理性，真实、细腻地表现了当代人的心灵世界。

学生（亢娅茜）：我是"爱情诗"组推举出来的总结发言人，我要集中大家的智慧，总结好舒婷爱情诗的特征。诗人真诚的心灵蕴含着丰富的感情，诗人还对人的价值观念、道德观念、审美观念等做了积极的探求。这在《致橡树》《神女峰》《无题》《赠》《思念》等描写心灵世界的诗中已有很显著的表现。我们小组还注意到，舒婷的成名作《致橡树》写于1977年3月27日，发表在1979年第4期《诗刊》上，而《神女峰》写于1981年6月。同是爱情诗，通过对比研究，我们发现，《神女峰》在语言的凝练性、意象的独创性和思想情感的丰富性等方面，都超越了《致橡树》。《神女峰》更纯熟地使用了从客观生活中提炼诗歌意象的方法，运用假设、让步、转折等特殊句式表达内心的复杂感情。

教师：第一组的同学以舒婷的爱情诗为重点研究对象，探讨了舒婷诗歌的一个显著艺术风格——含蓄，发现了舒婷喜欢运用暗喻（隐喻）、明喻、象征、通感、省略、典故翻用等手法来塑造意象，创设意境，对舒婷诗歌创作的发展轨迹进行了初步探索。我十分欣赏第一组同学的发言，很精彩。同学们爱诗，尤其是喜欢爱情诗，这是难得的。爱情是神圣的，我们每个人都憧憬美好而高尚的爱情，让我们敞开心扉，用真诚、热烈、平等、独立浇灌爱情之花吧！

主持人2：根据分工，我们第二组重点学习《这也是一切》《中秋夜》《心愿》这三首表达人生态度的诗歌。阅读这几首诗对我们高中生树立正确的人生观很有帮助。先请李梅同学发表她的观点。

学生（李梅）：《中秋夜》写于1976年，当时舒婷只有二十四岁，这首诗抒发了她对生活的感受与发现。"当激情招来十级风暴，/心，不知在哪里停泊。/道路已经抉择，/没有蔷薇花，/并不曾后悔过。"我们看到了主人公坚定的个性特征，然而在"个别"里又包含着多么丰富的"一般"啊！"人在月光里容易梦游，/渴望得到也懂得温柔。/要使血不这样奔流，/凭二十四岁的骄傲显然不够。"诗人给我们留下了宽广的思维空间，呼唤、启迪着我们的理想、信仰和人性。她的诗歌，哪一句蕴含着哲理呢？好像都没有，又好像都有。好像读者心中已经孕育，却没有如诗人传达的这般具体形象。思辨的精灵活跃在诗的意象和个性化的抒情之中。

学生（晏志学）：在《这也是一切》这首诗中，她这样写："不是一切呼吁都没有回响；/不是一切损失都无法补偿；/不是一切深渊都是灭亡；/不是一切灭亡都覆盖在弱者头上；/不是一切心灵/都可以踩在脚下，烂在泥里；/不是一切后果/都是眼泪血印，而不展现欢容。"她反对人生虚无的论调，她认为："一切的现在都孕育着未来，/未来的一切都生长于它的昨天。/希望，而且为它斗争，/请把这一切放在你的肩上。"可以说，她真诚的声音发自她的心灵，是她对于人生的深刻解读。面对困难不低头，面对挫折不退缩，是我们高中生所应当弘扬的精神。

学生（杨双）：诗人舒婷有这样的《心愿》："愿你不要抛却柔心去换取残暴/愿你不要儿女情长挥不起意志的宝刀/愿你

依然爱得深，爱得专一呵／愿你的恨，不要被爱剁去了手脚。"在这里，诗人浓郁而真挚的情思里，蕴含着多少对人生价值的呼唤，在个人的情怀里又凝聚着多少珍贵的人生真谛！舒婷擅长表现人的情感的曲折性和复杂性。她抒发的情感常常不是单一的，其中包括着因时代、社会和个人生活等影响而产生的多种因素的纠结。这种感情冲突有时表现为理想与现实之间的矛盾。如在《祖国啊，我亲爱的祖国》一诗中，既表达了对振兴祖国这一理想的执着追求，又表现了实现理想的艰难；既表现了昨日的阴影带给年轻人的迷惘，又表现了他们为追求明天的阳光而情绪"沸腾"。我们小组还把舒婷 20 世纪 70 年代末的诗与 80 年代的诗进行了一些比较研究，发现她早期的诗如《中秋夜》《祖国啊，我亲爱的祖国》《致橡树》《这也是一切》等作品，喜欢直接倾泻浓烈的感情，表达上缺乏节制，有些比喻有陈旧感；而 80 年代之后的诗，如《神女峰》《无题》《赠》等作品重视用具体生动的诗歌意象，来凝结激荡奔流的情感。这是诗人的探索，也是诗歌创作艺术成熟的标志。

教师：这节课我们重点探讨了舒婷诗歌作品的两个重要类别——反映爱情观念的爱情诗和表达人生态度的生活哲理诗的艺术特色。大家运用所掌握的诗歌鉴赏方法，交流了自己的专题学习成果，自主学习能力有了一定的提高。关于舒婷爱情诗和哲理诗的特点，同学们在发言过程中都已经提到，我归纳了一下，主要有以下三点：（1）感情个性：真挚细腻；（2）语言表达：含蓄曲折；（3）诗歌意境：哲理思辨。

本文发表于《中华活页文选·教师版》2005 年第 12 期，后被《高中语文教与学》（复印报刊资料）2006 年第 5 期全文转载。

为文章学阅读教学法正名

文章对语文教学界部分论者抛弃"文章学阅读教学法"的观点进行批判，指出他们对"文章学阅读教学法"的两个误解，对"文章学阅读教学法"的概念进行科学的界定，并从阅读与写作的关系方面，为"文章学阅读教学法"正名，以期语文教学界对"文章学阅读教学法"有一个正确而全新的认识。

通过文章学理论研究界坚持不懈地努力，直到目前，语文理论研究界和广大语文教师终于树立了文章学是与语言学和文艺学并驾齐驱、三足鼎立的"语文内容结构意识"，明确了文章学在语文课程和语文教学中具有不可忽视与替代的重要地位，即"文章学是语文理论的重要内容，文章学是语文教育的主干理论，文章学是语文世界的鼎立学科"。这对于促进语文学科的可持续发展起到了弥足珍贵的作用和影响。

一、少数论者认为要抛弃"文章学阅读教学法"

目前在语文教学界，仍有少数论者否定文章学在语文教学中的作用，甚至撰文对文章学提出批评，宣扬要抛弃"文章学阅读教学法"。例如，人民教育出版社网站"高中语文"栏目 2004 年 8 月载有广东省珠海市第二中学侯定元老师的《高中语文研究性阅读法》一文，《语文教学与研究》（教师版）2005 年第 16 期发表了河南省固始县慈济高中熊德才老师的《高中语文阅读教学的方法论思考》一文等。他们不约而同地认为："长期以来，高中语文阅读教学盛行以文章学为理论指导的'文章学阅读教学法'。其主要问题有：一是从文章结构入手解析'范文'；从积累语文知识入手整理范文所提供的内容要点和零碎的语文知识点。人民教育出版社编辑出版的教师配套用书《教学参考书》就是典型例证。其参考内容有：作者介绍、时代背景、结构分析、段落大意、中心思想、写作特点、修辞方法、练习答案等。用'生理解剖学'的方法和以获得'生理解剖'结果为认知目的的教学，违背了阅读的根本目的和阅读教学的能力培养目标；二是从'读写结合'入手，把对范文的解析同时扩展为模仿范文的写法来进行作文教学。长期以来，课本以体裁编组课文单元，用'单元知识短文'归纳、阐述本单元课文的文体知识，学什么文体的范文就设计写什么文体的作文。这种编排模式，实际是把阅读与写作不同的思维过程和心理活动混为了一谈。课文成了阅读和写作的共同观照物，因而出现了用文章结构分析来置换、代替阅读信息处理的怪现象。从写作的角度解读文章，是语文阅读教学的症结所在。"此外，他们还认为，"文章学阅读教学法"的问题还在于"很注重识记与积累课文中出现的文史知识和语文知识"。

二、对于少数论者的批判

上述两位教师一方面肯定文章学阅读教学法的作用，另一方面又对文章学阅读教学法进行批判，前后判若两人。这些论者犯了自相矛盾的逻辑错误，更让人不能理解的是，他们把机械的填鸭式、灌输式教学法和题海战术等同于文章学阅读教学法，从而偷换概念，导致思维混乱。还有，语文课注重语文知识的学习有错吗？

众所周知，培养学生的阅读、写作、口语交际等语文能力，是语文教学义不容辞的"天职"。语文阅读教学的规律之一是："积累语文知识—训练语文能力—感悟人文精神"三位一体。诚然，语文教学应该提倡加强课外阅读，重视由课内向课外延伸，倡导实施大语文教育，应该说这些都是正确的。然而，由此而忽视了课内认真学习教材却是不正确的。不管是什么文体的文章，正确的教学是引导学生遵循作者的思路去阅读、思考。例如，特级教师霍懋征很善于通过对文本分段、分层次的教学活动，使学生从纷繁复杂的思维中理清文章的脉络，掌握作者的思路，引导学生按逻辑的方法去思考、阅读，从而大大提高阅读的效率。难道霍老师的做法落后吗？实际上，广大的语文教师并不是脱离学生实际，强加给学生什么段意、提纲、标题等，而是在理解内容的过程中使学生掌握文章的主干与支脉、详与略、发展与变化、前因与后果。在理清文章脉络的基础上，把培养分析概括能力与提高阅读能力的基本训练结合起来，把形象思维与逻辑思维结合起来，进一步让学生概括中心思想，使学生进入文章的境界，体味作者的思想感情，领会文章的实质，逐渐促进学生从感性认识上升为理性认识，即从"生动的直观到抽象的思维"，使学生把零散的认识系统化，从现象上升为本质，从而提高认识能力，促进阅读能力的提高。应该说，这样的语文课具有"语文味"，是按照语文教学规律组织的教学，起码还是真正的语文课。

写作教学也有其规律，那就是模仿—借鉴—创造。当然，笔者赞同熊、侯二位教师所说的部分语文教师"把阅读与写作不同的思维过程和心理活动混为了一谈……因而出现了用文章结构分析来置换、代替阅读信息处理的怪现象。从写作的角度解读文章，是语文阅读教学的症结所在"的观点，但这种现象，只是少部分语文教师的习惯，并不能代表广大语文教师，熊、侯二位教师犯了以偏概全的错误。但是不管时代如何发展进步，读写结合规律仍然是语文教学的法宝。

熊、侯两位教师认为文章学阅读教学法的第二个缺陷在于"从'读写结合'入手，把对范文的解析同时扩展为模仿范文的写法来进行作文教学"，对这个说法笔者实在不敢苟同，他们全盘否定了中国传统的优秀语文教学方法。暂不讨论研究性阅读教学法，单从其语文教学观来看就不妥了。

人民教育出版社的顾之川、聂鸿飞，华东师大的倪文锦等人认为，"语文课程与教学的内容是非常庞杂的，至少有三门与之相对应的学科构成了语文课程与教学的主要内容，即文章学、文艺学和语言学。把这些内容组织起来，横向的包括识字与写字、阅读、写作、口语交际和综合性学习五个部分，纵向的可以分为知识和能力、过程和方法、情感态度与价值观三个维度"。这些语文专家的观点，端正了语文教学观念，指引了语文教学方向。

三、什么是真正的"文章学阅读教学"

笔者认为，现代文章学阅读教学的概念：以师生的文章学知识为背景，以学习文章（文本）的分类、要素、写作、章法、技巧，以及对文本的阅读分析和鉴赏为主要内容的学生、教师、编者、文本（作者）之间互动的对话过程。

根据语文教学的规律和新课改的精神理念，可以看出，文章学阅读教学法是最能够体现新课改理念和语文教学规律的教学方法，不应该从根本上抛弃，反而更应该发扬。

四、为文章学阅读教学法正名

那么，为什么还有人错误地理解文章学阅读教学法呢？主要原因在于没有正确理解阅读和写作之间的关系。

1. 不能片面理解阅读和写作的关系。阅读学理论家曾祥芹先生对阅读做了如下描述："阅读是因文得意的心智活动，是缘文会友的社交行为，是书面文化的精神消费，是人类素质的生产过程。"曾先生还建议新课标把"阅读教学是学生、教师、文本之间对话的过程"修改为"阅读教学是学生、教师、编者、文本（作者）之间对话的过程"，实为一语中的。确实，有一些语文教师和语文研究者片面地理解了阅读和写作的关系。古人在阅读和写作的关系上做了许多精辟的论述："旧书不厌百回读，熟读深思子自知。"（苏武《送安敦秀才失解西归》）"读书百遍，其义自见"，是强调不仅要读，还要多读、熟读、精思。"读书破万卷，下笔如有神"（杜甫《奏赠韦左丞文二十韵》），读"三百首"和"破万卷"，说明只有读多了，见闻才广博，知识才丰厚，写文章才能文思敏捷。还有人说："学以为耕，文以为获。"读是基础，是先导，没有读的"耕耘"就没有写的"收获"。此类论述确实在论述两者的关系，但稍稍具有逻辑知识和阅读水平的人，细细一读便可发现，以上论述只能说明只有阅读才能提高写作水平，或者说阅读广泛是写作提高的前提，但并没有强调阅读的目的就在于写作或阅读只为了写作，古人论述的立足点都在写作上。从历史来考察，20 世纪 20 年代，叶圣陶、朱自清等人提出了写作要和阅读相结合的方法，就是要求学生阅读文章有了领会、理解后再去写，这样写出的文章就不大会空洞无物，应该说是很有科学价值和实际意义的。

2. 不能狭义地理解"读写结合"。叶圣陶先生指出："读与写甚有关系，读之得法，所知广博，眼光提高，大有助于写作练习。"他赞成读写结合，如读什么、写什么，读了记叙文，要学生写记叙文，读了描写文，要学生写描写文，但这只是读写结合的其中一种方式。叶圣陶先生进一步指出要带着写作中的问题进行阅读教学，这就是读写结合的妙处所在。"譬如讲文章须有中心思想，学生听了，知道文章须有中心思想，但是他说：'我的作文就是抓不住中心思想。'如果教学阅读课,引导学生逐课地体会作者怎样用心想,怎样有条理地表达中心思想,他们就仿佛跟作者一块儿想过、考虑过,到他们自己写作文的时候,所谓熟门熟路,也比较容易抓住中心思想了。"做到这点,阅读与写作就可以自然结合。叶圣陶先生同时也认为不能过于简单化,读写结合的意义不在于形式。但问题是后来很多论者不顾及时代,却对它做了简单化的理解和处理,将阅读的目的完全归结为提高写作水平,那就显得片面甚至可以说大谬了。著名学者张志公先生对"读写结合"有这样的看法,他认为"当合者合,当分者分,合中有分,分中有合,读写的关系也当作如是观"。张志公先生强调"当合者合",是想强调"读写结合"不仅是一种客观存在,也是一种教学方法论,但只是一种教学方法,而不是唯一的一种。同时,张志公先生强调"当分者分"。从语文教学的目的看,培养读、写的能力都是目的,不能把写作能力看作唯一目的,而要把读看作手段。

人民教育出版社顾振彪先生也认为:"写作与阅读结合,一是有助于培养学生的阅读能力。学生联系课文进行写作,就在应用中加深对课文的理解,通过应用把课文内化为自己的知识和能力;二是提高写作能力。以课文为写作材料,省去搜集材料之苦,可以直接投入写作训练,尤其利于培养逻辑思维能力。"这些话道出了读与写关系的真谛,读是吸收、前提,写是倾吐、升华,两者相辅相成。

3. 不能放弃语文知识。提高阅读能力,广泛的语文知识还是必需的,语文知识可分基础知识(如语音、文字等)、写作知识(如文体知识、写作手法等)和阅读知识。从目前的教学情况来看,阅读知识是学生最缺乏,也是今后阅读教学中亟待解决的问题。这里还需要有一个概念辨析,有人会说,写作知识难道不可以称为阅读知识？非也！阅读《祝福》，如果教给学生说："塑造人物要运用多种描写手法，如肖像（外貌）描写、行为动作描写、神态描写、语言描写、心理描写。"这是教写作学知识。但如果教给学生阅读的策略，说："分析人物形象，要注意各种描写手法，如肖像（外貌）描写、行为动作描写、神态描写、语言描写、心理描写等。"这可以说教的是阅读知识。

本文发表于《新课程研究》2014 年 7 月中旬刊。

湖北技能高考语文现代文阅读命题特点与答题技巧

现代文阅读是中职语文技能高考中的重要组成部分。为了帮助考生掌握答题技巧，教师需要在教学中对学生进行科学指导，促进学生在学习中总结答题规律，提高阅读理解能力，提高语文综合水平，取得良好成绩。

新课改对学生的阅读水平提出了新要求。语文试卷中增加了阅读理解类题目的分值。从2016年以来的湖北技能高考语文试卷可以看出，语文现代文阅读理解题目有3个，每个题目4分，分值12分，其中2个主观题为简答题，1个客观题为单选题，这已成为湖北技能高考语文试卷的固定命题模式和命题框架。我们在教学实践中发现，学生在做此类题目时，不仅花费了大量时间，而且经常出现错误。为此，在语文教学中，教师应当以学生的学习需求为主，结合学生的学习情况制定教学策略，帮助学生掌握阅读理解答题技巧，运用科学的方法解答题目。

答题技巧一：纵观全文，把握主旨

1. 掌握文章思路。在日常的阅读教学中，教师应让学生给文章标段，总结每个段落的含义，提炼中心思想。

2. 抓阅读材料的关键词句。阅读理解中一些能够表现作者观点、反映文章深层含义且内涵较为丰富的词句，如文章的开头句、结尾句或者一些独立成段的句子等，文章的主旨往往隐含在其中。

（1）在做阅读理解题目之前，可以先简单浏览一下题目。不要急着去答题，带着简单的问题阅读至少两遍材料。第一遍可以快速阅读，重点是快速分辨文章的题材。一定不能在还没有完整阅读材料时就匆忙答题。需要先完整浏览材料，对文章有了整体的认识与理解，才能够为正确答题做好铺垫。在阅读文章时，可采用顺读法或者倒读法。顺读法通常是先阅读材料再去看题目，随后再读材料，逐一寻找正确答案。倒读法是先读题目，再带着问题去阅读材料，此种方式能够使学生快速理清文章中与题目有关的信息，帮助学生省略答题时间，值得提倡。此外，倒读法对于一些表层理解的题目，如时间、地点、人物等效果最佳。对于深层次的题目来说，则需要从整体内容出发，对文章进行概括与总结，逐一分析选项，最终得出正确答案。

（2）重点标注在文章结构中起过渡、连接作用的词语或者句子，标出每个段落的核心句子，尤其要关注段首、段尾。这些词句通常就是答题时需要反复阅读的。找到这些重点词句，就能够进一步掌握文章的结构层次，理解文章的含义。

（3）要有文体意识，找到文中的点睛之笔。在阅读教学过程中，教师应当提醒学生树立文体意识，找到阅读理解材料的关键字词和句子所在的段落，在阅读时进行重点标记和分析。如果题目要求学生用文中的原句来回答，学生就能够快速找到。如果没有提出明确要求，学生就可从文中提取相关信息进行作答。

答题技巧二：认真审题，定向扫描

审题是做阅读理解题目的关键，抓住这个要点，就能够逐渐掌握答题的方法与技巧。在审题时，教师可引导学生从以下方面着手：

1.抓住关键词，把握题目传达的基本含义。尤其需要提醒学生，在阅读材料时，应结合题目进行，从而发现其中隐藏的有效信息，为后续的有效答题做好准备。

2.无惧生字词。在遇到生字词时，学生可通过上下文大胆地推测题目中或者材料中的个别词意与句意，也可采用构词法推测生词的大概含义。

3.重点关注作者的话语和命题者的话语。命题设计者的主要目的是限定答题的内容。命题者为了给学生指明方向，通常会在题目中提示学生，答题内容处在材料中的哪个位置，甚至限定于具体的段落和句子，有时直接在某一个句子下画横线，指定答题的位置和内容。面对这样的题目，学生可结合题目给出的提示，找到题目的出题点，锁定答题区域，可具体到段、句或者词。只要找到了相应区域，认真阅读材料，并且抓住关键词句，多数题目都能够正确作答。如2020年湖北技能高考语文试卷，现代文考查的是小小说《卖艺》，题目"请简要概括李二娃一天中四种不同的心理变化"，分析题干得知，题目考查的范围是全文，让考生分析主人公李二娃心理活动的变化。题目指向明确，只涉及李二娃的心理和情感变化，不涉及其他人物。考生只要在原文中逐一搜索表现李二娃心理和情感活动的关键句子，就可以总结、概括出李二娃的四种心理情感变化：着急、紧张、庆幸、震惊。再如2021年湖北技能高考语文试卷，现代文考查的是小小说《牛奶》，题目"文中画线的句子在情节上有何作用？请简要说明"，更是直接指定答题区域——具体句子，划定答题范围——表达作用，考生围绕该句子进行分析，总不至于偏题离题。

答题技巧三：明确文体，快速答题

湖北技能高考的文化综合考试，实行的是语文、数学、英语三科合卷，考试时长为 150 分钟。对中职生而言，数学、英语是其薄弱学科，用在数学和英语两科的答题时间，肯定多于语文。所以在语文试卷上，不能花费太多的时间，要把时间节约出来，从而保证有足够的时间，让考生用于数学的推理计算和英语的阅读答题。这就要求考生作答语文现代文阅读理解时要针对不同的文体，采用不同的解答方法，找到切入点，从而做到快速答题，不磨磨蹭蹭，提高答题效率。

题型一：理解文章的主题主旨、中心句和重点词句。如 2016 年：母亲认识麻雀，却反复问"那是什么"的原因是什么？2017 年："微细的爱"是什么样的爱？2019 年："改变"二字在文章题目中的含义是什么？2021 年：简要概括文章的主题。2022 年：简要概括老兵的形象。2023 年：简要概括士兵小于的性格特点和精神品质。

题型二：分析作者的情感倾向。对于此类题目，考生须从整体出发，观察和把握作者的情感变化。如 2017 年：作者为什么看重这种"微细的爱"？2018 年：小说三次写到雷雨，分别传达出作者什么心情？2023 年：文章中突出反映了记者"我"在舰舱里难受的表现，表达了作者的什么感情？

题型三：文章的表现手法、写作方法的表达作用，属于写作技巧赏析。如 2016 年对比手法的作用，2019 年比喻手法的作用，2022 年故事套故事讲述方式的作用。做此类题目，切忌空泛，一定要结合具体的文本内容来作答。

审视 2016~2023 年这八年的湖北技能高考语文现代文，所考查的文体，2016 年、2018 年、2020 年、2021 年、2022 年这五次考查的是小小说，2017 年、2019 年这两次考查的是散文，2023

年考查的是非虚构文本（人物通讯），可见，小小说文体备受湖北技能高考命题者的青睐和喜爱。小说、散文、非虚构文本等，都各有自己的文体特点。教师要教给学生必要的文体知识、写作知识，辨析不同文体的区别，掌握不同文体所运用的写作方式，从而充分应对考试中出现的各种文体。

2023 年湖北技能高考语文现代文阅读试题进行了创新，考查了一篇人物通讯《普通一兵》，作者是李倩，为《解放军报》年轻女记者。原文不到 1200 字，刊发于《解放军报》2023 年 1 月 13 日"长征"副刊头版，并配有记者心语："于平凡之中，发现精神之美。"时隔 6 天，《解放军报》2023 年 1 月 19 日刊发了主题采访活动的记者感悟，记者李倩的感悟体会文章放在头条。李倩在《走进战位，贴近兵心》中写道："在海军某驱逐舰支队，我深入机电兵战位，刚进机舱，一股夹杂着浓烈机油味的热浪向我迎面袭来，隆隆机器声释放着灼人热量……在这样的环境中与官兵交流，体验他们的艰苦与奋斗，感悟他们的热血与奉献，笔端就会不自觉流露出真情和力量。"《普通一兵》的主人公是一名出生于 1997 年的海军士兵小于。2023 年的湖北技能高考语文现代文阅读，取材非虚构文本，并且是反映青年战士保家卫国、奉献青春的主题，对考生具有很强的激励作用和教育价值。在接连考查小小说和散文的定式之下，命题者突然转向考查非虚构的文本，且选材充满正能量，弘扬主旋律，确实是一次很好的变化和尝试，值得点赞。可以预测，非虚构的文体，肯定会在今后的技能高考中继续出现。2023 年的题目，考查了士兵小于的性格特点和精神品质；还有文章中反映记者"我"在舱室里的现场感受难以忍受，这表现了记者的什么感情，对文章的表达具有什么作用；概括"普通一兵"的不普通之处等，难度都不是很大。

总之，在中职语文教学中，教师不仅要指导学生解读文本，读懂文章，还需为学生提供答题步骤与方法，帮助学生养成良好的思维习惯，形成一定的阅读素养，指导后续的阅读活动。只有这样，才能够提高学生的阅读理解能力，在高考中取得良好的成绩。

本文收录于《全国语文教师四项全能竞赛获奖作品精选》（2023 年上卷），《语文教学与研究》杂志社编，华中师范大学出版社，2024，第 394—395 页。

"战争题材诗文"大单元教学设计

大单元教学是中职语文新课标倡导的课程实施方式。大单元教学将零散的知识和课文统整为有关联、有意义的教学素材集合体，目的是让语文课堂从零散走向关联，从浅显走向深刻，解决实际问题。当前的中职语文大单元教学，老师们通常是先分篇教学再整合教学。大多数老师按照作品的文体，即诗歌、散文、小说、戏剧进行同类别文本的整合教学。这样的教学往往形式大于内容，知识点之间缺乏层次性和关联性。

笔者认为，中职语文的大单元教学，应以学科核心素养为导向，基于学生的视角进行设计，突破文体的限制，在教学目标设定、学习任务设计和学习评价设置方面，充分考虑学生的能力水平和接受程度，体现新课程理念倡导的大单元、大情境、大任务。

针对高教版中职语文基础模块上册中的"战争题材诗文"，笔者开展了大单元教学的实践探索，以下为教学设计和教学反思。

一、了解学情，设定教学目标

课前调查是明确学生学习起点的一种有效方法。教师采取谈话、问卷调查、布置前置作业等方法充分了解并分析学情，帮助学生创建新旧知识之间的联系，进而实现有效教学。在进行大单元教学前，笔者布置了一些前置作业，引导学生感知单元主题"爱国主义和家国情怀"。作业题目包括：1. 我们经常说"保家卫国"，这体现了中国人民的什么精神？2. 你读过哪些著名的反映战争的诗词？请写下印象最深刻的句子。3. 你读过描写战争的小说吗？请说出你最喜欢的一部小说的名字。

根据学生的回答，教师能够了解哪些是学生自己独立学习的知识，哪些是学生感到困惑的问题，从而了解学生的学情和能力差异。基于学情，笔者将本单元的教学目标确定为：1. 诵读感受诗词和小说中"爱国主义"的宏大主题和独特意蕴；2. 了解战争在诗词和小说中是如何表现的，关注其表现技巧与语言风格；3. 关注相关文体知识，能够自主阅读同类作品。

二、创设情境，设计学习任务

笔者为本单元教学创设如下情境：

高一年级将举办以爱国主义为主题的战争题材作品朗读比赛。班主任建议就地取材，从语文基础模块上册教材中选择朗读作品和素材。对此，班上的同学们产生了争议。有同学提议选择诗词，比如毛泽东的《沁园春·长沙》、屈原的《国殇》以及《诗经·无衣》《诗经·采薇》等；有同学则提议从战争主题小说中摘选段落，比如《荷花淀》等。教师问：同学们，你们怎么看？请仔细阅读语文基础模块上册教材中所有描写战争的诗文，比较后说出你的选择和理由。

整合设计本单元的教学时，我们将"爱国主义"作为融合几篇文本的主题，其中"战争"是内容上的共同点，"雄壮"是其共同的艺术特色。在"选择朗读素材"这一情境中，教师引导学生以群文阅读的方式来完成学习任务：比较鉴赏不同时期、不同文体的"战争诗文"特色。这个主要任务又分为三个小任务，通过开展阅读与写作、表达与交流、梳理与探究学习活动，驱动学生深度阅读，感悟"爱国主义"。

任务一：学会朗读，体会不同文体的诗意

1. 选择本单元你最喜欢的一首诗词或小说选段，反复朗读，并画出情感变化曲线图。

2. 你选择的诗词或小说，其诗意和文学性体现在哪些方面？它们有共同之处吗？各自的特征能不能互换？任务一是基于情境关键词"朗读"设计的，第1题让学生在朗读的同时体悟作品的情感变化，第2题引导学生关注诗词和小说在诗性、文学性表现上的异同。五篇诗文可以从意象、意境和语言的独特性角度品读。这一任务打破了诗词和小说之间的隔阂，摆脱了传统教学的范式，让学生既不受文体限制，又能认识到不同文体的独特性。

任务二：策划活动，展示不同文体的审美

1. 请你为自己选择的朗读素材写一份推荐词。

2. 结合《朗读者》节目思考：除了朗读素材，还需要准备哪些内容，以更好地呈现你对文本的理解？

任务二是对任务一的拓展。任务一关注文本的细节特征，任务二则重在整体把握文本。第1题写推荐词，要求学生在细读文本的基础上进行整体观照，使其对文本的理解更深刻。第2题则告诉学生：阅读不仅要关注文本自身，还要关注作家、写作背景等，"知人论世"对理解文本很有帮助。

任务三：拓展作品，写出独具特色的诗味

1. 请选择当前语文课本中的一首战争诗歌，将其改写为小说或散文；选择《荷花淀》中的一部分内容，将其改写为诗歌，书写你眼中的"战争"。

2. 除了语文课本之外，你还能从现当代小说或诗歌中找到其他描写战争的作品吗？请举例。

任务三是依据教学目标2、3设计的，是较高层级的阅读任务。第1题读写结合、以写促读，转换文体的同时转换视角，让学生参与"战争"的表达；第 2 题由课内向课外拓展，巩固学生对战争诗文的理解，让学生学会阅读这一类作品。

三、以评促教，设置评价方式

评价的目的在于纠错、改进、提升。重点是少想教师的"教"，多思学生的"学"，以评促教，体现"教学评一致性"。笔者设置了三种评价方式。第一种是诊断性评价，在前置作业中体现，目的是了解学生的学习准备状况及影响其学习的因素。第二种是形成性评价，评价工具包括学生的朗读情况、所绘制的诗歌情感变化曲线图、撰写的朗读素材推荐词、改写的诗歌小说作品等，并设计相应的评价量表。第三种是总结性评价，在"大单元教学"结束后进行测试，考查学生对单元知识点的掌握情况。

四、反思

大单元教学聚焦语文核心素养，倡导单元整体设计的理念，紧紧围绕人文主题和语文要素，把阅读与鉴赏、表达与交流、梳理与探究活动有机整合为一个微课程，实现多文本之间的要素融合、内容关联和教学统整。

在教学实践之后，笔者认为，确定单元教学目标、设计好教学过程，只是解决了"教什么"和"怎么教"的问题，还有"教得怎么样"这一关键问题，只有通过实践之后才能知道是否实现了目标，教学设计是否可行。广大教师积极践行大单元教学"目标、教学、评价"三位一体的设计理念，才能使教学形成一个可设计、可实施、可检测的闭环，让教学真正有效，让学生真正收获，让目标真正实现。

附：将小说《荷花淀》的片段改写成诗歌，笔者对"夫妻话别"部分做了改写。

夏日送别

晚风轻柔
白洋淀湖水清幽幽
小芦庄的荷花氤氲水汽
整个芦苇荡飘散莲的心事

月霞坐在禾场上编芦席
时而抬头看看村前
她在盼着谁
水生却一直没回

半夜，水生披着满身月光
从淀里急匆匆赶回村庄
久等的月霞笑靥如花
给水生端饭送茶

水生介绍白洋淀的战斗情况
日本鬼子加强了进攻
全区抗战形势吃紧
区里要成立游击大队
他在会上第一个带头报名

月霞低着头说
你总是很积极的
月霞鼻子泛酸
话语中透出一些埋怨

水生叮嘱月霞
如果敌人进村捉住了你
要和他们拼命
月霞答应
眼里噙着泪花

第二天早晨，乡亲们出来送行
水生带着行囊
跳上小船
留下矫捷健硕的身影
消失在浩浩芦苇荡……

本文于 2022 年 12 月获评湖北省中小学学校文化研究会、华中师范大学学校文化研究中心举办的第一届"阅读时代杯"教育教学征文大赛一等奖，并收录于《学校文化建设探索录》，华中科技大学出版社，2023，第 139—140 页。

《百合花》教学设计

一、授课时间

2023年2月22日（周三）下午第三节

二、授课班级

学校1号教学楼一楼二年级汽修三班

三、教学目标

（一）知识目标：

1. 明白本小说题目的含义和主题。

2. 体味细节描写在小说中的作用。

3. 咀嚼本小说清新俊逸的语言。

4. 培养学生速读小说、概述小说的能力。

（二）能力目标：

通过朗读，理解人物形象。

（三）素养目标：

1. 体会通信员与新媳妇之间真挚、崇高、纯洁的情感。

2. 体味小说"清新俊逸"的风格和诗化色彩。

四、教学重点、难点

理解小说的构思及细节描写。

五、教学课时

三课时（本课为第二课时）

六、教学过程

（一）划分段落，概括大意

提示：全文以时间为顺序，以"我"的所见所闻为线索展开情节。

根据情节的阶段性，全文可以分为四部分。

第一部分：开端　带路（从开头到"这都怪我了"）

第二部分：发展　借被（从"我们到包扎所"到"现在，至少他要裸露一晚上的肩膀了"）

第三部分：高潮　牺牲与献被（从"包扎所的工作人员很少"到"两个干硬的馒头"）

第四部分：结局　盖被（从"卫生员让人抬了一口棺材"到结尾）

（二）讨论交流，鉴赏构思

具体理解百合花被及百合花在本小说中的地位和作用。

1. 多媒体放映白色百合花的图片。请学生谈谈看图片的感受，得出白色百合花这种花卉的主要特点：色泽文雅，香气清幽，白净纯洁，即清丽、纯洁、高雅……

2. 理解跟百合花被相关的情节，再请学生复述被子的最后结局。

总结：A. 被子是情节的一部分，推动了情节的发展。

　　　 B. 被子与人物性格关系。

提问：借被和献被这两个情节，你看到了新媳妇怎样的性格？

明确：美丽、清纯、高洁、善良。在小说中，新媳妇的性格是发展变化的。刚开始做救护工作时，"她害羞腼腆，我跟她说了半天，她才红了脸答应做我的下手。"可当看到小通信员为了保护群众而受重伤时，"她刚才那种忸怩羞涩已经完全消失，只是庄严而虔诚地给他拭着身子……"新媳妇已经知道通信员牺牲了，可她还是密密地缝着那个破洞，其实是在缝进她的一片深情，所以当"我"劝她"不要缝了"时，"她却对我异样地瞟了一眼"，对"我"的不解以示不满。当卫生员动手要揭掉通信员身上的百合花被子时，新媳妇"劈手夺过被子"。"劈手"集中写出了新媳妇用自己的新被子为通信员入殓时的那种果断坚毅、不容商量的态度。与先前的羞涩判若两人，让人震撼……

总之，小说通过对新媳妇一系列的动作和细节描写，不仅写出了她对通信员的友善、关切、崇敬、痛惜、悼念、歉疚的态度变化，更展示了新媳妇娴静、纯朴、善良、纯真、高洁，如百合花一样美丽的人性美和性格美。所以，百合花，正是人物纯真、高洁的优美心灵和品格的象征。

（三）活动延伸，提升素养

分组思考问题："百合花"仅仅是新媳妇心灵和性格的象征吗？和小通信员和"我"有关吗？

1. 先讨论小通信员的性格。

从四大部分的情节入手。迅速浏览课文，归纳概括，然后交流。

（看"带路"的情节，即课文第 5 节至"这都怪我了"）

小通信员是一个极其可爱的普通战士。他天真纯洁，充满朝气，对生活和自然无比热爱。即将发起总攻的时刻，他还在枪筒上插上几根树枝和野菊花（闲笔，细节描写，表现人物性格）。

他憨厚朴实，拘谨腼腆，比如，"带路"情节中"张皇""数摸"这两个动词的描写作用。"张皇"的意思是恐慌、慌张，但在这里却非贬义，这一神态描写，是在写"我"刚刚结识的小通信员那种腼腆、羞涩、局促，表现他质朴、纯洁的心灵。"数摸"这一动词更突出了小通信员那种忸怩的神态、拘谨局促的心理。但他又十分关心同志，走走停停也好，给"我"两个馒头也好，作者十分形象逼真地刻画了一个腼腆、羞涩、局促而又质朴纯洁的小战士形象。

"借被"的情节中，更看出通信员的憨和不善言辞。当他意识到自己借东西的方式方法有问题，可能会给群众造成不良影响时，就马上跟"我"前去解释。而借到被子以后，知道这是人家新婚时唯一的嫁妆，心里又立刻感到不安，又要把被子送回去。

"牺牲与献被"的情节中，更看出小通信员的崇高精神。在取得总攻胜利的前夕，为了保护担架队员而英勇牺牲，这与先前的表现形成鲜明的对比，表现了他对革命和人民群众的无限忠诚。新媳妇献出百合花的被子，明显是与百合花有关的，但小通信员与百合花有关吗？有。他纯洁高尚美好的心灵也像百合花一样。那么，百合花在文中还有什么寓意？象征纯洁高尚美好的军民之情。

2. 讨论"我"在文中的作用。

以"我"为视点，娓娓道来地叙述故事，找出文章中表现"我"心理活动变化的词语来。并谈谈这样写的好处。

生气　兴趣　着恼　亲热　爱上　后悔　心跳　强忍泪水　沉重

作用：栩栩如生地描绘人物，并从"我"的感情变化中，逐步完成人物性格的塑造。同时还更有利于运用顺叙、倒叙、插叙等多种方式，使结构严谨清晰，又张弛有度，富于节奏感。

3. 总结归纳：由此可见，小说构思是非常巧妙的。表面上看，百合花的纯洁、清新、美好，好像只与新媳妇有关，其实，百合花的特点与小说中的其他人物的性格，与人和人之间的关系也是紧密关联的。百合花，作者赋予了它丰富的象征意义，即小通信员和新媳妇，他们都有百合花一样高尚、纯洁、美好的心灵，军民之间的感情也像百合花一样，战士和战士之间的情感更像百合花一样，一句话，百合花，象征着人性美、人情美、性格美。

4.小练笔：我们回首美好的时光，都会有一些有趣和动情的事情涌上心头，请撷取一两个片段，写出人情美或者人性美的主题来。字数不少于300字。

《读书人是幸福人》教学设计

一、教学目标

1.学会对文中的内容做注释，养成翻阅工具书的习惯。

2.掌握并学会运用整体通读、专心精读、比照联读、扩展阅读等阅读方法。

3.能联系自己的阅读经历和读书体会，理解"读书人是幸福人"的内涵，从而热爱读书、积极阅读，做一个快乐的读书人。

二、教学重点

1.学习运用多种阅读方法，理解字词句，边读边归纳大意，感知文章的深刻内容。

2.培养学生搜集并处理资料的能力。

3.体验读书学习作为劳动的情感，树立正确的读书观、学习观。

三、教学难点

1.理解体验"读书人是幸福人"。

2.培养学生勤于阅读的良好学习习惯。

四、教学计划（两课时）

第一课时

（一）导入（问题导入法）

你读书的感受是什么？你读书的目的是什么？读书的感受是苦还是乐，是为了让父母高兴，还是为了获取知识。让我们今天一起走进北大中文系教授谢冕的幸福生活，看一下他的回答，下面来看一下他的这篇议论文。

（二）读课文，梳理文章内容

1.边读边注释

浩瀚　饱览　睿智　哲贤　诸多　卑鄙　陶冶　奸诈　大抵　熔化/融化/溶化的辨别

2.找出每一段的中心句，并划分文章结构（在中心句下画线）。

第1自然段　我常想读书人是幸福人，因为他除了拥有现实的世界之外，还拥有另一个更为浩瀚也更为丰富的世界。

第2自然段　人们通过阅读，能进入不同时空的诸多他人的世界。

第3自然段　读书加惠于人们的不仅是知识的增广，而且还在于精神的感化与陶冶。

第4自然段　读书使人向善……读书使人避恶。

第5自然段　读书人是幸福人。

文章结构：总—分—总

第一部分　（第1自然段）总起段　开篇旗帜鲜明提出中心论点。

第二部分　（第2—4自然段）具体分述论证中心论点。

第三部分　（第5自然段）独句成段，点明主题，重申中心论点。

（三）本文的表达技巧

1.举例论证，论点鲜明

在论证读书对"精神感化与陶冶"这一分论点时，出现了六个排比句和两个对偶句，并以一系列事实作为铺垫，举例论证，强有力地支撑这一分论点。叙议结合，以议带叙，论点鲜明。

2.比喻论证，形象生动

读好书如"和许多高尚的人谈话"以及"各种蠢事……仿佛像被烤在火上一样渐渐熔化"作喻，把抽象的理解转化为具体的物象，使所说道理具有形象性。

（四）板书设计

1.第1自然段　读书人是幸福人——开篇提出观点。

2.第2~4自然段　读书加惠于人们知识的增广——中间具体阐述读书加惠于精神的感化与陶冶。

3.第5自然段　读书人是幸福人——结尾收束全文，再次强调观点。

表达技巧：举例论证，观点鲜明；比喻论证，形象生动；引用论证，翔实有理。

第二课时

（一）感受读书的作用

引导学生感受读书对人生发展的重要作用，明确读书与幸福之间的亲密联系，以此为契机，介绍多种读书方法，培养学生对书籍的兴趣，做一个快乐的读书人。读感人故事，让人潸然泪下；读幽默故事，让人会心一笑，从阅读中体会阅读的愉悦。

多媒体演示有关古今名人勤奋苦读的故事，给学生树立榜样，引导学生注意读书与人生发展的关系。

（二）向名人学习读书

良好的学习方法，将会使我们收到事半功倍的效果

华罗庚——尝试想书法　自己如何写　几章几节　重点、简略分开

徐特立——日积月累法　一天2字读《说文解字》读完540字

毛泽东——见缝插针法　起床一小时　睡前一阵子　自学外语

吴　晗——摘记卡片法　按内容、性质分类保存卡片

秦　牧——标记符号法　读过的书择要在心里储藏起来，使它成为自己的精神财富

鲁　迅——随便翻翻法　先浏览，择重点，再细读精读

阅读的方法很多，我们应该不断总结，找出最适合自己的方法。"书山有路勤为径"，我们把"勤读"与"善读"结合起来，讲究方法会读书，"寻得巧径巧登临"，就能真正进入阅读状态，体验读书的享受。从现在开始，让我们做一个幸福快乐的读书人。

赠言：不积跬步，无以至千里；不积小流，无以成江海。

（三）文天祥正气歌

通过文天祥的正气歌，向文天祥学习读书对精神的感化和陶冶的重要作用。

附：正气歌　文天祥（略）

（四）仿写排比句、对偶句

从《论语》中学得智慧的思考，从《史记》中学得严肃的历史精神，从《正气歌》中学得人格的刚烈，从马克思的作品中学得入世的激情，从鲁迅的作品中学得批判精神，从托尔斯泰的作品中学得道德的执着；歌德的诗句刻写睿智的人生，拜伦的诗句呼唤奋斗的热情。

例1：从《海伦凯勒自传》中学得不要轻言放弃自己，永远充满信心；从《鲁滨孙漂流记》中学得人类在任何情况下都要坚强；从《钢铁是怎样炼成的》中学得遇到困难要不屈不挠，努力成就无悔人生；从《童年》中学得人们与命运战斗的巨大力量。

例2：向松柏学得坚韧不拔，向天空学得心胸宽广，向莲花学得出淤泥而不染。

例3：泰戈尔的诗句透视着多彩的生命，纪伯伦的诗句书写着灵魂的乐章。荷马的诗句响彻着战争的号角，屈原的诗句回荡着无悔的忠诚。杜甫的诗句传唱着千年的疾苦，李白的诗句澎湃着雄壮的江山。

本教案于 2021 年 11 月获评华中师范大学文学院、语文教学与研究杂志社举办的第 16 届全国语文教师"四项全能"大赛一等奖。

《念奴娇·赤壁怀古》教学设计

一、授课时间

2021 年 12 月 15 日（周三）上午第二节

二、授课班级

学校 1 号教学楼一楼二年级电子班

三、教学目标

（一）知识目标

1. 品语言，赏意境，体会词人情感，认识豪放词风。

2. 欣赏本词，学会诗词鉴赏的一般方法。

（二）能力目标

1. 理解词人复杂的心情，解读词中的景物描写和人物刻画。

2. 知人论世，调动想象和联想，品味艺术美的感染力。

（三）素养目标

1. 体会词人丰富的思想感情和旷达豪放的意境。

2. 在词的艺术境界中，提升人格，净化情怀，树立爱国报国的宏大志向。

四、教学重点

品味词作豪放雄浑的气势、苍凉悲壮的情调，体会词人所抒发的壮志难酬、功业未成、人生坎坷的沉重感慨。

五、教学难点

理解词眼"人生如梦"的内涵；理解词作以豪壮的笔调抒写人生感慨的特点。

六、教材分析

本词是苏轼名篇，也是文学史上豪放词的杰作，地位非常重要，历来被誉为"豪放词之首"。因"乌台诗案"，苏轼在遭受了两年的牢狱之灾后被贬湖北黄州，人生处于低谷。在被贬黄州的第二年，时年46岁的苏轼登临赤壁，面对奔腾而去的长江水，引发无限情思。他追忆古人之功成名就，感叹自己之老来无成，笔墨之间尽显苍凉悲壮之气。

七、学情分析

学生以前学过苏轼的词，但多为婉约风格，欣赏这一首豪放词，可带领学生体会苏轼丰富多变的风格，同时也可学会怀古诗歌的鉴赏方法。

八、教学方法

诵读法　比较法　讨论法

九、教学时数

两课时，本课为第二课时

十、教学过程

（一）课堂导入

教师以音频的形式导入，播放《三国演义》主题曲，同时用PPT的形式展示一幅水墨赤壁的图片。

大家所听到的音乐是《三国演义》主题曲吗？

对，《三国演义》的主题曲，是著名歌唱家杨洪基用他非常雄浑的声音演唱的一首《滚滚长江东逝水》。应该说，这首歌曲跟大家经常听到的流行歌曲是有区别的。这是一首雄浑激越而又含蓄深沉的歌曲。透过这首歌，我们似乎也进行了一场穿越，仿佛看到了一个个呼之欲出的三国人物。随着滚滚长江滔滔而去，正如歌词中说的那样，千古江山，多少豪杰被浪花淘尽，是非功过，自有后人评说。那么在北宋年间，就有这么一位诗人，面对滚滚东去的长江，他心潮澎湃，大笔挥洒，写下了一首千古杰作。这位诗人，就是大文学家——苏轼。这首词，就是我们今天要学习的《念奴娇·赤壁怀古》。

（二）诵读指导

大家来说说看，我们要整体感知这首词，首先应该要做什么？（朗读）

好，那我就先请一位同学来朗读，哪位主动来试一试呢？

教师及时评价：

换一位同学，学生乙，请你继续朗读。

教师及时评价：

那么大家来比较一下这两位同学，你觉得哪位同学在一开始就悄悄地把自己的情感放到了词的朗读中？

教师朗读评价指导：

好，那我们一起来朗读，整体感知一下这首词。

（三）整体感知

首先请同学们看这首词的课题《念奴娇·赤壁怀古》。从词的角度来说，哪一个是题目？

好，赤壁怀古。中国古代诗词的题材有很多。例如田园诗、边塞诗、送别诗……那大家来说说看，这首词属于哪一种题材？

教师提示：其实在题目上已经提示大家了。

嗯，很好！怀古诗！我们说呀，怀古诗，往往是这样一个结构：从作者眼前之景，引起他对历史人物和事件的联想，进而抒发自己的感慨，最后达到抒发情怀的目的。这首词就是按照这样的结构来写的。

（四）上阕赏析

请大家再次齐声朗读上阕，带着这样一个问题，从课文中找出能够概括上阕内容的一个词语。大江东去……一二！

很好！那么请问词中哪个短语可以概括上阕的内容？

教师鼓励同学勇敢发言。

好，观眼前之景——江山如画。

好，那既然是如画的江山，那么请大家来找一找，非常典型地反映了如画江山的写景句是哪一句？

这13个字，浓墨重彩地描写了赤壁雄奇壮美的景色，也表现了苏轼词作豪放的风格。人们都说，这几句描写有动态、有气势、有色彩、有声音（边说边板书：动态、气势、色彩、声音），把这个景色写活了。那么就请同学们来说一说，从老师给大家提供的这几个角度，看看这13个字中哪些词语表现了这些特点，我们来加以赏析，看看到底描绘了什么样的景色。大家思考一下，也可以小范围地互相讨论讨论。

教师开始点名回答。

教师继续引导：嗯。"惊涛拍岸"写出了它的气势，那这个"惊"字写出了它的什么？"惊涛"……想象一下那个画面。

教师：嗯，很好，你展开了想象！每个人都是有想象力的，而语文正是借助于美丽的汉字，然后靠我们自己赋予它独特的风格和形象。对的，这个"惊"字写出了波涛的汹涌气势。我查过了字典，这个"惊"字的本意是指马受到了刺激而狂奔，我们也可以从《说文解字》里追本溯源，实际上是把巨浪比作是奔跑的马，非常形象生动！更能够体现出江水的速度和气势！

教师疑问：嗯，乱石穿空，写出了一种什么气势呢？还有"乱石"怎么理解？大家也想一想，"乱石"怎么理解？突出的是什么？

教师引导：就说说你对这四个字"乱石穿空"的感觉，或多或少都会有感觉的吧？大胆地说一说。

首先我们来看看这个"乱"字。"石"写的是山崖，那么这个"乱"是形容山崖的，那么写出了山崖的什么特点？试着用一个词来形容。

嶙峋！很好！这个语感出来了！怪石嶙峋，或者说陡峭也可以。好，请大家写下来。"乱石"写出了山崖的陡峭，而这个"穿空"写出了山崖的动态，就像刚刚有位同学说的一样。这个感觉就对了，大家要把脑子用起来，去思考、去表达。看看，穿空啊，直插云霄的感觉，写出的是山崖高耸入云的气势！好，继续。刚刚有同学提到了这个"卷"字，大家看看能不能用自己的话，来对这个"卷"字做出赏析。这个"卷"字给你什么感觉？

教师：对，非常好！把惊涛汹涌而来卷起了层层浪花，这样一种壮美的景色展现在了我们面前。而这个"雪"，刚刚我们同学说得很对，这里的雪，肯定不是真的指雪，而应该是浪花。但是这个浪花，是有颜色的，这个"雪"就写出了它的颜色。也写出了长江水在回溯过程中的一种气势。实际上还可以从别处来分析，比如像这个"拍"字，大家能够从哪个方面去联想呢？想象一下这个动词。

教师：嗯，声音！能够想象得到吗？这种巨浪搏击江岸的时候那种声音！那种威力！那种巨响！所以，同学们，展现在苏轼面前的是这样一幅江山如画的景色。你们认为它的特点是什么呢？是秀丽还是……

教师：很好！壮美！（板书：壮美）这样的景色我们用壮美来形容。赤壁江山，用了最具有表现力的词语，刚刚我们所欣赏到的，主要是以动词为主，还有形容词、名词。让我们感觉到赤壁风景就在山崖，长江浪花就在脚下。这样的一幅赤壁奇景图。

就是这样短短13个字，经过想象和联想，加上自己的感慨，壮美的景色就能够展现在我们眼前。好，那我们再来一起朗读这13个字！在读的过程中，请大家把那种气势读出来。

教师：好，这是上阕的写景句。上阕的最后一句"江山如画，一时多少豪杰"，有何作用？（过渡句，承上启下）承上：是对眼前之景的概括，非多情之人，眼中怎会有如此之江山？启下：一时多少豪杰，"江山如此多娇，引无数英雄竞折腰"，如画的江山，正是英雄豪杰们建功立业、实现壮志之处。

（五）下阕赏析

我们说写景的目的是抒情和写人。苏轼用尽笔墨描写长江的壮美，是为了引出怎样的人和事呢？

下阕"遥想"一词接应上文，作者心驰神往，三国时期的历史英雄人物就在赤壁雄奇壮丽的景色中出现了。全班一起朗读下阕，看看苏轼重点刻画了哪一个英雄人物的形象。

明确：周瑜，三国时期吴国大都督。

雄姿英发：英俊潇洒，英姿勃发——外貌描写（突出外表）

羽扇纶巾：从容娴雅，一派儒将风度——外貌描写（突出穿着）

谈笑间：从容淡定——神态描写（突出军事指挥才干和谋略）

樯橹灰飞烟灭：战争情况——细节描写（突出周瑜的丰功伟绩）

我们常说：战争让女人走开。可偏偏苏轼在描写赤壁之战时，插入了"小乔初嫁了"这一细节，有什么作用？

明确：1.一个"初"字，突出表现周瑜年少得志，年轻有为。2.以美人衬托英雄，更显周瑜英俊潇洒的风采和胆识过人的谋略。一个细微之处，一个女人的入场，使得整首词有了无限情思。

苏轼穿越悠悠岁月，对周瑜无限仰慕，在周瑜身上，到底寄托了作者的什么情感呢？对比周瑜和苏轼两人的人生境况。

	周瑜	苏轼
建功年龄	24岁，年轻有为	46岁，早生华发
当时职务	东吴都督，委以重任	被贬黄州，暂保虚职
婚　姻	幸福美满	妻子早逝
人生际遇	功成名就，人生辉煌	功业未成，壮志难酬
外　貌	英俊儒雅	早生华发

（六）词眼分析

最后一句"人生如梦，一樽还酹江月"，是本词词眼，抒写人生感慨，为画龙点睛之笔。在描绘壮丽之景、刻画豪迈之人的基础上，作者抒发壮志豪情。这样的感叹，并不是消极颓废、低沉感伤，而是积极豪迈、旷达洒脱的。

教师适度展开分析，不代替学生的思想。其一，因自己作诗讽刺新法的"乌台诗案"被贬黄州，是苏轼生平遇到的第一次大挫折，犹如一场噩梦的惨痛经历，对其人生道路、思想精神和文艺创作产生了巨大影响。在"外儒内道兼佛"的思想影响之下，词作抒发了作者个人的贬谪失意、功业未成的感慨。自己生不逢时，空有一腔抱负，但对得起天地良心。其二，人生短暂无常，如梦一般。个人的一生算得了什么，那些"风流人物"也是要被历史长河淹没的。在"逝者如斯夫，不舍昼夜"的淘尽英雄的大江之畔，想到的不应该仅仅是自己，而应该是千古不变的大江和明月。不如在江月和江风中举杯逍遥吧，词人在失落中找到了解脱，心情得到了释怀。结尾表达了苏轼特有的旷达洒脱的情怀，这真叫作人生短暂，江月永恒，壮志难酬，豪情长存。

（七）作业布置

1.背诵、默写这首词，仔细品味词作雄浑壮阔的意境。

2.展开丰富的联想与想象，将词作中描绘赤壁景物的句子，扩写成一篇写景短文，或者将刻画周瑜的句子，扩写成一篇写人的记叙类短文。200字以上。

（八）板书设计

上片　美景：大江　浪　故垒　乱石　惊涛

　　　　　　雄浑壮丽　波澜壮阔　（大江起）怀古

　　　英雄：千古风流人物　一时多少豪杰

下片　抒怀：早生华发　　人生如梦　（江月结）伤今

绘制思维导图　尝试撰写书评

——以《谈美书简》阅读指导为例

一、教学目标

通过整本书阅读，把握美的本质、美的规律、艺术创作、文学特征等美学基本知识。

通过阅读实践，学会类似学术著作的阅读方法。要有阅读的预期；要有适合的阅读方法；抓住核心概念，找到概念间的联系。掌握阅读哲学学术类著作的独特方法。

认识美，提高审美能力。将理论运用于生活，净化心灵，美化生活。注重人生的艺术化，倡导情趣化的生活。

二、教学对象

汉川中职学校新声文学社全体成员 36 人，均为高二学生。他们喜欢阅读，喜爱文学和写作，具有一定的文学欣赏能力和审美能力。每 6 人一个小组，全体社员分成 6 个小组，实行小组合作学习。

三、教学安排

从 3 月初开始至 4 月中旬，利用 6 周的时间，完成学生春季阅读推荐书目中《谈美书简》（长江文艺出版社，2020 年）整本书的阅读，并要求每名学生绘制思维导图，撰写出读后感或书评。

具体进度安排是：

第一周，阅读第一章、第二章、第十三章，完成探究任务。

第二周，阅读第三章、第四章，完成探究任务。

第三周，阅读第五章、第六章、第七章，完成探究任务。

第四周，阅读第八章、第九章，完成探究任务。

第五周，阅读第十章、第十一章、第十二章，完成探究任务。

第六周，小组交流，全体研讨，完成探究任务，撰写书评或读后感，展示整本书阅读成果。

四、教学要求

（一）架构框架。

在通读的基础上，每个小组都画出每章和全书的思维导图，列出每章的内容提纲，找出每章的核心观点，明确每章的论证过程。

（二）圈点批注。

阅读时，要在书上圈点批注，仔细阅读。

（三）任务探究。

完成老师为每章布置的探究任务，最后撰写书评。撰写的书评或读后感不少于 800 字。依据高中生的一般知识水平和本教学单元的学习目标，要求学生撰写浅议的论述类书评，重在对《谈美书简》的推介、阐述和论证，不做过高的要求。

（四）小组合作。

要求小组内的成员团结协作，互帮互助，积极参与，共同进步。

五、教学过程

（一）导读

在第一周内，老师利用一节课的时间进行导读。导读内容包括：向学生发放购买的《谈美书简》书籍；朱光潜先生简介，重点突出其美学思想的形成和转变。然后简述《谈美书简》的大致内容，布置整本书的阅读任务，讲解学术类哲学著作的阅读方法。

解读概念：学术著作中的概念解读是重要切入口，对概念的把握和解读，能让读者初步感知学术理论的基础内容，而且让刚开始阅读学术著作的学生不会因难以读懂整本书的内容而心生怯意。让学生以一种"不甚明了""雾里看花"的状态去撷取自己能关注到的概念，以点到面慢慢展开整本书阅读。

梳理框架：了解完基本概念，接下来就是架构书本框架。通过初步阅读，用梳理和绘图的方式，先整理整本书的框架，然后再通过细读，对每封信的内容框架进行搭建，这样，学生既能掌握整本书的架构，又能清楚每一封信的内容。

探究技法：思想内容是一本书的关键，写作技法也是读者要掌握的知识。《谈美书简》作为学术著作，有着大部分学术著作没有的语言特色——通俗易懂，言辞亲切，论证生动，幽默风趣。而这些也是我们学习学术论文写作时应该掌握的技巧。

提升素养：一部美学著作，除了基本的美学知识，更重要的是对读者进行美的熏陶。我们学习美学，最大的收获应该是提升自己的审美意识和审美情趣。面对生活、面对人生时要拥有美的心态和姿态，所以，通过美学理论提升自己的美学素养，势在必行。

（二）分章节阅读

在第一周内阅读第一章、第二章、第十三章，完成探究任务一和探究任务二。

探究任务一：思考作者从哪几个角度谈了如何学习美学的问题。

治学态度：实事求是，头脑清醒，坚定恒心。

学习内容：文学、艺术、心理学、历史、哲学、美学原著等。

指导思想：辩证唯物主义和历史唯物主义。

方法态度：1.要学好马列主义。2.掌握一种外语到能自由阅读的程度。3.要随时注意文艺动态。4.最好学习一门性之所近的艺术，如文学、绘画或音乐，避免将来当空头美学家或不懂文艺的文艺理论家。

探究任务二：任选一章，分析评价材料和观点之间的关系。

例如分析第二章，核心问题：研究美学是基于生活的具体事例还是抽象概念？作者的观点是基于生活，以具体事例为论据。从两个方面进行了阐述：1.从概念出发，让人不知所云，以《美的定义及其解说》为例。2.美具体表现在现实生活中的事例里，如电影《巴黎圣母院》。

在第二周和第三周内，阅读第三至第七章，完成下面两项任务。

探究任务三：挑选其中的一章进行分析阅读。

在阅读过程中，分析阅读体现为对某个问题的集中理解，掌握作者是围绕什么问题展开论述的，他的观点和理由是什么。作者为什么有这样的理由，这样的观点和理由怎么样等，可概括为是什么、为什么、怎么样等步骤。

探究任务四：试着挑选其中的一章，列出结构提纲，归纳出主旨，然后分析它与其他各章之间的联系。可在个人完成的基础上，进行小组交流讨论。

在第四周和第五周内，阅读第八至第十二章，完成下面的探究任务。

探究任务五：联系实际，学以致用。

举出书中你认为最重要的三个概念，说一说，它们为什么重要？它们对研究美学有什么现实意义？如：美，美感，共同美感，自然美，艺术美；人性，人性论，形象思维，典型人物，浪漫主义，现实主义；审美范畴，悲剧性，戏剧性，节奏感；等等。

在第六周内，每人在小组内交流自己的书评或读后感，完成探究任务。

探究任务六：每个学生写一篇读书笔记，不少于800字。在此基础上，运用多种形式，如办手写报、设微信群、举行演讲、开展辩论等，展示各自的读书收获和体会。6个小组各推荐一篇优秀书评或读后感，参加集体展示活动。在文学社课堂上由学生本人发言，老师进行现场点评，展示大家的读书成果和收获。

（三）学生优秀书评展示

文果载心，余心有寄
——读《谈美书简》

高二学生　陈晓冉

著名艺术家吴冠中曾感叹："美盲比文盲更可怕，然而今天的美盲还有很多，当今社会并没有给人们一个感知美和浸润美的心态，所以认识美、提升审美和创造美的能力，愈加显得必要而紧迫。"于是，朱光潜先生的《谈美书简》，就成为一艘载着我们驶向美的海洋的航船。

"书简"有书信之意，《谈美书简》即是作者用回信的形式，与人们谈论美的本质及关于美的一系列具体问题。全书由13封信组成，共有4万多字，主要谈了三个方面的问题：一是关于如何学习美学这一普遍性问题；二是关于美的起源和本质这一根本性问题；三是关于一些美学概念的内涵及其关系等具体问题。在谈如何学习美学时，作者认为首先要端正实事求是这一人生态度，在方法上要注意广泛涉猎但不能浅尝辄止，而是要在广博的学识上专攻精研，有所成就。最为重要的是要积极体验现实生活，增强艺术修养，清除教条化和概念化的恶习，掌握马克思主义。在谈到美的本质时，作者以辩证唯物观对人的认识出发，认为人首先是一个全面发展的人，全面发展就是主客观的辩证统一，也是人的本质力量的自由显现，由此而获得的乐趣即是美感；而人的全面发展是主客观的辩证统一的产物。在谈论美的具体问题时，作者立足于人和实际这一根本出发点，对一些具体概念展开深入分析，如文艺作品的思想性要从"具体形象"中流露出来，浪漫主义与现实主义并非截然相反，典型环境是决定典型人物性格的主要因素等。

出于与大众交流的目的和书信这一形式的限制，《谈美书简》并不算严格意义上的学术著作，但是依然有完整的知识体系和严谨的论述逻辑。首先，从知识体系上来看，作者结合自身经历，从研究美学所应该具备的主客观条件谈起，经由唯物辩证法对人的认识，谈到"实践的观点"这一美学研究的基石，进而提出对艺术来源和美的本质的看法。在此基础上，谈文艺上的具体美学问题便水到渠成了。作者将形而上的本质探讨和形而下的问题分析相结合，涉及美学研究的诸多方面，可见其知识体系涵盖面之广。同时，作者的论述逻辑和推理过程也较为严谨缜密，体现在两方面。一方面，破立并举，作者每欲立论，必先抓住对方论述的荒谬处予以反驳，文笔凌厉但又不失客观冷静。如欲深入了解掌握马克思主义，先破除关于马克思主义的一系列误解；欲谈论文艺规律，先冲破文艺美学的一系列禁区等。另一方面，作者在论证时，就对这一概念的含义做了历史性梳理，进而对其含义进行深入辨析。其次，对每一观点进行充分引证和例证，援引了古今中外大量的事实论据和名人论述，叙议结合，论证有力。再次，作者注意辩证地看待争论焦点，既不轻易否定也不贸然轻信，一切从实际出发进行具体分析。总之，全书充分显现了一位文艺理论家缜密的学术思维和严谨的治学态度。

如果说充满理性精神的强大说服力，来自严谨的论述逻辑，那么，其真挚动人的感染力，则来自洋溢于文字中的博学求实、刻苦钻研和不懈进取的学者风范。正所谓"风雨如晦，鸡鸣不已"。作者痛感于时代造成的虚假浮夸和以讹传讹的恶劣风气，所以开宗明义提出实事求是的人生态度和从生活实际出发的治学方法；还时时不忘叮嘱青年要有刻苦钻研的求学精神，如钻研完整的学术经典、积蓄渊博的学识和攻克外语难关等。尤为感人的是，作者不顾年逾八十的高龄，依然为寻求美和传播美而上下求索。自青年时代著作《谈美》一书，因美与广大青年谈美交心，时至今日也以书信会友，字里行间充满着对青年的殷殷嘱托和深切鼓励，作者虽自谦回信有"高头讲章"之嫌，但我们依然能感受到先生循循善诱的温润之风。

刘瓁云："文果载心，余心有寄。"先生是美学家，也是教育家，谈美绝不离"完整人生"，一生笃信并践行"人生的艺术化"，并坚信人生的丰富趣味正在于此。如此看来，谈美不妨说是在谈人生，寻美也是在找寻心灵安顿处。先生谦谦君子，虽未有金针度人之意；我辈懵懂学童，也必有润物无声之感。仔细阅读全书，越发现美存在于我们日常生活或实践中一些极其卑微的事物中，继续探讨就越发现生活中好多事物，可以用美学的观点、美学的角度来回答、看待。美学离我们并不遥远，它——就在我们身边。

教师点评：本文立足于"对美的新认识"这一核心观点，确立了内容概要、论述逻辑和价值取向这三个分论点，结构清晰，脉络分明。分论点内部又采用层层推进的方式进行证明。比如内容概述就紧紧抓住人、实践和美这三点，较好地概述了《谈美书简》

的主要内容，也提示了全书的基本论述思路。在具体论证方法上，本文的引证、例证与论点结合紧密，论证较为充分，语言精练准确，简洁流畅。"文果载心，余心有寄""风雨如晦，鸡鸣不已"等古诗文的运用，贴切自然，使文章在严谨中带有古雅之风。可见，书评写作能够较为全面地反映学生的思维能力和思维品质。

（四）学生优秀思维导图展示

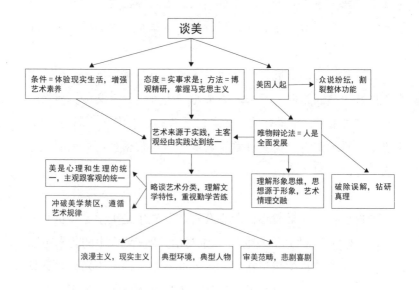

本案例于 2021 年 8 月获评湖北省教科院全省中学语文"整本书阅读"教学案例三等奖。

高中诗歌教学与审美教育

　　教育部制定的《普通高中语文课程标准（实验）》已由人民教育出版社于 2003 年 4 月正式出版，该书的出版令语文教育界欣喜万分。它与以前的课程标准或教学大纲相比，更加突出了语文审美教育的功能。《普通高中语文课程标准》提出："高中语文课程应进一步提高学生的语文素养，使学生具有较强的语文应用能力和一定的审美能力、探究能力，形成良好的思想道德素质，为终身学习和有个性的发展奠定基础。"这段话明确了语文课程肩负审美教育的使命，肯定了语文审美教育作为素质教育一部分的重要地位。在语文课程的基本理念中又要求："语文具有重要的审美教育功能，高中语文课程应关注学生情感的发展，让学生受到美的熏陶，培养自觉的审美意识和高尚的审美情趣，培养审美感知和审美创造的能力。"具体指出了高中语文课程审美能力培养的核心所在。

　　古典诗词与现当代诗歌作为饱含人文素养、积淀传统文化和浓缩审美情趣的阅读文本，已越来越受到重视。加上近年来高考语文"古诗鉴赏"考题所占的分值还是比较重的，客观上也推进了诗歌教学。但是，纵观和反思当前的高中语文诗歌教学，发现存在以下几个问题：一是重内容分析轻诗歌诵读。面对经典的古典诗词和优秀的现代诗歌，课堂上很少听到琅琅书声，很少感受到声情并茂的朗读氛围，教师生怕把课堂时间过多地给学生用来反复吟诵、用心体会，取而代之的是教师主动地、大段大段地分析讲解诗歌的意象选用、意境塑造、主题表达、语言技巧等，这种用所谓的"启发"直接代替学生的理解的做法，忽视了学生的主体地位，也丧失了阅读教学的本质。二是重知识传授轻语感培养。教师热衷于对诗歌中所运用的比喻、拟人、通感、象征等修辞手法和写作方法大作讲授，而忽视了学生对诗歌文体感、语体感和字词句的敏感能力的培养，即语感的培养。特别是忽视了对诗歌中一些具有双重或多重意味的关键字、词、句的品味，即审美感知力的敏锐性的培养。特级教师韩军认为：文学作品尤其是诗歌的阅读特别强调"感性、感觉、感悟"（《人民教育》2004年第2期）。笔者认为，对诗歌中一些具有多重意味的字、词、句的敏锐感是培养语感的核心所在，而对字、词、句的敏感主要是靠在语境中读出来、品出来、悟出来的，而不是靠对字、词、句的分析得来的。这正是语文教学的优良传统，即涵泳、品读、悟读、品味等，值得我们大力弘扬。三是重单调讲述轻学生活动。课堂上较常见的是教师单调枯燥的讲述，课堂气氛死气沉沉，学生人云亦云，缺少自己独特的感受和体验，更缺少审美创造活动。教师应将教师讲授与学生活动结合起来，用语言、动作、演示、答疑、讨论、表演、师生创作等多种教学手段，代替单调枯燥的讲述，把课堂教学组织得丰富多彩。

于是，改革诗歌教学，加强审美教育，成为当务之急。笔者针对当前诗歌教学的弊端，结合语文课程的审美教育功能，谈些粗浅的见解。

一、酿造涵泳明象佳境，培养审美意识的自觉性

在诗歌教学中，不少教师忽略了"读"这一环节，太热衷于引导学生以获取答案和结论为满足。在让学生念经式地草率读过

课文之后，便迫不及待地就文章词句提出一些问题，要求学生围绕问题讨论，表现了什么思想，给我们什么教育，或者机械地挑出课文中的一些词句，要求分析"为什么"，这种用所谓的启发式教学直接代替学生理解的做法，表面上热热闹闹，实质上浮光掠影、囫囵吞枣。这样做的结果，即便是再美的诗歌也会被教得索然无味！对一首诗歌的教学，教师不应首先引导学生去分析理解，而应首先引导学生去感受，即通过充分调动学生的感觉、知觉、联想、情感，去触摸内容的整体存在，去品味语言文字的意义、情味和旨趣。在这里，传统的语文教学法"涵泳"是很值得提倡的，它主张经过反复吟诵，潜心体会，最后了解把握诗歌主旨和艺术。

（一）范读与领读

范读包括教师范读和播放教材录音带。教师要具体指导学生诵读每一首诗歌的语言轻重、语调变化、节奏快慢以及艺术处理，让学生读出诗人的情感，创设情感共鸣的氛围。

杜甫《蜀相》的结尾句"出师未捷身先死，长使英雄泪满襟"是全诗的核心，既歌颂了诸葛亮的才智和功业，同时又惋惜了他的壮志未酬。读时须把握感伤、叹惋的基调。这里的"英雄"也包括诗人在内，要读得沉重一些、缓慢一些，表现出诗人壮志未酬的痛苦之情、悲伤之情。学生通过读，确定诗歌的基调，掌握诗歌的节奏，体味诗歌的情感。

（二）有声有画诵读

借助媒体，声画并举，创造氛围，促进诵读。如教苏轼的《念奴娇·赤壁怀古》，播映"长江滚滚东流"和"江水冲击堤岸"的壮观画面，背景音乐是电视剧《三国演义》片头音乐，让学生感受到苏词的磅礴壮阔气势，体会诗人面对古人的伟大功绩，慨叹自己功业无成的愤激情绪。在这种浓郁的艺术氛围里，学生的诵读更加准确感人。

（三）比赛诵读

在班里举办诗歌朗诵会，让学生通过自己的比较、评比，提高朗诵水平，展示朗诵才华，感受诗歌的魅力。组织学生通过诵读、默读、分角色读、领读、齐读、小组读等各种形式的"读"，触动学生的情感，创造诗歌的意境，创设共鸣的氛围，使教学渐入佳境，沉浸在诗人所创造的艺术世界里，爱诗人所爱，恨诗人所恨，学生就会在不知不觉中受到美的熏陶，获得美的享受。因此，语文课程特别是诗歌教学，总是通过美的语言，创造美的意境，塑造美的形象，来让学生"感受形象，品味语言，领悟作品的丰富内涵，体会其艺术表现力，有自己的情感体验和思考"。诗歌教学应重视培养学生自觉的审美意识，提高学生的性情涵养，也有利于学生良好思想品质和良好行为习惯的形成。

二、领悟情感共鸣意境，培养审美情趣的高尚性

审美情趣是人在审美活动中表现出来的心理定式，它可以具体地表现为个体的审美偏爱或选择。审美情趣是一种"净化"的趣味，已超越了狭隘的个人功利性，是审美主体在精神上求得的满足。在新课程中尤其注重培养健康高尚的审美情趣，提高道德修养。

白居易在《与元九书》中说："诗者，根情，苗言，华声，实义。"这说明诗歌以传达感情为宗旨，那么诗歌教学也应以陶冶情操、培养情感、净化灵魂为目的。高中学生身心发展渐趋成熟，已具有一定的阅读表达能力和知识文化积累，同时也具有自己的审美追求。教师在诗歌教学中，应引导学生多角度多层次地阅读和鉴赏诗歌，充分调动自己的生活经验和知识积累，获得独特的体验和感受，即"个性化阅读"。引导学生用历史眼光和现代观

念审视诗歌的内容和思想倾向，提出自己的看法。

《致橡树》是当代著名女诗人舒婷的名篇，写于1977年，当时正值人们反思"文革"中人性扭曲、人格不平等的社会现象，女诗人用内心独白的形式，以爱情为题材，也反思了这一现象，这首诗既是爱情诗，又可以看作是哲理诗。在该诗的教学中，我根据高二年级学生的心理特点，设计了一种较为宽松的课堂环境，调动学生的积极性，通过多读，来领悟诗中的情感，让学生公开地、大方地、严肃地谈论爱情观念、人性完善、人际关系等话题。通过启发，让学生在相互交流、讨论的过程中，提高他们对爱情、人生的认识水平，培养健康的心理素质，培养学生用自己的语言传情达意、观察社会、思考人生、剖析社会现象等能力。在课堂上，既设计了求同思维训练，如对第一节中凌霄花、鸟儿、泉源、险峰、日光、春雨六个意象的内涵的理解，也有求异思维训练，如将诗歌主题与歌曲《过把瘾》《牵手》的主题对比，交流、表达各自的感受。对这一问题，每个同学都会有不同的认识，让学生相互交流、讨论，发表自己的感受和体验，这正是求异思维训练。如有的学生认为诗人舒婷追求的那种独立、平等、相互依存、同甘共苦的爱情才是伟大的爱情，而有的学生认为《致橡树》太理想化，不是常人所能得到的；有的学生欣赏《过把瘾》中"轰轰烈烈"的爱情，有的学生则欣赏《牵手》中"平平淡淡才是真"的爱情。不管学生倾向于哪一种观点，人格的独立平等和人性的完善应是我们每个人所追求的崇高境界。因此，对于学生审美情趣的评价，应本着"百花齐放"和充分尊重个性选择的原则，但也要认识到低级庸俗、因循守旧的审美情趣是不健康的，不利于个体的全面发展，应当在语文审美教育中强调培养审美情趣的高尚性。

三、加强诗歌品味教学，培养审美感知力的敏锐性

在诗歌教学中，要善于训练学生的审美感官，培养他们对诗歌中所体现的色彩、音韵、节奏、结构等形式因素的敏锐感知力，在具体语境中理解和体会字、词、句的韵味和作者的感情。

（一）先声夺人，营造氛围

借助声音和图像，营造与诗歌相似的氛围，把学生带入诗的意境。如《有的人》通过男女声对读，就能使学生体会诗中对比强烈的爱憎感情。《周总理，你在哪里》通过领读、多读的方式，就能表现出作者追思寻觅总理足迹的情景。

（二）随声寻情，紧扣诗眼

诗的实质，全在感情。在诗歌教学中，我十分注意紧扣"诗眼"挖掘诗人健康积极的感情，用来陶冶学生，诱发学生的情绪。"诗眼"一般是诗词感情最集中的地方，也是全诗最关键、最重要的字、词、句，在诗歌中就是最凝练、最能激发情感的警语佳句。比如《沁园春·长沙》中的"怅寥廓，问苍茫大地，谁主沉浮？"此句就是全诗中心所在，也应该是诗作感情的燃点。青年时代的毛泽东，面对着当时的现实，怎能不深深地思虑？"怅寥廓"，一个"怅"字十分恰切地表现了毛泽东当时的革命激情和审视国家的忧国忧民之情，同时也表现了他对革命面临危机的焦虑。全词从"立"到"看"，从"看"到"问"，从"问"到"忆"，把祖国的自然景色与往昔的革命活动联系起来，抒发了无产阶级"主沉浮"的革命抱负，表现了无产阶级革命家的伟大斗争精神。还如"采菊东篱下，悠然见南山"（陶渊明《采菊》）。一个"见"字表示无意中看到，若改为"望"，便与"悠然"相悖了。这一"见"乃全诗之眼，着意表现诗人淡泊、超然的田园乐趣。我觉得只要抓住每一首诗歌的燃烧点即诗眼进

行教学，就能激发起学生的诗情，就能很快地进入诗歌的意境，也能培养学生敏锐的审美感知力。

审美活动是以审美的感知为基础的，并且，审美感知贯穿于审美活动的始终。可以说，没有审美感知力就没有审美。在诗歌教学中，教师紧扣文体特征和语体特征，重点抓住一些关键的、凝聚诗人感情的或是具有双重、多重意味的字、词、句进行教学，让学生感悟出字、词、句的深层含义或象征意义，这对于培养学生敏锐的审美感知力是非常重要的。

四、强调学生审美体验，培养审美鉴赏力的个性与共性

方智范教授认为："采用体验性学习方法，能体现诗歌鉴赏的基本特点，引导学生富有创意地建构文本意义。"（见《人民教育》2004 年第 2 期）鉴赏即鉴别、欣赏。审美鉴赏力是对所感知、联想和想象的美的事物进行鉴别和评价的能力。

优秀的诗歌承担着丰富和美化精神的使命，并启迪真理。学生在体验了诗歌的情感之后，还应进一步反复品读，悟出诗的"弦外之音""象外之境"，唯有如此，学生的审美才能从"体验"层次上升到"鉴赏"层次。例如，辛弃疾的《永遇乐·京口北固亭怀古》末两句："廉颇老矣，尚能饭否？"结合典故的原意及词的上阕，诗人对孙权、刘备建功立业的赞颂，反复品读，学生悟出了诗人以廉颇自比，抒发了抗金救国、壮志未酬的忧愤，也理解了诗人的忠义救国之心。陆游的《书愤》结尾："出师一表真名世，千载谁堪伯仲间！"我向学生介绍道：当时南宋王朝偏安江南，诗人力举抗金而屡次遭投降派的打击，最后弃官返乡，至写此诗，乡居达六年之久，诗人目睹国家内忧外患、生灵涂炭，请缨无路、报国无门，饱含着血泪写下了这首愤激慷慨的诗篇。在抒发了岁月蹉跎、壮志未酬的感慨之后，诗人表明了保卫南宋

江山之志，并将以诸葛亮为榜样，以此自勉，表明他至死也不会放弃恢复中原之志，爱国情怀和英雄气概跃然纸上。《致橡树》的教学设计就着意强调了学生审美鉴赏力的培养，已收到了较好的效果。

诗歌教学就应突出学生审美感受和体验在阅读教学中的主体地位，注重引导学生多角度多层次地阅读诗歌，倡导个性化的阅读和鉴赏，用历史眼光和现代观念审视、阅读和鉴赏诗歌，鼓励学生自由、个性、创意地表达感受和体验，尊重审美个性，培养审美共性，发展学生的想象能力、思辨能力和批判能力，提高审美鉴赏能力。

五、教学相长训练写作，培养审美能力的创造性

新课标强调培养学生的审美创造能力，注重跨领域学习，拓展语文学习的范围，通过广泛的实践，提高语文综合应用能力。因此诗歌教学作为文学教育的重要组成部分，担负着培养学生写作能力和创造能力的双重任务。清华大学附中特级教师赵谦翔的"绿色诗歌鉴赏"可以说是诗歌教学的最高境界，真正将文学的诗"迁移"为生活的诗，值得广大语文教师学习和借鉴。如在教学《致橡树》后，教师可以出一个这样的题目——《给××者》。这个题目很广泛，可以写成：《给胜利者》《给成功者》《给失败者》……让学生自己命题，自己创作，抒发心声。在教学《大堰河，我的保姆》与韩东的《山民》之后，可以让学生自己尝试写普通人题材的诗，也可以写怀念故乡、故人的诗，手法上可以不拘写实或象征，语言也可以不拘口语或书面语。

在对比讲授余光中《乡愁》和席慕蓉《乡愁》两首诗歌之后，可以扩展"愁"的主题，分为乡愁、情愁、闲愁等，让学生回忆或通过查阅资料的方式把已经学过的古今中外的诗歌作品进行类比、研究。在讲授《我爱这土地》（艾青）、《祖国啊，我亲爱

的祖国》（舒婷）、《炉中煤》（郭沫若）、《七子之歌》（闻一多）等爱国主题诗歌之后，可以尝试让学生也写一写表达自己爱国之情的诗。

诗歌是语言的最高形式。中国作为诗的国度，优秀古典诗词和现当代诗歌积淀着深厚的民族文化，蕴含着丰富的审美情趣。高中生正处于敏感多思、爱诗的黄金时代和与诗歌天然亲近的诗性年华，可以说，他们人人都是诗人。诗歌教学不仅可以使他们的审美鉴赏能力、感悟人生能力和文学书写能力得到提高，而且通过诗歌，他们可以逐步向真、向善、向美，同时更加热爱生活，珍惜生命，珍视友谊，思考时代。

在举国上下大力加强未成年人思想道德建设的今天，诗歌教学无疑更应该突出弘扬和培育民族精神，传承优秀民族文化，陶冶性情，提高道德修养和人文素养的审美与教化作用。

参考文献：

[1] 秦训刚，蒋红森主编 . 高中语文课程标准教师读本 [M].
武汉：华中师范大学出版社 ,2003.

[2] 万萧萧 . 普通高中语文课程标准与语文审美教育 [J]. 中学语文 ,2003（21）.

[3] 郭世颖 . 古诗词教学中审美情趣的培养 [J]. 湖北教育 ,2002（13）.

[4] 田贵远 .《致橡树》一文教学中的创新尝试 [J]. 人民教育 ,2000（8）.

本文获评湖北省孝感市教科院 2004 年度论文一等奖，并收录于《孝感市教学研究学会中学语文专业委员会第七届年会优秀论文集》。

第三辑　作文教学新路

我的"一二三四"作文教学法

我在教学实践中，探索和总结出"一二三四"作文教学法，"一二三四"分别着眼于作文的四个不同方面，即"一点审题，二（两）面立意，三层结构，四维构思"，包含了作文的所有过程和步骤，体现了作文的基本规律。我的学生在运用这种方法进行作文时，受益不少。

第一，一点审题

对于考试作文或平常课堂训练作文，教师要引导学生从事和理上对作文进行审题。命题作文、材料作文或话题作文，都脱离不了要求学生写身边事和平常理。清代叶燮认为，任何诗文都包含"理""事""情"三个方面。这一点可以说是"放之四海而皆准"的真理。有一些学生，为了迎合和取悦评卷教师和作文竞赛评委，写出的作文常常有大谈哲理、故作高深、卖弄抒情、虚假浮夸、借用拼凑、没根没底、反思感悟、不着边际。我们语文教师要引导学生立足生活实际，让学生写自己的人生经历，哪怕是有限的人生经历；让学生写自己能够明白的道理，哪怕是人人皆知、比较浅显的道理。要把自己的人生经历和反思感悟当作写作的源泉，这才是真实性、人性化的写作，同时也是生活性、个性化的写作，才是既会感动自己、也能感动他人的写作。目前，教师要特别注意防止学生走所谓"美文写作"的道路，如果学生堆砌优美辞藻，放大情感抒发，其结果是自己的情感和感悟，都没有建立在自己的体验之上，出现虚情假意的"美丽泡沫"，不堪一击，不耐细读。

第二，二（两）面立意

在作文教学中，教师创造条件，发展学生个性，让学生学会立意是写好作文的关键。新课改要求激发学生的写作兴趣和自信心，这是作文教学的重点。因此，教师应该大力提倡学生自主写作，引导学生关注现实，热爱生活，表达真情实感，让学生写作贴近生活实际，让学生进行创新写作。

作文立意是确立写作的主题思想，意是文章的灵魂与核心，直接关系到文章的选材、布局，乃至文章的深度。那么，如何教学生掌握立意的方法呢？我认为有两条，第一是关注自我和社会，第二是联系现实和未来。作文离不开自我和生活。作文积累，就是积累自己的生活、认识和感情，省察自己，关注社会。学生作文，也应努力从"理""事""情"三个方面加强积累，即努力提高思想认识水平，尽可能扩大自己的视听和阅读范围，关注生活，关注社会，关注人生，乃至关心全人类共同关心的问题，在胸揽全局的基础上，能从一个小的角度切入，把文章写实、写深，并注重感情的体验和培养，这样，文章才能具有浓厚的生活气息，立意较深而情感真挚。语文教师应该认识到，作为中学生，对许多社会热点问题都有自己的看法，这是一个人成熟的标志，要知道，对某一个社会热点有一个正确的观点，就可能成为一篇议论文的论点。思考深入才会有真知灼见，有了真知灼见才会有好文章。

第三，三层结构

所谓结构，就是文章内容的组织和排列形式，它是文章思路的外现。教师应针对不同的文体，向学生传授必要的文章结构知识。一般而言，这是作文及格的最基本的保证。提到文章的结构，我们很容易想起元代文学家乔吉所说的"凤头、猪肚、豹尾"三层结构模式，此说至今看来，仍然令人击节赞叹。不管文章的写法和结构怎样创新，都无外乎记叙文、议论文、实用文（含说明文等）和诗歌等几大文体。一种文体有它自身的要求和规矩。现在很多中学生作文直接表明学生的文体意识不强。他们把文体淡化，错误地认为作文不需要文体，因而在作文中信马由缰、目无规矩，写的作文成了"四不像"、非马非驴的东西，这样的教训是必须记取的。记叙文的基本结构是"六要素"（即时间、地点、人物，事件的起因、经过、结果）。议论文的基本结构是引论、本论、结论。元代文学家陶宗仪所说的"起要美丽，中要浩荡，结要响亮"，即开头要精致、俊秀，引人入胜；中段要充实、饱满，九曲回肠；结尾要结实、有力，久久不忘。这些话是作文结构的法宝。此外，还要注意段落之间的过渡和照应，材料安排的主次和详略，线索清晰、首尾呼应等。结构是以思维为本源的，好的结构反映了一定的思维规律。因此，掌握前人在长期写作实践中所总结出来的有用的结构模式，对于活跃思维和培养思维的条理性，无疑是具有积极作用的。

第四，四维构思

一道作文题，说到底，它除了要考查我们的语言表达能力以外，更重要的还在于考查我们对这个世界的认识。"按照辩证唯物主义的世界观，我们把个体与世界的关系分为五大系列：人与自然、人与操作对象、人与他人、人与社会以及人与自我。"（朱小蔓《情感教育论纲》，南京出版社，1993 年）。苏联现代哲学家巴赫金认为，世界的基本结构成分有"我对于自我""他人对于我""我对于他人"。从现代伦理学来看，伦理关系包括四个方面：人与社会的关系、人与人（他人）的关系、人与自我的关系和人与自然的关系。对于主体来说，在社会活动中，总是要处理以上四种关系，从而提升到完善自我、善待他人、关心人类的人生境界。

在作文教学中，教师要教会学生建立思维坐标体系，从以上四个方面进行构思，对这四个关系进行全面而深刻的思考，可以最大限度地涵盖对整个世界的思考和认识，从而尽可能地消除自己思维的盲区，使学生面对任何话题都有话可说，真正做到"我手写我心"。

这里，重点谈谈人与社会的关系这一维度。人与动物最大的区别之一就是人的社会性。因此，中学生作文不可能回避人与社会之间的关系的思考。因此，要提高自己的思维能力，一定要对人与社会的关系做出深刻的思考。当然，作为高中生，不能用专家学者的要求来衡量他们的思维深刻与否，只要他们的思考能正确反映人与社会的关系，并能有自己的理由，那就一定能够帮助他们在作文的深刻性方面获得进步。

本文于 2010 年 1 月获评湖北省教研室优秀论文二等奖。

高考命题作文的审题策略

　　众所周知，2008 年湖北省高考的作文审题的确不难，但这并不意味着不需要审题。作文试题表面上看固然有限定，但本质上是开放的，无一例外地为考生搭建了一个施展个人才华的舞台。因此，我们强调审题，重点不在于怎样不犯规，而要怎样审出命题中蕴含的广阔天地。作为华中师范大学研究生，笔者连续三年参加了全省高考语文阅卷工作，评阅了许多篇高考学子的应试作文，颇有感触。2008 年湖北省高考作文题"举手投足之间"，既可以写成记叙文，也可以写成议论文，学生容易上手，但高分不多，满分少见。一些得分较高的作文，都是在正确审题的基础上，有心对人与自然、人与社会、人与他人、人与自我等因素之间的相互关系进行思考和辨析（当然对这四个方面不需要面面俱到，重点突出一至两个方面即可），从而让作文"审题准，立意高，见地深"，达到"去陈言，立新意，谱新篇"的效果。湖北省高考语文阅卷负责人、华中师范大学文学院刘九洲教授曾经说过："我欣赏那种写身边事，说平常理的高考作文。"这句话恐怕对即将走进高考考场的同学们很有帮助。武汉市汉阳一中语文教师袁宏邈也认为："写作要抓审题立意，有人提出考场作文先求'准'再求'好'，这是很中肯的意见。"这确实是真诚质朴之语。下面，就高考命题作文的审题谈几点对策。

一、关于记叙文的审题

记叙文的标题如果是一个词，首先要弄清这个词的含义，再考虑标题使用的是基本义还是引申义或是比喻义。如"尝试"，就是在某种目的、想法支配下第一次主动性的实践活动，所做的事不是偶然不期而遇的事，也不是去做重复熟练的事。一般来说，高考作文是指向引申义或比喻义的。如果有，则要充分予以落实。比如2007年的天津卷"有句话常挂嘴边"，"常挂嘴边"说明这句话是我或者他人经常说的一句口头禅，如果不注意"常挂"一词的限定，而选一句玄而又玄的话作为写作对象，即使这句话大有深意，也与命题人意图不符。

如果标题是一个偏正短语，则重点在修饰限制语上；如果标题是一个句子，则重点在谓语上；如果标题是一个并列短语，则重点在并列短语之间的辩证关系上。如2007年的四川卷"一步与一生"，这是一个关系型的标题，对于"一步"与"一生"二者之间的关系，特别是前者如何影响后者，更需要花时间考虑清楚。

二、关于议论文的审题

议论文的标题，要从类型上审：论题型的标题只限定了论证对象或范围，审题时要在这个范围内确定一个明确的中心；关系型的标题要阐明几个并列词语间的关系；寓言型的标题要弄清比喻义或象征义，再展开联想，推出论点。

我认为高考作文的审题，关键在于怎样审出命题中蕴含的广阔天地。从"题是题，我是我"到"题是我，我是题"，标志着一个考生思考的成熟。考生唯有让题目与自己产生这样或那样的联系，才能写得顺畅，真正做到我笔写我心。达到这个境界则需要考生有一种"翻译"的能力，即准确破译题目中话题或材料的实质，使作文试题由陌生到熟悉，由远在天边到近在咫尺。也唯有看清试题的真面目，才能够恰当充分地调动个人储备，做到考场作文"人题合一"。

三、准确审题的要求

在高考作文中，准确审题是至关重要的第一步。虽说审题准确，未必能写出上乘文章，但至少可以确保不偏题、不跑题，达到基本要求，我们决不可把审题看作老生常谈而掉以轻心。

上海市高中语文特级教师钱伟康指出："准确审题大体可以从两方面着手，一是吃透题意，二是辨明文体。"因此，吃透题意要咬"词"嚼"义"，学会在比较中鉴别，善于拓展思维。例如对"举手投足之间"的审题，绝非让你议论某某人举手、投足等具体事例，而要求确切把握题目中隐含的比喻义，由此及彼，联系现实生活中相类或相反的事例来阐述事理，这样才不至于就事论事、思维滞留或东拉西扯、胡乱凑数。另外，掌握词义延伸的特征，从不同角度发散思维，力求突破常规、创出新意，尤其重要。如"举手投足之间"，确定什么是举手投足，举手投足能够反映和表现一个人的什么东西，是审题的关键。有看得见的举手投足（行为举止），还有看不见的举手投足（人的思想、素质、品德等），最好把看得见的"举手投足"与看不见的"举手投足"融合在一起，有利于文章往深处开掘。

在审题完成之后，就要选择文体。那么，如何选择文体呢？

一是要有文体意识。淡化文体不等于不讲文体。一旦确定了文体，就要按照这种文体的样式去写，绝不能写成不伦不类的"四不像"。湖北省高考语文阅卷组的专家、教授就十分注重学生的文体意识。这就要求考生掌握各种文体的特点，特别是熟练掌握自己最喜爱、最擅长的那种文体。

二是要选择优势，扬长避短。要根据自己的爱好和特长选择文体，善思辨则议论，擅描述则叙事，爱抒情则散文，好想象则寓言、科幻，等等。提倡关注社会，关注生活，关注自身，从实际生活中取材，议则要有真知灼见，叙则要有真情美感，竭力去除那种名人加名言等于文章的写作弊端。

三是既要创新又要量力而行。创新固然出彩，如果因为实力不够盲目创新而弄巧成拙，反受其害。创新要在实力雄厚、条件允许的基础上进行。但是，也要克服那种虽有实力但为求稳妥不去创新的怯懦心理。

作文审题意识的淡薄和审题方法的匮乏是我们写作的瓶颈，要把作文写得鲜活、深刻、具有审美价值，还要在审题环节上下功夫。只有开掘了全新的审题空间，才能"入乎其内，出乎其外"，写出精美的作文。

参考文献：

[1] 刘九洲. 我所欣赏的高考作文 [J]. 语文教学与研究，2007（28）.

[2] 袁宏邈. 名师支招：从高考命题谈 2009 年语文备考 [N]. 中国教育报, 2009-01-07（7）.

[3] 金志浩，杨若冰主编. 15 位特级教师教作文：中学 [M]. 上海：华东师范大学出版社, 2001.

本文于 2009 年 3 月发表在湖北省孝感教育信息网。

高中作文教学现状分析

提起作文教学，心里总觉得有几分沉重。毋庸讳言，当前绝大多数学校作文教学处于一种无序状态，作文训练缺乏系统性和科学性，学生写作水平提高缓慢。

笔者曾就中学作文教学问题在本地及周边地区做了一番调研，深感问题严重。

一、教师作文教学中存在的问题

1. 思想上不重视

不少老师认为，作文拉分不大，月考、统考甚至高考，绝大多数作文都打在 40 到 46 分（满分 60 分），48 分以上作文凤毛麟角。40 分以下的也为数甚少，而且作文训练耗时多、收效慢，不及阅读教学见效快。故而出现了重阅读教学轻写作教学的现象。调研中发现，某校某老师一学期只写了一篇作文，另一老师虽然做了四五篇作文，却从不去批改和评讲，而且在课堂上向学生宣讲：我们的作文、仿写等能力题比人家差一点，平均分顶多差三四分，而且作文分高分低还需要碰运气，而我们抓住了语音、字形、名句这些最基本的东西，可以比人家高出七八分，这样算下来我们总成绩还比人家高。事实上，无论是课堂上还是早晚自习，她所操练的也正是这些"最基本的东西"，注音、默词、背诵名句，不达标时要求学生抄写许多遍，却把作文放在一个无足轻重的位置。

2. 训练无序

调研中发现，不少老师作文训练事先并无计划，随意性极大，作文教学缺乏系统性和科学性。有的老师到了作文课前才匆匆在资料上去翻找作文题，抓丁拉夫，草率上阵，根本无系统教学可言，更谈不上科学性。有的学校同一年级的不同班级之间也是各敲各的鼓，各唱各的戏。整个作文教学处于一种无序的状态之中，体现着一个"乱"字。

3. 重训练，轻指导

有的老师认为作文是写出来的，不是讲出来的，因而在作文教学中片面要求学生写，而忽视审题立意、谋篇布局等方面的指导。学生作文写出来了，教师批改则浮光掠影，不去对学生作文中存在的问题做认真的研究，也不进行有针对性的讲评。学生在这样的作文训练中不但水平得不到提高，而且会消磨写作的兴趣。

4. 重话题作文，轻文体训练

近几年来高考一直在考话题作文，因而许多学校从高一开始就练话题作文。平时写话题作文，考试考话题作文，不去按文体要求进行系统的训练，致使学生文体意识不强，文体界限不清。

5. 重技法操练，轻兴趣培养

许多老师作文指导张口闭口皆是"法"——审题技法、拟题技法、构思技法……大谈特谈怎样的题目能受到阅卷老师的青睐，怎样的结构能抓住阅卷老师的眼球，怎样的语言能得到阅卷老师的欢心，一句话，想尽种种办法去讨好阅卷老师。然后要求学生按照他所定的条条框框去反复操练，根本不关心学生真正在想什么、想要说什么，不注意用美文去开启学生心灵之锁、陶冶学生情操、激发学生的表现欲望、培养学生的写作兴趣，而学生写作兴趣正是推动他们去关注自然、关注社会、感悟人生、写好作文的原动力。

6. 教师理论素养低，指导能力差

有的老师，特别是部分年轻老师自己审不好题，写不出像模像样的文章，不具备作文教学系统的理论知识和实际指导能力，所以指导时三言两语，批改时良莠不分，评讲时草草收兵，给学生的感觉往往是你不说我还明白，你越说我越糊涂，这样一来，挫伤了学生的写作积极性。

二、学生作文存在的问题

1. 缺乏写作热情

学生怕写作文是个普遍现象，多数同学对写作缺乏热情，没有兴趣。一提写作文，他们便愁眉苦脸、抓耳挠腮，若说不写作文，他们会高兴得跳起来。不得不说，多数同学也只是任务式地完成，很少有同学把它当成展现自我和施展才华的机会。

2. 写作态度马虎

由于不爱，所以不认真。部分同学写作态度很不端正。作文布置下来，不少同学不是去积极开动脑筋、审题构思、谋篇布局，而是翻看作文书，随便找篇范文来抄抄，应付一下。就是考试，也有人不去审题，胡乱地把曾经看过的与考试题目风马牛不相及的某篇文章依葫芦画瓢地搬到试卷上。有的同学写作文从不打草稿，提纲也不列，提笔就作文，最后定文题。更有甚者，题目都不写，文中漏掉的字也不去补上。至于字迹潦草、标点不清的现象更是比比皆是。

3. 审题不准

近几年高考话题作文的出现，客观上降低了审题的难度，许多同学就以为作文可以随便写，放松了对自己审题能力的培养，作文偏题现象相当严重。最近我们考查了一篇作文，要求就卢梅坡"梅雪争春未肯降，骚人搁笔费评章。梅须逊雪三分白，雪却输梅一段香"一诗蕴含的哲理，联系实际写一篇议论文。本来这首诗并不难理解，梅雪相争，互不相让，骚人评说，各有所长，梅不及雪白，雪不及梅香。诗中蕴含的哲理也不深奥，尺有所短，寸有所长，各有千秋，我们每个人都有自己的长处，也有自己的短处，不能只看到自己的长处和别人的短处，而应该同时看到自己的短处和别人的长处，正确地看待自己和他人。可阅卷时发现接近一半的同学在谈竞争，大谈特谈我们处于一个充满竞争的时代，要敢于竞争、善于竞争，竞争长才干，竞争出活力。还有人写梅离不开雪，雪离不开梅，世界是普遍联系的。更有同学乱写一气，不知所云。高三学生闹这样的笑话，真让人气闷。

4. 文体不清

高考作文不限文体不等于不要文体，而长期的话题作文训练导致许多同学文体意识不强，文体界限不清，写出来的东西模糊不清，这是一个非常可怕的现象。

5. 表达能力差

长期做选择题的训练让许多同学没能注重表达能力的培养，表现在作文之中便是结构混乱、层次不清、语言贫乏、言不达意、语病不断等问题层出不穷。

本文于 2009 年 7 月获评第二届"文心雕龙杯"全国新课标写作大赛教学论文类一等奖。

作文教学应培养学生的人文素养

——以人教版高中语文必修 2《写景要抓住特征》作文教学为例

一、语文教师的人文素养与作文教学的关系

工具性与人文性的统一，是语文课程的基本特点。《普通高中语文课程标准》明确语文课程应提高学生的语文素养，但只字不提"人文素养"四字，这恐怕是一个疏漏。目前对人文素养的概念虽然还没有定论，但笔者认为，人文素养至少应包括个人的思想素质、道德品质、情感情操、审美能力等四个方面。即一个人应具备的基本品质和基本态度，包括按照社会要求正确处理自己与他人、个人与集体、个人与社会、个人与国家，乃至个人与自然的关系，而高中语文新课标把"人文素养"这一概念归并纳入语文素养之中，似乎不妥。

语文的人文性特征，不仅体现在课程内容与教材编写等方面，语文教师自身的人文素养，也成为能否顺利实现语文课程人文性特征的重要因素。说得具体一点，就是语文教师的人文素养在培养学生的人文素养方面，体现出潜移默化的感染、熏陶价值和言传身教的指导、促进作用。这就要求语文教师必须具备深厚的人文素养，厚积薄发，以身示范，才能在教学中做到游刃有余、自然渗透。

作文应给学生什么？我想至少有两点：第一是教给学生语言表达能力；第二是教给学生对人生社会的感悟能力，即达到懂事理、通人情、知百事、观万物。教作文，就是教做人。朱自清先生说过："作文，说是做人的训练也无不可。"作文教学过程除了传授知识和写作技巧，更实际的是不断帮助学生加深对社会、人生和大自然的认识、理解、思考的过程，同时还是不断培养学生审美感悟能力，用美的情操去陶冶学生，完善学生人格，培养学生创新精神，提高创新能力的过程。在当前的语文教学中，语文教师往往不能亲自下水作文，使写作指导乏力，不得要领，重要的是起不到率先垂范的作用。改变作文教学现状的对策，只能是先从改变教师自身做起。语文教师若能加强自身的道德品质修养和思想理论素养，多读书，多写作，经常和学生一起同台竞技，必能激发学生的写作热情，并能有效地指导学生写作。

二、高中语文必修 2《写景要抓住特征》的作文教学实践

高中语文必修 2 教材的第一次作文就是写景作文训练。在教材的《话题探讨》中，编者向学生传达了鲜明的"天人合一"思想和热爱自然、感恩自然的情感，具有较强的人文色彩。笔者在这一次的作文教学中，就充分挖掘作文训练材料的人文内涵，注重作文教学的人文性，大力培养学生的人文素养。作文教案中笔者曾写道："大自然是人类生命的摇篮和生活的天地，它不仅养育着人的体魄，也滋润着人的心灵，为人类提供了精神的食粮。自然美培育着人的情操，调剂着人的心情，丰富着人的感受力和创造力。大自然不仅是我们的衣食父母，而且对于培养我们的审美心胸和高尚情怀，对于形成我们的健康人格，都有着不可替代的珍贵价值。同学们，难道我们不应该热爱自然、尊重自然、保

护自然、享受自然吗？"一石激起千层浪。同学们饶有兴趣地进入了我预设的人文情境之中。因势利导，笔者列举人与自然的三种关系：一是征服自然，二是屈服于自然，三是与自然和谐相处。屈服于自然当然是不可接受的，征服自然尽管令人向往，但渺小的人类尚不足以完成这一任务。如果一定要和自然对立，换来的就是自然对人类的惩罚。我们根本就不应该妄想征服自然，而只能在尊重自然的基础上，让自然帮助我们，哺育我们，用我们的双手将自然变得更美丽，这才是一种双赢的格局。

作为高中生，应该认识到自然是人类的家园，自然是人类心灵的栖所，应该探索人与自然的关系及前景，批判和反思人类对于自然的伤害，倡议保护生态环境。在这一番讲述之后，再点拨写景的方法技巧，拿出一幅优美的风景画，挂在黑板上，让学生描述景物，赞美自然，表达感受，交流思想。同学们认真地欣赏着风景画，一行行优美的文字伴随着灵动的思绪沙沙流淌，作文很快就当堂完成了，同学们轻松愉快地上完了一节作文训练课。笔者也和学生一起，当堂写下水作文，并把学生作文收起来逐一评阅，发现这次作文中同学们说出了自己的心里话，融合了自己的感受和情感去写景状物，真正做到了"天人合一""物我一体"，实现了此次作文训练的目标。笔者也把自己的下水作文贴在教室里，接受学生的批评。

三、教学反思

生态哲学认为，人—社会—自然是一个相互关联的复合生态系统，是一个相互作用的统一整体。其中的基本问题，就是人与自然的关系问题、人对自然的态度问题。人类是居高临下地俯视大自然呢？还是以一种敬畏、喜悦之心去亲近、拥抱大自然呢？显然，答案是后者。语文教师应该利用语文课程的优势，大力培养学生的生态意识，引导学生认识到自然景观的审美效应，提高学生的审美能力，从而珍惜、热爱大自然，更好地与自然和谐相处、相互交融。

大自然是无限丰富而多彩的，感悟自然，可以时时给人启迪，相当一部分话题，都可以从感悟自然中找到合适的材料。作文教学，应让学生的作文插上人文素养的翅膀，张扬自己的写作个性，多角度、理性地审视生活，形成自己正确的价值观，写出自己眼中人、物、事的独特个性，从而完成作文教学对学生提高认识、训练思维、陶冶情操、净化情感、完善人格的重要任务。

附一：教师下水作文

一幅风景画

夏天是热烈、奔放、充满激情的，但这一幅风景画，让我看到了不一样的夏天。

画中是夏天的早晨，一层轻雾像青纱一样笼罩着整片森林，给人神秘的感觉。远处是一棵棵生长茂盛的杉树，尽情舒展着自己的枝叶，吸收着晨露。一阵阵风吹过，枝叶在风中快乐地舞蹈。慢慢地走近，就在屋后看见稀稀疏疏的白杨，同样的生机勃勃。

房前屋后的月季、刺槐争奇斗艳地开放，就连点缀在旁边的狗尾巴草也像受到鼓舞一样，仰起了它们的小脑袋。一阵淡淡的清香飘来，沁人心脾，让人的心情也为之清爽，感受到大自然的美好。

房子的墙壁上长满了爬山虎，从远处看，像绿色的海洋。房子四周，围着栅栏和篱笆。窗台上摆放着几盆绿意盎然的盆景，像刚睡醒一样，慢慢舒展着枝叶。可能是因为时间还太早，房屋的主人还沉浸在梦乡之中。一切都是那么恬静，那么和谐，那么美好。

房屋的前面是一个小小的池塘，水面上漂浮着水草和浮萍，中央是几株睡莲，碧绿碧绿的荷叶上面点缀着露珠，晶莹剔透，像一颗颗的珍珠。叶子底下是潺潺的流水，脉脉地流淌着。

欣赏完这幅画，我的思绪无法平静，我的视线无法移开，这让我想起了陶渊明所描绘的世外桃源，也是那么和谐、静谧、安详，那么让人留恋、赞叹、向往。

这才是我的心灵的真正住所呀！

附二：学生范文

一幅风景画
湖北省汉川市综合高中一（2）班　胡丹

记忆中，有那么一片绿荫，自己曾经依靠在树旁，浅唱一首又一首的歌谣。

记忆中，有那么一个午后，自己曾经躺在睡梦中，聆听一阵又一阵的蝉鸣。

记忆中，有那么一种消遣，自己曾经捧着一杯冷饮，感受一丝又一丝的清凉。

当我们走近一看，发现在这幅风景画里，有着一种让人不忍心打破的优美和宁静。各色的野花都开了，红的、黄的、紫的、蓝的、白的，像绣在一块碧绿的大地毯上的五彩斑斓。成群的蜜蜂在花群中忙碌着，采集着花蜜，辛勤地飞来飞去。

人们都说池塘最美的时候当属夏天。"接天莲叶无穷碧，映日荷花别样红。"诗人杨万里描写西湖美景的佳句，正可用在这幅风景画中。而王昌龄笔下的"荷叶罗裙一色裁，芙蓉向脸两边开。

乱入池中看不见，闻歌始觉有人来"，更加可以表现出这幅风景画中的池塘是多么让人惊奇。池中畅游着自由而又活跃的小鱼儿，嬉戏在清澈见底的池塘之中。而荷叶上还挂着早晨的露珠，碧绿的荷叶衬托着出淤泥而不染的荷花。

在那片绿油油的森林前面，耸立着结构简单但样式特别的房屋，让人忍不住想跳进画面住在里面。房屋周围生长着各式各样的花草树木，竞相展现着蓬勃生机。

当我看到这幅画时，我不忍打破这幅风景画中的美景。我喜欢美好的时光，夏日的风景尤其让我喜爱。

在夏日里，我看到了那些花草树木，它们在森林中展示着一种青春的动感与奔放。碧绿的叶子润润地生长着，看着那片森林裁剪出来的树荫，仿佛为我的心灵遮上了一把清凉的伞。好想走进这幅美丽的风景画中，掬一捧清澈的溪水，让那一阵阵清凉澄清我迷茫的视野，然后再摘几片大大的叶子，把那清新的阳光永远珍藏在心底。

我喜爱这份宁静——让人不忍打破的宁静，就让这份宁静永远地存放在我的心中。

本文于 2005 年 7 月获评第三届"叶圣陶杯"全国新作文大赛作文教学成果奖二等奖，并收录于《教师文学修养与语文教学研究》，中国文联出版社，2010，第 94—96 页（有删减），后全文发表于《新课程研究·中学作文教学》2011 年第 2 期，第 188—189 页。

湖北技能高考语文作文的命题特点和教学策略

写作是复杂的心智活动，本质上是主体在真实情境中进行的意义与语篇的建构，用语言将思维逻辑化、结构化的过程。写作学习离不开真实的情境和真实的写作任务。综合分析当前中职学校语文教学现状和中职生的实际，发现中职生写作学习的问题主要体现为三个方面：其一，写作任务不明，不知道写什么；其二，写作情境缺失，不知道为何写；其三，写作思维单一，不知道怎么写。明白了学生的写作学习的痛点和难点，我们的针对性措施是：明确写作任务，解决写什么的问题；设计写作情境，解决为何写问题；训练写作思维，解决怎么写的问题。据此，创设贴近学生真实生活、引发学生写作需求的任务情境，追问写作任务本身是否包含作者（以谁的名义写）、读者（写给谁看）、目的（解决什么问题）、话题（谈论什么）、体式（以什么文体写）五大要素及篇幅、呈现方式等其他要求，这是进入任务情境写作的关键所在。

审视湖北省技能高考 2016 年至 2023 年这八年间的语文作文试题，大多设置的是任务驱动的形式，鲜明地呈现出任务情境写作的命题特点和趋势。这些试题遵循中职生身心发展的规律和核心素养形成的内在逻辑，按照中职语文课程标准，以生活为基础，以语文实践活动为主线，以学习主题为引领，以学习任务为载体，整合学习内容、情境、方法、资源等要素，设计作文命题，较好地体现了任务情境写作的教学理念，倡导学生真实写作。

关键词一：任务

命题设计要体现与学生生活紧密关联的情境和任务。王宁教授在《通向核心素养的学习任务群》中认为，命题者"在命题材料与社会生活实际之间找到结合，引导学生围绕话题或现象，深入思考探究、综合分析解决问题。"戴维·H.乔纳森指出："教育唯一真正的目标就是解决问题。"这里的问题就是任务。命题者将社会生活情境、个人体验情境中的问题转化为任务，形成学生学科认知情境，从而培养学生学以致用的能力。作文命题设计有意义的问题，指向高阶思维，还体现在与生活关联，即在生活中可能客观存在的问题。

如2023年湖北技能高考语文作文试题，继续2022年"技能学习"、2021年"技能成才"作文试题的命题思路，延续一贯坚持的命题理念，即作文要求学生能够表达出对生活、社会、他人的关注和热爱。作文试题从"我与工具"说起，命题情境指向中职生熟悉的、经常参与的专业技能训练和学习的真实场景，设计了写作任务，即关注技能工具在自己专业学习中的作用和重要性，给予了五花八门、不同专业的考生独立思考的可能性，让他们有足够的空间去思考，又能够用不同的方式进行创意表达。考生在审题时，抓住题干中的关键词，如"工具""技能""专业""学习""作用""故事"等。这些关键词启示考生，在"真实性"的生活情境中，联系自身的生活经验和专业学习，选择自己在专业学习中经常使用且有独特体会的一种或两种技能工具，讲出自己独有的故事，阐述独特体验，体现出工具的作用和重要性，进行写作表达，是很容易完成一篇文章的。考生如果能够结合工匠精神、技能报国、中国智造等热点话题，表达创意思考，深化作文主旨，则会点石成金锦上添花。

关键词二：情境

"命题应贴近学生的生活经验和情感体验，抓住社会生活中常见但又值得深思的真实场景，创设新颖、有趣、内涵丰富的情境，设计多样的问题或任务。" 2022 年版新课标提出对命题情景设置的要求：考试、测评题目应以具体情境为载体。

如 2022 年湖北技能高考语文作文试题："专业技能的学习之路并非一帆风顺，遇到挫折时难免会自我怀疑。不过，只要足够努力，这份怀疑终会烟消云散。请给本校新生写一封信，讲述你在专业技能学习中由怀疑到自信的故事。"根据题目，可衍生出关键词"技能""挫折""困难""怀疑""努力""成功""自信"等，考生可以"自信""努力"等为话题，走进自己真实的专业学习生活。写作内容则依托和来源于教材，指向中职语文统编教材（高教版）基础模块上册第一单元的语文综合实践活动"专业助我点燃信念的灯——了解专业、热爱专业、树立学习自信心的主题活动"，基础模块下册第二单元的语文综合实践活动"感受职业生活——与学长的对话"，第五单元的语文综合实践活动"展望我们未来的职场——'我的职业设计'策划会"，命题仍然立足教材，倡导语文学习以教材为根本、重视利用教材资源的核心理念，呼吁语文复习备考回归课堂。这对于当下复习备考时大搞题海战术、猜题押题，具有纠偏返本的作用。写信的对象也很明确，即本校一年级的新生，刚进入中职学习的初中毕业生。这些新生的特点也很突出，他们对自己所学的专业不是很熟悉，对国家的职业教育政策也不了解，对今后会遇到的困难和问题也不清楚。考生作为学长，可以现身说法，讲述自己的学习故事，其目的就是要帮助学弟学妹们树立学习专业的信心，不怕困难，学好技能，报效祖国。

关键词三：思辨

思辨性写作是运用逻辑思维和辩证思维，以实证、推理、批判发现的方式，自由、个性和创意地表达。思辨性写作具有多样性、求异性等特点。近年来，思辨写作题目备受命题者青睐。这类写作多以情境话题的形式出现，让考生在矛盾中思考问题，着力训练辩证思维。

1.思辨的多样性。是指对人和事物多角度、多维度地思考问题。对同一事件，考生可以从人和事物的性质、发展趋势和方向、空间和范围多维度地进行辨析思考。如 2016 年试题中的"爱好"因人而异，2017 年试题中的"景象"丰富多彩，2018 年试题中的"物品"五花八门，2019 年试题中的"不和谐的现象"比比皆是，2020 年试题中的"欣喜"千差万别，2021 年试题中的"技能成才"层出不穷。可以用第一人称"我"来讲述，讲自己的故事，我手写我心；还可以写他人的故事，海纳百川，博采众长。可以采用不同的视角，选定一个具体的事物确定立意，如 2018 年试题中的"物品"，可用书的视角、笔的视角、花的视角等，用第一人称来写"过去、现在、未来的笔"，展开笔的自述，融合考生的经历，讲故事，写回忆，抒情感，反映生活进步、科技发展、社会变迁，视角新颖，立意独特，定能获得高分。

2.思辨的求异性。即面对写作话题时，换一个角度思考问题，甚至是逆向思考。这种思维方式能够引导学生从现有的结论中得出新观点，具有创新的价值和意义。

如 2021 年试题中的"技能成才"话题，要求考生结合自己勇担青春使命，走技能成才、技能报国之路的思考和规划。题干中出现了习近平总书记在 2020 年第一届职业技能大赛时所说的"金句"："要大力弘扬劳模精神、劳动精神、工匠精神，激励更多劳动者特别是青年一代走技能成才、技能报国之路，培养更多高技能人才和大国工匠。"习近平总书记的话语立意明确，指向鲜明，就是号召广大青年学习工匠精神、劳模精神，成长为技能型人才。技能人才千百万，成长道路千万条，因人而异，不一而足。每个考生对技能成才、技能报国的理解也各不相同。这个作文题，可以视为名句阐发类议论文。考生要聚焦经典名句，给出自己的理解，得出新的启发，确立紧贴时代背景的观点。

这类议论文，往往要先对名句内涵做出解释，然后结合时代特点分析其当代意义和价值。因此可以说，名句阐发类议论文，是议论类文本中独具特色的写作类型，也是非常具有思辨求异色彩的写作。

关键词四：策略

策略即教学策略。多元写作任务整合而成的任务情境写作任务群，是当今乃至今后全国各地命题的现状和趋势。考生带着明确的任务写作，在落实大任务、完成小项目的过程中，渗透系列写作技巧和知识，如联想、想象等。每完成一项任务，每解决一个问题，写作技能便检测到一次提升。根据命题特点和教学现状，提出以下教学策略：

首先，统整单元阅读和写作板块。中职一年级重点培养良好的写作兴趣和写作习惯，在此基础上培养写人记事的能力。中职二、三年级主要训练三个方面的内容：一是文体写作，如撰写书信、倡议书、演讲稿等；二是改编式写作，包括审题立意等；三是作文的程式化学习，包括有创意的表达等。整合教材中的写作板块知识和序列，创设多个写作任务群，为写作训练打好基础，做好铺垫。

其次，统整单元口语交际和语文综合实践活动板块。通过训练，让学生在原有的写作成果上进行梳理与探究，对信息进行精加工,避免低层次的学习。同时,将文本表达与口头表达融为一体。

此外,植根生活经验并注重创意写作。可将写作任务设定为介绍词、说明书、代言人评选、优秀作品投稿、征文比赛等。平时多做审题立意训练,注重选材的多样性和新颖性,引导学生做生活的有心人,发现生活中好的写作素材。

本文发表于《阅读时代》2023 年 9 月下半月刊,后经过修改,形成《任务情境视域下的作文教学——以湖北省技能高考语文作文试题为例》一文,发表于《中学语文教学参考》2024 年 2 月第 3 周刊。

幸福在我身边

董川娥　汉川中职新声文学社

【写作提示】

请以"幸福在我身边"为题，写一篇不少于 800 字的文章。要求：自定立意，自选文体，诗歌除外，不得套作，不得抄袭。

父亲的电动三轮车是去年夏天从二手市场买回来的。

父亲有了这辆车，自然要在宝贝女儿面前显摆显摆。这不，他马上要送我上学——用那辆虽然经过打理但仍显破旧的电动三轮车。这个三轮车有一个较大的露天车厢，我需要坐在那个父亲早已为我准备好的红色塑料小凳子上，让父亲将我载到学校门口。

或许父亲不懂我所谓的"面子"，在我一再地推辞之后，父亲黑着脸说："快点上去！天要黑了，再不走就要迟到了！"

"不用了，我自己坐公交车。"对于吃软不吃硬的我，父亲的话根本没用。

"快上来，别再耗了！"父亲焦急地按着喇叭，催促着我，我感觉那声音更加聒噪。

"我自己坐公交车！"我大声嚷着，说完就自顾自地向公交车站走去。父亲没办法，只好骑着车，小心翼翼地跟在我后面。

天色渐渐暗了下来，也许是心底的烦躁与公交车的迟迟不来，再加上父亲一直跟着我，我的心一软，缓缓地向那辆停在晚霞中的电动三轮车走去。至今我还记得，当我跨步蹬上车身时，那车身还极不情愿地发出了"吱吱"的声响。

　　"你看看你！现在真是越来越不听话了！真倔，九头牛都拉不回来。"父亲见我上了车，拧了拧钥匙，车平稳地向学校飞驰而去。

　　"哼，还不是因为你！人家的爸爸，哪个不是开着小车送自己的孩子上学，只有你，看看这破破烂烂的三轮车，真丢人！"我高声反驳，这个让我在同学面前抬不起头的父亲，令我愤懑。

　　风从我的头上吹过，我的头发在空中飞舞，我正打算对着车头上的后视镜整理整理，往镜子上一瞥，却呆愣住了。父亲的脸涨得通红，眼里含着亮晶晶的东西。难怪他一路沉默，原来是不想让他最爱的女儿知道他心底的痛。

　　我不禁惭愧。自从母亲离开家后，这些年来，父亲既当爹又当妈，岁月的刻刀已把他的脸颊划伤，额头上出现了一道道皱纹。从小到大，父亲一直关心我，我想要什么，他都会尽量满足我，而他自己却从来没添过新衣。父亲一分钱都想掰成两半花，却一直对我慷慨大方。我叛逆乖张，中考失利时，他却一直对我好言相劝。

　　想到这里，我鼻头泛酸。这几年，我做了多少让父亲丢脸的事，现在，我却因为这件事，向他大发脾气。

　　到了学校，我下车后对父亲说："以后……还是你送我来学校吧。"

　　"嗯！"父亲对着我点点头。我分明看到柏油马路上掉下几颗水滴。

文章通过绘声绘色的细节描写，突出表现了"幸福在我身边"这个主题。但是，只须稍微发散一下，我们即可发现，这个题目还有很多立意：我们身边司空见惯的小事中其实蕴含着幸福；感受不同，对身边的幸福也就有不同的理解；在有些人眼里，一些人、事、物并不让人感到有什么幸福，而在"我"心里，这些都是幸福的……（教师评语）

　　本文发表于《高中生学习·作文素材》高一版 2006 年第 3 期。

苦瓜研究

尹超　汉川市综合高中一（1）班

　　"我家菜园的苦瓜终于成熟了！"这个声音再次回荡在我耳边。

　　应着爷爷的叫声："阳阳（我的乳名），快过来看！"我向菜园奔跑过去，去看那期盼已久的苦瓜，只见它们密密麻麻地挂在枝条上，翡翠般油绿可见，像一个个站得笔直挺立、等待首长检阅的士兵。曾听爷爷说过，苦瓜是一种好蔬菜。那修长的身躯，浅绿色的外衣，让人看了，垂涎欲滴，却又怜香惜玉，可我不管那么多，一刀便把它从枝条上"卸"下来，削掉它那美丽的外衣，嘴馋的我迫不及待地刚咬一口，便迅速吐了出来，说："爷爷，怎么这么苦呀！哪有您说得那么好，您骗我，味道这么苦，根本就不是好吃的味儿。"爷爷说："刚才我话还没有说完，你就……"一阵风儿吹过来，像一只只小铃铛的苦瓜摇摆起来，仿佛是在幸灾乐祸地说："谁叫你刚才那么残忍地对待我们的同伴，现在尝到我们的滋味了吧！活该，哈哈哈……"我生气地哭了起来，这份苦涩让我情不自禁地流出了眼泪。

　　这一次与苦瓜的亲密接触，竟让我对苦瓜产生了兴趣。于是，关于苦瓜的一些知识，便逐渐在我的脑海里清晰起来。苦瓜可以说是一种再普通不过的蔬菜了吧，它类似于黄瓜，但又不同于黄瓜，它有平凡的外貌和形状，似乎不值一提，却又有自己独特的风味和价值，让人回味无穷。它盛产于夏季，苦瓜的生命在高温下表现出它的强悍，同时，苦瓜具有独特的作用。作用之一是可以解暑，可为那些在炎炎夏日下劳作的人们提供一定的解暑保障，这就是它可以生吃的好处——随时吃，难怪爷爷说它是好蔬菜呢！作用之二是可以降血压，将它炒熟后，常吃可以维持人体的正常血压。因为现在人们生活水平提高了，不健康的饮食习惯使血压也会随着升高，所以，血压高的人，经常吃苦瓜对身体有好处。作用之三是苦瓜中含有较多的营养物质，能够提供人体所需的营养元素，还能够清火解毒呢！它会让你欢喜收获，但也会叫你苦不堪言。总之，它会给人们带来各种不同的味道。

农民就是像苦瓜那样，为大家付出劳动的汗水，给了人们健康的"甜头"。他们默默无闻、无私奉献，是他们种植了苦瓜，也造就了他们自己独特的性格——朴实，他们不就是那一串串生命力极强、惹人喜爱的苦瓜吗？

本文发表于《孝感晚报》2007 年 5 月 4 日第 6 版教育·习作园地。

我的母校

——汉川师范学校

【写作提示】

　　学校是一座综合型的建筑物。写关于介绍学校的说明文，一般是按照进入校园的参观路线来介绍，但要突出学校的整体布局和特点。本文是写自己的母校——汉川师范，范文始终是以艺术楼为中心，介绍学校的"口"字形结构和布局，按"进校"和"出校"两条路线，逐一对学校的主体建筑进行介绍，使读者对该校有较清晰的认识。文章突出该校作为中等师范学校的特点，重点介绍了艺术楼、文化长廊等建筑，其中还穿插作者的一些介绍性的描述，使说明更为完整、详细。

　　汉川师范是我的母校。我在她的怀抱里曾度过了三年美好而令人怀念的时光。每当我走进汉川师范，心中便油然升起一种亲切感。

　　汉川师范位于城关镇西门桥六合三路霍城大道旁，省少年儿童出版社印刷厂就在它的对面，汉川电大和教师进修学校在它的旁边。它是我省的一所重点中等师范学校，是我市培养小学和幼儿师资的摇篮。

　　鸟瞰汉川师范，整个学校布局合理，校园环境优美，呈现一个"口"字形的结构。当你走进汉川师范，你会发现校园环境整洁优美，阵阵花香扑鼻而来，令人陶醉。

站在霍城大道上，远远地便可看见由我国著名数学家、武汉大学教授李国平先生题写的"湖北省汉川师范学校"的校名，九个大字遒劲有力，为学校增色不少。沿着校内宽阔平整的水泥大道走进去，就会望见高高的艺术楼。艺术楼一共有四层，都用的是铝合金门窗，并镶嵌着茶色玻璃，使整个楼房显得更具有现代气息。艺术楼里设有钢琴室、风琴室、平衡木室等，房内摆放有各种教学设备。

艺术楼左侧是教工宿舍，一共有五栋，为教职工提供了较好的住宿条件。艺术楼的右侧是高大的教学楼，教学楼有六层，设备优良，为学生的学习提供了令人满意的条件。汉川师范现在开设有普师、幼师、艺师、文秘、公共关系等专业，还附设有民办教师进修班等，现有在校生一千二百多人。由于汉川师范具有优良的办学条件和较高的知名度，从而吸引了广东、河南、山西等外省的学生前来就读。

经过艺术楼往后走，要通过文化长廊。文化长廊里面展示着师范学生的校园文化作品，如手工艺制作、手写报、绘画、书法、文学作品等，充分显露了师范生的精神风貌。

经过文化长廊，就到了宽敞明亮、干净整洁的学生宿舍楼。由于学校的管理制度严格，学生宿舍楼秩序井然，学生们在这里可得到舒适的休息。

从学生宿舍楼前返回校门，要经过宽阔的运动场地，设有篮球场、排球场、羽毛球场等，运动场上有400米跑道、铅球场、沙坑等。总之，汉川师范的体育运动设施和场地齐全、完备，符合国家规定的标准。校内大道两旁种植着各种花草树木，绿意融融，倾吐着芬芳，给校园带来勃勃生机。经过艺术楼，就来到校门与艺术楼之间的宽阔场地。场地上有学校的校训雕塑。旁边是一块大草坪，供师生们在那里活动。场地上还有假山和喷泉，喷出来的水柱落下来，形成纷纷扬扬的水滴，煞是好看，形成了学校的又一景点。

汉川师范是一所办学水平较高的中等师范，为国家培养了众多的合格师资。近年来，随着师资力量、办学水平、基础设施的不断提高和完善，汉川师范正在向专科段师范院校迈进。这是汉川人民的骄傲和自豪。今日培桃育李，明日桃李芬芳。我的母校——汉川师范一定会变得更加美丽、更加兴旺！

本文收录于《中学语文各单元作文精解与示范（初中部分）》华龄出版社，1996，第 147—149 页。

武汉名胜（解说词）

——黄鹤楼

【写作提示】

说明规模宏伟、结构复杂的建筑物，一是要抓住特征，并且有条理地进行说明。解说词的写作须注意三点：一是要以介绍性文字说明对象；二是要口语化，不宜过多地用专业性强的术语，力求生动晓畅；三是要文情并茂，寓情于物。本文试图抓住黄鹤楼雄伟壮丽的特点，按照空间顺序，对武汉名胜黄鹤楼进行较翔实而有条理的说明。

文章首先对黄鹤楼的地理位置、修建时间、历史沿革等进行简洁而清楚的介绍，然后入厅登楼，按照参观路线，从外到内，从下到上，依次介绍楼体的建筑结构、各种装饰和陈设。其间穿插黄鹤楼的有关神话传说，以增添文章的情趣和可读性。

黄鹤楼坐落在湖北省武汉市长江之滨的蛇山之巅，是我国著名的"四大名楼"之一。从三国时期始建算起，距今已有一千七百六十多年。目前重建后的黄鹤楼，是以清式为源本，是一座采用现代材料和工艺修建的仿古建筑，气势磅礴，雄伟壮观。登楼远眺，楚天风光和江城美景尽收眼底。

主楼台基用花岗石铺地，洁白的花色栏杆环绕着台座。台前铜制的"黄鹤归来",造型精致,栩栩如生。底楼的四周种植了苍松、古槐、翠柏、紫竹,并堆石造景,使整个黄鹤楼显得古朴秀丽。

楼内的装饰古色古香,除设藻井、天花、彩画、花罩等传统装饰外,大厅墙面上还镌刻着黄鹤楼的神话传说、历史故事、人文活动、楚天风光等为题材的大型壁画,楼内红柱上还书写着古今文化名人及书法家撰写的楹联。

从正门进入首层大厅,大厅中央高十米,四周设跑马廊。正厅前方是巨幅立式的陶瓷壁画,题名"白云黄鹤",内容取材于《驾鹤登仙》的古代神话,兼取唐代诗人崔颢诗句"昔人已乘黄鹤去"之意。画面上方有一位仙者驾着黄鹤腾空而起,他口吹玉笛,俯视人间,似有恋恋不舍之情;黄鹤的下方耸立着清代黄鹤楼的形象,高楼下,人群欲动,大有祝愿仙人、黄鹤早返人世之意,形成天上、人间互相响应的动人场面;四周白云缭绕,背后江水滔滔。大厅正中柱子上挂着一副七米长的名联:

爽气西来,云雾扫开天地憾;

大江东去,波涛洗尽古今愁。

从一楼到五楼,建筑布局和室内装饰各具特色。登上黄鹤楼的游人常常情不自禁地吟诵起"欲穷千里目,更上一层楼"的佳句。

黄鹤楼雄伟壮丽的建筑,神奇浪漫的故事传说,以及那古朴典雅的园林设施,会使你流连忘返,浮想联翩。

朋友,如果你来武汉,可别忘了到黄鹤楼一游!

本文收录于《中学语文各单元作文精解与示范(初中部分)》,华龄出版社,1996,第149—151页。

家乡的一种特产（解说词）

——汈莲

【写作提示】

解说词写作要求可参看上一篇文章的《写作提示》。

介绍家乡的特产，不仅要抓住其独有的特点，还要突出其影响力和知名度。本文就"中国五大名莲"之一的"汈莲"，向读者做些介绍。

文章先介绍汈莲的营养及药用价值，然后就其知名度与影响力，以及产量逐一对它进行介绍。

范文融入了作者那种自豪、兴奋的感情，增添了解说词的文采。

中央电视台"神州风采"节目在 1995 年 10 月曾播放了《美丽的汈汊湖》专题片，对宣传咱们家乡的汈汊湖，具有很大的影响。汈汊湖是我国最大的封闭性淡水湖，现有水面八百亩，盛产螃蟹、四大家鱼、河蚌等水产品和莲藕、莲子等，是我省重要的淡水鱼养殖基地，在全省乃至全国都有一定的影响。汈汊湖所产的莲子简称"汈莲"，在全国都有知名度，与湖南安乡的湘莲、江西鄱阳湖的白花子莲、江苏吴江的青莲、湖北洪湖的白莲并称全国"五大名莲"。专题片《美丽的汈汊湖》中就对汈莲做过介绍。谈起汈莲，还真的有许多话要谈呢！

莲子，历来被认为是高级滋补品。《红楼梦》里就有一段关于林黛玉喝"三元汤"的描写。现代科学证明，莲子中含有丰富的碳水化合物和蛋白质，还含有维生素、微量元素等，对人体有很好的滋补作用，并且还可入药，治疗多种疾病。莲蕊（莲子中间的绿色夹蕊）味甘涩，含有多种中药成分，可清热泻火、养心固肾。许多人喜欢用莲蕊泡茶喝就是这个道理。莲子除具有上述作用与价值外，还有籽粒饱满、莲肉细嫩、清香可口、回味清甜、营养丰富的特点。"五大名莲"远销港澳和东南亚各国，特别是"汈莲"色泽肉红，在海外享有很高的声誉。

本文收录于《中学语文各单元作文精解与示范（初中部分）》，华龄出版社，1996，第151—152页。

奇妙的空气（科学小品）

【写作提示】

空气对人类的生命来说，是须臾不能离开的东西，但一般人对空气的了解，却常常是很少的。本题关键是要抓住"奇妙"这一文眼大做文章。"奇妙"何在？作用多大？这些都将是介绍的重点。范文向人们讲述了空气的知识。在写法上，力求做到以下三个特点：

一是文章以介绍知识为主，语言简单而朴实，不事雕饰，使人读来明白晓畅。文中举的事例，也力求通俗易懂，叫人一看便知。

二是文章从正反两方面来介绍空气的知识。文章不仅阐明了空气的优点，也介绍了它的破坏力。很多同学在写说明文时，往往只讲某物的优点，而不介绍其缺点与弱点，这样的认识方法是不够全面的。我们应该从小就养成全面观察与认识事物的习惯。

三是文章引用有关的数字，增强知识性与具体性。

空气对于我们人类来说，是很重要的一种物质，它的生存空间是在地面至3000公里高空的广阔领域。它含有氧气、氮气、氩气、氖气、氢气、氦气、氪气、二氧化碳、水蒸气等成分，大多能为我们人类和大自然服务。从居住情况看，空气中十分之九的部分被隔在16公里以下的大气层中，到了距地面260公里的高空，它的密度便只有地面密度的百亿分之一了，这是空气的一个奇妙之处。高原地带的饭菜不容易蒸熟，平原上的人们到了高原地带感到喘不过气来，产生"高山反应"，就是因为地理位置越高，空气越稀薄，含氧成分越少。

空气是一种看不见、摸不着的混合物，可它常常变化出许多"菜"来，像一个烹调技巧高超的厨师。比如雨、雷电、风暴、雪花等，都是空气的"产品"。空气还有一种性能，就是对世界上的每一物体从不同方面施加压力，叫作"大气压"。比如一个成年人身体的表面积有 12000~15000 平方厘米，他就要承受 12~15 吨的大气压力。当然，人们用不着担心会被空气压扁，因为人的身体每处都与外部相通，身体内有空气也就有了压力，这样身体内外压力就平衡了，人体自然也就安然无恙。

空气为我们人类的生活确实提供了许多方便。比如钢笔能吸入墨水、气球能升上天、帆船能行驶、飞机能航行等，这都是空气的功劳。随便举个例子吧，如果没有空气的阻力，从几公里高的云朵中落下的雨滴就可怕极了，它甚至可轻易地击穿人们的脑壳。人类在工作、生活中也常常利用空气，比如空气的压缩体可以作为气动工具，火车刹车动力、气垫船、无轮汽车等时刻都离不开空气。空气可以在冬天为人类保温，因为空气是热的不良导体，就连我们能听到大自然中的声音也是空气振动入耳的结果。

但是，空气也有给人类造成灾难的时候。科学家们正努力利用它的积极因素为人类服务。

随着人类文明程度和科学技术的不断提高，利用空气的途径也越来越宽广。但随着工业的快速发展，空气的污染问题、臭氧层被破坏问题已成为全球所关注的问题。但愿作为我们人类亲密朋友的空气能永远纯洁，永远清新！

本文收录于《中学语文各单元作文精解与示范（初中部分）》，华龄出版社，1996，第 154—156 页。

斗笠和自动伞的对话（科学小品）

【写作提示】

斗笠和自动伞这两种生活用具，都是用来遮阳挡雨的，但它们代表着两个不同的时代，又具有不同的形象特征。所谓"小品文"，不仅要求短小精悍，而且还要有知识性、趣味性和科学性。因此，写作此文时，必须注意准确表述"对话"的中心。范文采用"对话说明法"，用拟人化的手法把斗笠和自动伞都变成会说话的"人"，让它们进行一场激烈的辩论。就在这辩论中，各自展示了自己的特点、优点、用途，以及构成，彼此还以嘲笑的语气形象生动地描绘了对方的形象。

"哼！看你那丑样，和我在一起，羞死人了！还不赶快到垃圾堆里蹲着去！"

"咳！傻孩子，你懂得个啥呀！别看我没你漂亮、时髦，要知道，当我出世时，你还不知在哪里呢！"

噢，原来是挂在我家墙上的斗笠和自动伞，正在进行激烈尖锐的舌战。

说起这斗笠，它是我父亲用了多年的防雨防晒工具，父亲非常爱惜它。那自动伞呢，是我第一次参加工作后买的，一直与我风雨两相伴。奇怪！今天，父亲的斗笠和我的这把自动伞为什么争吵得这样凶呢？我站在门外，想要听个明白。

"我美观、大方、携带方便，或者挂在手腕上，或者装进包里，深受广大朋友的喜爱。而你呢，光秃秃的头，身体古板地固定着，像个大陀螺，整日张着嘴，脖子上还系着长长的绳索，那么丑陋，活像个十足的傻瓜，哈哈哈……"呀，这是我的自动伞在向父亲的斗笠发起攻击。

"孩子，我说你还年轻。虽然我比不上你那如和尚袈裟般的漂亮外表，但你那光秃秃的脑袋，乌龟一样的头伸来伸去，还有那细细的麦秸似的小腿，看起来头重脚轻，真是叫人担心啊！想当年，我是最英俊、最受欢迎的。我的那些朋友们，出门把我戴在头上，既遮太阳又挡雨。高兴时，往背上一背，多么方便。那时，我们的身影到处可见，神气得很，就是在今天，我也大有用武之地。随着人们审美观念的不断变化，我又拥有了许多新材料，也出现了许多新工艺，像芦苇、麦秆和塑料皮，用它们编制既美观又实用，使我不仅可以防雨防晒，还可以作为工艺品装饰房间。现在，不但我的老朋友们更加喜爱我，就连喜爱你的年轻姐妹们也竞相把我戴在头上，以显示她们的美丽、潇洒。"嗬！父亲的斗笠真会讲话。

"哼！你看我的金属棒上安装有自动装置，只要一按，便可将伞打开，收放自如，使用灵活。我的伙伴们一个个出厂以后，就像一朵朵美丽的鲜花，光彩照人。再说，自从我们这个新的家族出现以后，在短短的时间内就迅速打开了局面，近些年又出现了折叠式自动伞，你呀，近几年就要进博物馆啦！谁还稀罕你这早已过时的丑八怪呀？"嘿，这自动伞也够厉害的！

"咳！孩子，不要急嘛！瞧你瞪着眼噘着嘴的样子，有话慢慢说。你想，我们不都在为人们做贡献？只是长相不同，制作材料和工艺不同。我们在这里争争吵吵，夸夸其谈，很难有结果，倒不如让人们去评定，感受我们各自的美在何处！”还是父亲那"见多识广"的斗笠圆了场。

"哎，这样也好。咱们各自的主人最公正，最通情达理，那我们就等待他们的评价吧！"

这场论战终于结束了！结果是：不分胜负，握手言和。

本文收录于《中学语文各单元作文精解与示范（初中部分）》，华龄出版社，1996，第156—158页。

家乡风俗一例（解说词）

——划龙舟

【写作提示】

写家乡的风俗，向读者做介绍时一定要抓住这种风俗的特征，即活动的时间、地点、方式、意义等有关方面。重点应介绍独特的方式和习惯，还要注意解说词的写作特点。本文介绍的是江汉平原的划龙舟活动。范文的具体内容有龙舟的活动意义、活动准备、人数规定、服装要求、赛前仪式、赛时呐喊等方面，比较详细而具体地介绍了作为当地家乡风俗——划龙舟的独有特色，向读者展示了江汉平原龙舟活动的风采和神韵。

五月初五是我国农历的端午节。届时，我国大江南北到处都要举行成套的、富有诗意的，且被称为"中国一绝"的龙舟竞渡活动。

我的家乡处在江汉平原，为水泽之乡，河流湖泊星罗棋布，划龙舟极为便利。每年端午节，家乡人民都要举行划龙舟的活动，一是为了纪念伟大爱国诗人屈原，二是为了增进友谊，丰富人民群众的文化体育活动。在我的家乡，划龙舟已成为一项传统的群众性体育活动。

每年端午节未到，家乡的人们就开始为划龙舟而进行准备了。

他们把自家的"农用船"（即一般的船划子）改成"赛用船"。划龙舟比赛前，在农用船上装上竹架，扎成用五颜六色的布或绸做成的"龙头""龙尾"，两旁挂"龙衣"，中间扯彩旗，安装专用鼓架、旗架，一切准备好了之后，就可以下水比赛了。

我的家乡对划龙舟的人数也有规定。非正规的小型比赛，一般为 15~17 人，旗手和执响器者（即鼓、锣）合为 2 人，其中 1 人旗手兼司锣，司鼓 1 人，舵手 1 人，划手 12~14 人。在划龙舟时，水手们只能坐着划，不能站着划，否则算犯规。

在比赛划龙舟时，每支船上水手的服装颜色要统一，不准穿黑色服装，因为黑色为不祥之色。头巾要与衣裤的颜色一致，腰系扎带，打赤脚。比赛时穿什么颜色的服装，都是事先商定的，不准不同比赛队伍之间有相同颜色的服饰。

我们家乡在划龙舟时，一般采用"定程计时赛"的方式，有 1000 米、2000 米、5000 米，看谁花的时间最少就为胜利。不论哪种比赛，都是赛体力、赛技巧、赛意志、赛思想、赛风格。

在划龙舟赛之前，还有一个讲究，就是赛前要烧纸钱。由村子中年岁大的老人祷告，以讨吉利；燃放鞭炮，以示庆贺。比赛开始后，河岸旁观看的人要与划龙舟的水手们跟着指挥者口喊的音乐节奏同声呼应。比赛时场面非常壮观、激烈，只见水手们统一行动，前倾后仰，奋力划桨，响声震天。龙舟昂首奋进，你追我赶。它只能向东，不得向西或其他方向。据说这是要追赶投汨罗江而向东漂流的屈原。

本文收录于《中学语文各单元作文精解与示范（初中部分）》，华龄出版社，1996，第 158—160 页。

以列车广播员身份向旅客介绍山海关

【写作提示】

山海关是我国的一处著名古建筑。这篇供料作文须注意三点：其一，恰当地选择材料，灵活地引用所给的资料。其二，展开想象，扩充内容，重在细致描绘。其三，"广播员"介绍身份，须用口语，"旅客"一听便懂，语言尽量生动平实。

范文就山海关的地理位置、建筑结构及周边建筑，向旅客做些简单而明了的介绍。文中列举了具体的数字进行说明，并引用诗句穿插其中，渲染其雄伟气势。本文突出介绍山海关作为名胜古迹的古今影响，这是介绍古建筑物时所应该强调的。

"旅客们，山海关就要到了，我现在利用休息时间介绍一下闻名天下的'第一关'。

"山海关，位于河北省秦皇岛市东北15千米，是我国万里长城的起点，也是它的东端的重要关口。西北接峰峦起伏的燕山山脉，南临波涛汹涌的渤海。一关虎踞，气势雄伟，素有'东都锁钥'之称，是长城东部的要塞，自古以来为兵家必争之地。因城楼上悬挂了'天下第一关'的匾额，又叫'天下第一关'。

"山海关为一土筑砖包的雄伟关城，与附近的长城、城堡、城楼、楼、墩台和关隘等，共同组成一个完整的防御工程体系。城高14米，厚7米，周长约4000米。城墙内部土筑，外面用砖乌黑，城外修有一条深 8 米、宽 17 米的护城河，城楼与长城相连。

"山海关有城门四个，东门叫'镇东'，西门叫'迎恩'，南门叫'望洋'，北门叫'威远'。四门之中，气魄最大、保存最完整的是东门，即著名的'天下第一关'，它有两层楼，楼基平台高 10 米、宽 17 米，城楼下部为砖木结构，上部为歇山重檐顶，北、西、南三面共有 68 个红板箭窗，供当时作战时射击用，同时在造型上也增加了城楼外形的美观。

"登上'天下第一关'城楼，南望长城伸入大海，恰似苍龙戏水；北眺长城跃上燕山顶峰，犹如巨蟒抬头，气势雄伟壮丽。古诗有云'万顷波涛观不尽，千寻绝壁画应难'，这是很真实的写照。

"山海关现在被列为全国第一批重点文物保护单位，每天接待着国内外大批游客。希望有兴趣的旅客到山海关一游！"

本文收录于《中学语文各单元作文精解与示范（初中部分）》，华龄出版社，1996，第 160—161 页。

有志者事竟成

【写作提示】

"有志者事竟成"这个题目，重点在于议论志向与成功之间的内在联系。要成就事业先要立志，"志"是前提，"成就"是结果。但是从"志向"到"成就"又要有一步一个脚印的实干精神。只有用实干的汗水浇灌，才能使理想之花结出成功之果，从而使理想和实干之间的紧密关系清楚地展现在读者面前。

议论文写作的根本目的是要解决实际问题，可以自然地联系当前的社会实际，批判部分青年中存在的一些错误倾向。

在论证方法上，可以采取引证法，把几段名言和分析融为一体。

曾有这样一则逸闻趣事：一个名利熏心的青年问爱迪生："我日夜盼望着像您一样名扬天下，可就是不为人所知，您能告诉我怎样才能出名吗？"爱迪生回答说："你死后就可以出名了。因为你徒有理想而没有行动，结果是虚掷一生。你死后，人们会教育后代以你为戒，那时你就能名扬天下了。"爱迪生这段幽默的话语，饱含着深刻的道理，那就是人既需要有远大的志向和目标，更需要有实干精神。成功、现实与志向、理想隔着汪洋大海，实干才是驶向理想彼岸的航船。

德国的伟大诗人歌德说过："壮志与热情是事业的辅翼。"

要让理想之花结出成功的果实，需用实干的汗水浇灌。从成功到志向这段距离，只能用勤奋的脚步走完。志向、理想是灿烂、诱人的，但通向成功的道路却是崎岖、艰辛的；只有脚踏实地，胜不骄、败不馁，才能实现远大的志向和理想。蒋筑英、罗健夫也正是凭着刻苦的求实精神，把自己的每项研究成果无私地献给"四化"建设，才实现了为祖国贡献聪明才智的远大志向。李大钊说过："凡事都要脚踏实地去做，不驰于空想，不骛于虚声，而惟以求真的态度做踏实的工夫。"只有一步一个脚印地迈过每一级台阶，才能到达成功的高峰。

成功的美酒是甘甜的，但有些青年朋友却不肯用汗水酿造。他们渴望成功，却不肯付出艰辛的劳动，结果只能像爱迪生遇到的那位青年一样"名扬"身后；有些青年朋友常立志而无常志，这山望着那山高，不是克服困难向理想迈进，而是让困难和挫折左右自己的理想，这当然是不可能成功的。至于有的青年以吃喝玩乐为幸福，甘愿庸庸碌碌地度过自己的一生，这当然更为有志者所鄙。

远大的志向和无穷的力量来自正确的世界观。只有树立了为振兴中华、实现"四化"大业而拼搏的坚定目标，才能不怕困难，不怕挫折，勇往直前，到达成功的彼岸。

法国生物学家巴斯德说："立志、工作、成功，是人生的三大要素。立志是事业的大门，工作是登堂入室的旅程，这旅程的尽头就有成功在等待着，来庆祝你努力的结果。"愿我们每个有志青年记住这句格言，树立崇高的志向和远大的理想，发扬实干精神，勇敢地踏上成功的旅程吧！

本文收录于《中学语文各单元作文精解与示范（初中部分）》，华龄出版社，1996，第 174—176 页。

失败是成功之母

【写作提示】

本文显然是一个立论性的议论文。开头便提出论点：失败是成功之母。然后运用较充足而有说服力的事实作论据，其中还穿插简明扼要的事理分析，使之与所列事实融为一体，并上下过渡，有力地论证中心论点，同时也使得文章结构紧凑，形成整体。

"失败"与"成功"是一对矛盾，要让"失败"转化为"成功"，就要吸取教训、总结经验，重整旗鼓再干，这样才会成功。还可以从反面分析，当失败了，如果不分析研究，还硬着头皮干，结果还是会失败。

俗话说："失败是成功之母。"这是被无数事实证明了的一条真理。

中国共产党领导的中国人民进行的二十八年的革命斗争历史，便是在斗争中不断总结失败教训的历史，就是从失败中产生胜利结果的历史；中国女排在世界排坛竞赛中的胜利，也是在反复较量中，不断总结失败的教训，做到知己知彼，毫不气馁地奋力拼搏的结果；中国科学家王鸽在试制高压电桥时所获得的成功，也正是吸取了三百七十次失败的教训，并坚持不懈地努力进取之后获得的成果。

失败，对于意志薄弱者常是极大的打击，可使其灰心丧气，放弃对胜利或成功的追求。而对于意志坚强的奋斗者来说，任何斗争或竞赛总有一个反复较量的过程，任何工作也总有一个摸索和试探的过程，因此失败是意想中的事，并不那么可怕，反而是一种前进。

　　瑞典化学家诺贝尔在一次实验中突遇药品爆炸，当他满脸是血地从实验室里爬出来时，嘴里却在欢呼。因为在事故中，他找到了成功的关键，在科学的道路上向前跨进了一大步。

　　美国发明家爱迪生，先后选用六千种不同的物质做灯丝试验。每失败一次就是在可供试验的物质中排除了一种，离成功的距离也就更近了一步。

　　正如卓有成效的英国物理学家威廉·汤姆逊所说："我坚持奋斗五十五年，致力于科学的发展。用一个词可以道出我最艰辛的工作特点，这个词就是'失败'。"这种"失败"便是登上顶峰的阶梯！

　　青年朋友们，当你在工作、学习或其他方面遇到失败，绝不能气馁，请鼓起勇气来，总结经验教训，并坚持不懈地奋斗，成功就在前方向我们招手！

　　本文收录于《中学语文各单元作文精解与示范（初中部分）》，华龄出版社，1996，第176—177页。

"平凡"与"伟大"

【写作提示】

"平凡"与"伟大"是一对相互矛盾的词语概念，但任何事物既有其矛盾性，又有同一性，矛盾的双方在一定的条件下又可以相互转化。"平凡"与"伟大"二者有何联系？双方在什么条件下可以互相转化？这是本文论述的重点所在。

可通过列举事例而后归纳的方法论述，也可用先概述道理而后列举事例、分析事例的演绎法……根据文旨，结构上可灵活运用。

"平凡"与"伟大"是一对紧密相连、语意相对的词语。这两个词语反映了深刻的辩证法思想：平凡是伟大的基础，伟大蕴含着平凡，它们好比是一栋高楼大厦，假如没有平凡作为坚实的基础，也就不会产生高高在上的楼顶。正如我国古代思想家荀子所说："不积跬步，无以至千里；不积小流，无以成江海。"人们正是迈出了平凡的一步，才达到了辉煌的目标，实现了自己远大的理想；正是一条条普通的河流汇合在一起，才形成了浩瀚的大海。

伟大不是与生俱有的。世界上许多有成就的伟人、名人往往在其成名之前都是很普通平凡的人。"发明大王"爱迪生只上到小学三年级，但由于他的勤奋好学与不懈努力，使他完成三千多项发明，成为举世闻名的发明家。

被誉为"当代焦裕禄"的西藏阿里地委书记孔繁森，就是一个平凡与伟大兼有的人。他两次进藏，默默无闻地在高原工作了十个春秋，他所做的事情也是一件件平凡而并不惊天动地的小事情。他为阿里人民义务看病，为贫困老人买衣送粮，还收养了三个高原孤儿，用自己微薄的工资抚养他们。由于生活并不宽裕，他就化名到医院多次卖血，供三个孩子上学……孔书记所做的这些事情是一件件平凡的小事，作为我们普通人也能做到。但正是有了一件件平凡却感人的小事，才使孔书记成为举国上下称颂的楷模，成为人们心目中伟大崇高的榜样。

雷锋同志长年累月，时时处处地为别人做好事，他所做的无非都是一些平平凡凡的小事，但他把自己一颗赤诚的爱心无私地奉献给了人民。

朋友，让我们牢记"伟大出于平凡，平凡造就伟大"这个真理，努力从自己身边的一件件小事做起，顽强拼搏，无私奉献，那么你就不会是一个平庸、无所作为的人，而会成为一名对社会有贡献的人。

让我们都从平凡做起吧，伟大在向我们召唤！

本文收录于《中学语文各单元作文精解与示范（初中部分）》，华龄出版社，1996，第192—194页。

办好文学社团　着力提升素质

——汉川中职新声文学社的创新实践

新声文学社在学校领导的重视之下，创新活动方式、管理规范，成绩显著。文学社现为"意林中国知名中小学文学社联盟"的成员，一批社员有作品发表或获奖。

一、科学制订计划，规范开展活动

在学校教科处的指导下，利用每个星期一下午第七节课，在学校图书馆一楼开展文学社活动，做到"四定"：定时间、定内容、定人员、定形式。目前已形成惯例。活动前，社员在《文学社活动记载本》上签到，指导老师点名。

二、着力核心素养，进行系统训练

结合现行中职语文教材和学生实际，指导老师进行合理的延伸和拓展，注重"四结合"，即课内、课外相结合，校内、校外相结合，阅读、写作相结合，课堂、社团相结合，着力提升社员的文学素养和写作能力。每星期布置写作训练或阅读书籍，要求社员在下周星期一开展活动时上交作文或读书心得，对社员阅读能力和写作能力进行系统训练，循序渐进，因材施教。

三、创新活动形式，读写研学融合

除了开设文学写作系列讲座以外，还邀请省、市级以上作家协会会员来校讲学，面对面与社员交流，为学生提供当面求教的机会。组织同学们外出采风，如到黄龙湖、仙女山、汉川公园等处开展研学活动等，为同学们创造更多的接触社会和自然的机会，积累写作素材，激发写作灵感。

同学们意气风发，激扬文字，尽情遨游书海，写作蔚然成风。2020年11月，湖北省楹联学会会长、著名作家刘书平检查指导我校中国楹联基地创建工作，他看到《新声》校刊后，爱不释手，对原汉川市委常委、宣传部部长蔡桂红等在场领导由衷地说道："一所中职学校，能够办出这么好的校刊，实属不易！"

目前，新声文学社已经成为汉川中职学校影响力较大的学生社团。2015年7月，新声文学社选派三名学生，远赴北京，在陆军飞行学院参加第十三届"叶圣陶杯"全国中学生新作文大赛现场决赛，均获二等奖。一批学生的作文在《高中生学习》《新课程研究》《汉江文艺》等刊物发表，每年均有学生在中华魂主题征文活动中获奖。新声文学社在丰富第二课堂、活跃人文氛围、增长文化知识、培养写作能力等方面发挥出重要作用。

第四辑 语文教研新创

构建校本语文教研制度的实践与思考

　　校本教研作为提升教师专业化发展水平和提高教育教学质量的首选策略，其重要性正日益突出。对于如何保障校本语文教研科学有效地运行，充分发挥其对语文教学改革和发展的支撑作用，是一个需要在理论上不断总结和实践中深入探索的问题。我校语文教研组共有教师 21 人，其中中学高级教师 5 人、中学一级教师 7 人、初级教师 9 人，我校语文教研组本着边学习、边总结、边提高的原则，对校本教研制度的建立做了一些有益的探索，取得了一些成绩。

一、校本语文教研制度的内涵和意义

　　校本语文教研是指以学校为基地，以学校内部语文教学实践中的实际问题为研究内容，以语文教师为研究主体，以促进师生共同发展为研究目的所开展的语文教学行动研究活动。它具有如下三个特点：

　　1.校本语文教学研究的主要目的不在于验证某个教学理论，而在于解决语文教学中的实际问题，提升教学效率，实现教学的价值。

　　2.校本语文教学研究的问题，主要是教学之内的问题而不是教学之外的问题，是现实的教学问题而不是某种教学理论的假设。

3. 校本语文教学研究是在日常语文教学过程中发现和解决问题，而不是让语文教师放弃自己的日常教学工作，去做专门的教学理论研究。

校本语文教研作为一种语文教研活动，在语文教学实践中并不少见，但作为一种语文教学研究机制，它的意义并未受到人们的普遍重视，还缺乏制度上的规范。构建校本语文教研制度就是为了保证和促进校本语文教研的有序、有效开展并产生实际教研效益而建立的必要制度规范和保障，目的是针对性地解决语文教学中的各种具体问题，同时构建民主、开放、高效的语文教研工作机制，调动全体语文教师的积极性与创造性，努力将语文教研组建设成为知识经验共享、充满竞争意识和活力、特色鲜明的学习型组织，引导广大教师形成一种新的职业生活方式——在学习状态下工作，在工作状态下研究。教育部原副部长王湛说过："建立以校为本的教研制度是促进教师专业发展的必然要求，将有助于创设教师间互相关爱、互相帮助、互相切磋与交流的学校文化，使学校不仅成为学生成长的场所，同时也成为教师成就事业、不断学习和提高的学习型组织。"校本教研制度正是适应时代潮流应运而生的一种新型制度。

二、校本语文教研制度的主要内容

没有制度，就没有规范；没有规范，就不可能有科学化和合理性的校本教研。好的制度可以促进教师的发展和成长，而不良的制度只能养成教师的惰性、滋生教师的倦怠心理。制度建设不仅是校本教研顺利实施的保障，而且是校本教研所应当研究的内容之一。我校语文教研组着手进行了以下七项制度的建立：

1. 校本语文教研的组织制度

建立科学、高效的组织领导机制是建立校本语文教研制度能够规范实施的首要保证。明确语文教研组长是语文教研组第一责任人，各年级语文备课组长是主要责任人，要求定期组织组内教师的理论学习和研讨，营造科学、合作、创新、宽松的教研氛围，营造宜人的物质文化环境，要求身体力行，直接参与并指导教师搞好校本语文教研，促进组内教师的交流与对话、沟通与合作，与组内教师之间建立积极的合作伙伴关系，信息交换，经验共享，努力把教研组建设成为促进语文教师专业化发展的学习型组织。

2. 校本语文教研的启动制度

每学年初，由教研组组长牵头，调查本校语文教师的教科研困惑和要求，调查学生的语文学习及发展需求，收集和编写语文教科研专题指导信息。同时，指导每位语文教师根据语文教科研专题指导信息，结合自身的专业发展内容和目前所达到的水平状况，反思找出自身发展较弱的方向，进行专业发展规划，制订个人专业发展计划，明确自己的专业发展方向，确定学年度个人研究的小课题。

3. 教师自我反思制度

我们要求教师善于对自己的行为或观念经常反思，研究自己的教学理念和实践，反思自己的教学观念、教学行为及教学效果。在日常教学中，我们要求每位教师形成"三步式教学实践反思"。即（1）课前反思：凭借以往的教学经验，对新的教学活动进行批判性的分析，并做出调整性的预测。（2）课中反思：对发生在教学过程中的问题及时发现，自主反思，迅速调控，思考是否发现了预料之外的问题，怎样及时处理这些问题；（3）课后反思：在某一教学活动告一段落（如上完一节课或上完一个单元的课）后，发现和研究教学过程中的问题，或对有效经验进行理性的总结和提升。上海市特级教师于漪说得好："教师要有勇气自我否定，对陈旧的教学方法，对自己凝固的甚至于僵化的教学习惯，要有冲破的锐气和决心。"通过反思，教师们的理论更加丰富了，教学更加完善了，专业更加成熟了，进步更加明显了。

4. 教师专业引领制度

我们的做法是：（1）要求每位语文教师每学期读一本教学理论书籍，学习和吸收先进的教学思想，并运用于反思和互动的教学研究活动中。教师自学理论，实际上是一种隐性的专业引领。（2）鼓励每位教师参加进修学习和外出培训。我们语文教研组有两名教师攻读华中师范大学语文教育硕士，其中一名教师已取得硕士学位。（3）加强与各级教研部门、相关专家和其他校外专业研究人员的联系，定期和不定期地邀请他们来校指导，为教师提供切实有效的理论指导和专业帮助。如我们语文教研组每年邀请汉川市教研室的语文教研员和相关领导来校开展教学视导，对语文教师的备、教、改、导、考、评以及语文教研组的校本教研工作进行检查和指导，老师们和专家、教研员零距离地沟通、交流、探讨，收益很大。

5. 同伴互助交流制度

教师群体的同伴互助是校本教研的标志和灵魂，其基本的形式表现为交谈、协作、帮助。语文教研组建立了相应的制度，积极为不同层次的教师牵线搭桥，为教师的合作和交流提供了平台。

（1）集体教研制度：充分发挥教研组的组织协调作用，开展形式多样的主题教研活动。在每学年初，确立 1~2 个有助于提升语文学科教学质量的教研主题，围绕主题开展系列集体教研活动，每次活动确定中心发言人，准备活动提纲和资料。通过教师的集体交流研讨，统一思想，达成共识，解决语文学科教学实际问题。改变以往教师教学研究"各自为战"和孤立无助的单干状态，有效推进教师间的交流与合作研究。

（2）集体备课制度：充分发挥三个年级备课组的作用，开展形式多样的集体备课活动。教研组以备课组为单位，形成了"各人构思→集中交流→分小组（人）写出个案→交流讨论→达成共识→形成教案（制成课件）"的集体备课制度,然后由一人主"教",教研组集体听课,听课后针对教学中存在的问题和不足进行再次修改,反复磨合,直到基本满意为止。或者集中听课,教者说课,共同评课;或者一课几议几上;或者一课几人同上;等等。通过集体备课,促进教师反思、交流、互助,共享成果,提高工作效率。

（3）公开课展示制度:明确展示的内容、对象、时间、要求等,促使活动的经常性开展,促进教师深入研究教学和学生,提高教育质量。我们要求青年教师每学期开展 1~2 次研讨课或汇报课,高级教师和骨干教师每学期至少开展 1 次专题讲座或观摩课、示范课,认真听取同行意见,不断改进教学方法,提高教学水平。在进行公开课教学时,我们注意主题内容的设计、课例的呈现、研究探讨以及行动的及时改进等若干环节,保证公开课教学的实效性。

（4）听课、评课制度:我们完善了听课、评课制度,明确了听课的节数、记录的要求、评课的要求等,充分发挥其管理、研究、诊断及评估教学的功能,促进教师相互学习,促进课堂教学的优化。我们改革了传统的听课、评课制度,建立了基于合作的听课、评课制度。即由授课教师在课前一两天内,陈述自己的教学设计思路,并提出在进行教学设计时遇到的困惑。然后根据授课教师的教学设计、教学困惑以及听课教师自己所关注的问题,由听课教师确定 4~6 个不同的"观察点"。每位听课教师带着不同的"观察点",对授课教师的课堂教学进行观摩、评议。这样的听课、评课,对授课人、听课人都是很有收获的,老师们也很喜欢。

（5）教师传帮带制度:倡导教师个体之间的相互指导,开展"老带青""结对子"等教师之间日常的互相合作和经验分享、交流活动。要求每位教学经验丰富、教学成绩突出的高级教师和骨干教师，指导 1~2 位青年教师，发挥传帮带的作用，促进青年教师的快速成长。

6. 教师教学研究实践制度

要使以校为本的语文教学研究真正为教师教学服务，为语文教师的专业发展服务，需要构建包括理论学习制度、教学问题积累制度、课题研究和管理制度等相关制度。

（1）理论学习制度：在于构建一种机制，营造一种氛围，使教师能够树立终身学习理念，把学习作为自己专业发展的必要手段，不断学习新知识、新理论，为反思提供理论基础。理论的指导是促进教师专业提高的有效保证。我们语文教研组制定理论学习制度时，在计划、形式、时间保证、检查落实和效果上做出了规范要求，不至于使理论学习搞形式、走过场。目前，在语文教研组，学习和阅读已经成了一种习惯，深深融入到语文教师的日常工作和生活之中了。

（2）教学问题积累制度：要求教师随时将自己教学过程中的收获、课堂教学中学生思维的火花或闪光点进行记录，对具有研究价值或困惑的问题，定期利用教研（集体备课）活动时间一起讨论解决，如确实有解决不了的困惑或疑难问题，定期邀请有关专家引领指导。在语文教研组，我们捕捉带有共性的问题，作为三个不同年级的主要教学问题，即高一年级语文教师，重点研究初、高中衔接，重基础、促养成的问题；高二年级语文教师，重点研究学生阅读能力、语言概括和表达能力的训练问题；高三年级语文教师，重点研究复习课的教学和试卷的评讲，如何提高复习和试卷评讲的效率问题。这些问题，十分切合教学实际，受到师生的欢迎。

（3）课题研究和管理制度：要求每位教师积极参加学校向

上级教科研部门申报立项的规划课题和自己向教研组申报的"校本语文小课题"。制度规范包括课题规划、立项、开题研究、过程管理、结题验收、档案管理等内容在内的课题管理，增强课题研究的科学性和规范性。在制度引领下，语文教研组承担的全国中语会、中国人民大学书报资料中心、中国教师写作研究中心规划课题"教师文学修养与阅读教学研究"进展顺利，产生了一批中期研究成果。语文教研组参与的中国教育学会教育机制研究分会"十一五"规划课题"校本培训与教师专业化培养研究"也取得了一定的成绩。

7. 教科研成果奖励制度

确立以崇尚研究、鼓励优秀为目的的激励机制，肯定教师的创造性劳动，对在校本语文教研中成绩突出的教师进行表彰奖励。对教师发表、获奖的论文、教案、优质课、课题报告以及辅导学生参加各种竞赛获奖的，根据发表、获奖的不同级别，给予不同的奖励。每年编印《教科研成果集》，交流、推广教师们的教科研成果。

三、困惑与思考

经过几年的实践和探索，我们认为，校本语文教研制度的构建是一种新的语文教学研究秩序的确立，是教研组文化的重建。它创造的是一种崇尚研究、共同探讨、平等合作、共享经验的氛围，创设的是一种有利于每位语文教师的专业发展机制，体现了坚持以人为本、促进人的和谐发展的科学发展观，是富有生命力和创造性的学校文化。目前，我校语文教研组拥有孝感市优秀教师1人，孝感市骨干教师1人，汉川市骨干教师2人，硕士学位教师1人，正在攻读硕士学位教师1人。教研组承担着两项国家级课题。多篇论文、教案在《语文教学与研究》《中华活页文选（教师版）》

《中学语文教与学（高中版）》《新课程研究》《语文学刊》等专业期刊和省、市级评比中获奖，成绩显著。但在校本教研过程中，也存在一些困惑和有待改进的地方。

1. 校本教研不能解决学校和教师所有的教育教学问题

校本教研强调解决教师自己的问题、真实的问题和实际的问题，但校本教研的性质决定了它主要解决"点上"的问题，而非"面上"的问题，不可能面面俱到，这是它的欠缺。

2. 校本教研不能完成教师专业发展的全部使命

教师素质的培养主要从教师的使命感、现代教育理念与职业理念、教育教学实践能力三个方面进行。校本教研主要是以学校教育教学活动中的实际问题为出发点，以解决教育教学实践中的问题为宗旨，并在解决问题的过程中有针对性地促进教师教育教学能力的提高。由此可见，当代教师应有的社会使命感、现代教育理念、教师职业理念及道德精神的形成与塑造，很难在校本教研中得到充分的实现。因此，校本教研不是教师专业发展的唯一途径，不能解决教师专业发展的全部问题。

本文于 2009 年 7 月获评教育部课程教材研究所举办的"人教杯"语文教研组长论坛征文一等奖，并应邀赴山西太原参会。后经过修改补充，形成《构建校本语文教研制度的探索》一文，于 2022 年 12 月获评中国语文报刊协会、陕西师范大学中学语文教学参考编辑部主办的第六届"语参·中华杯"全国教师科研能力展示二等奖。

对人教版高中语文教材（必修）
课后练习的思考

　　语文学习，除了教师正确把握教学要求之外，学生必须通过一定数量的练习来消化自己所学的内容，并且使之强化、巩固，进行有效的迁移，从而达到内化的目的。但过去的教学往往使课后练习这一连接语文教学大纲、新课标与教材的桥梁，陷入无助和被动的境地。很多语文教师对课后练习的讲解大多采用"我讲你记"的方法，注重知识和逻辑，强调标准答案，背离了语文教学的本质和新课改的理念，限制了学生阅读课文时的理解和阐释的多重可能性，束缚了学生想象的自由空间。本文拟对现行人教版高中语文必修教材的课后练习进行思考，对语文教师处理课后练习的现状进行反思，并提出有效处理课后练习的方法与策略，以求教于方家。

一、课后练习的作用和功能

　　语文课后的思考与练习不同于一般练习题，作为整个教材的有机组成部分，它与前面的课文构成了一个完整的体系。这种特殊的位置，决定了它具有一些一般练习题所不具有的功能，如能够帮助学生补充知识、澄清知识，总结归纳知识要点，总结课文，提高学生的学习自觉意识等，这些都是一般练习题所不能取代的。具体来说，语文课后的练习具有以下功能：

1. 指导学生学习和教师教学的功能

对于具体文本，在字、词、句、段、篇上应训练哪些内容，在读、写、听、说方面应训练哪些项目，训练的结果应达到什么程度，课后练习都提出了比较具体明确的要求。如在训练要求上，课后练习中常常出现诸如理解、体会、熟读、背诵等要求，在一定程度上，它们正是指导我们如何学习以及应该达到何种程度的指南针。同时，课后练习还提出了课文的教学要求。正如江苏语文特级教师薛法根所说："教师要关注课文后的习题，它指明了教学方向，提供了教学的大体形式。"

2. 补充知识的功能

由于受编写体例、知识结构等限制，有些知识在课文中无法体现出来，而这些知识点对理解课文又是必不可少的，有时编者就以课后练习的形式提出来。因此，这就不仅是一道练习题的问题，而是关系到能否全面、准确理解和把握所学知识的问题。

3. 提高学习自觉意识的功能

课后练习把教学思想渗透在语言文字训练当中。课后练习都是先提出提要，启发学生进行阅读、理解、体会、分析，然后再回答问题。或者让学生借助字典、辞典，联系上下文，理解字、词、句等，这在培养学生的自学能力方面起到了相当大的作用。一般练习题，大都从应试训练角度，侧重于巩固理解所学知识，提高分析、解决特定问题的能力，而对于提高学生学习的自觉意识功能却十分欠缺。但人教版的课后练习对此给予了充分的重视，它指导学生自学课文应该从何处入手进行，接着分析什么，怎样把握课文内容等，这些都属于个人能力范畴，需要平时积累，而不是通过考前预测卷的突击所能够达到的。

课后练习编排顺序的规律在于先引导学生整体感知课文内容，然后是知识积累，再就是拓展延伸。如果每一课我们都能严格按照课后练习的顺序对学生进行训练，学生的阅读鉴赏能力就会逐步提高，课后练习的功能和作用就得到了体现与发挥。

二、当前语文教师对课后练习的认识误区

认识误区一：课后练习可有可无，得不到教师的重视。

由于高考命题不直接取材于教材，导致教师对课后练习的处理就表现为可有可无了，甚至是置之不理，从而让课后练习失去了其让学生思考、感悟的独特价值，浪费了课后练习这份宝贵的课程资源。

认识误区二：教师备课时不关注课后练习，忽视了编者的意图。

目前，由于各种教参、教辅资料对教材内容的多元解剖和详细解读，学生也配有各种同步练习，教师在备课时较少关注课后练习，习惯于把固定、现成的条条框框和各种解释强加给学生，让学生失去了自我思考和自我分析的机会，禁锢了学生的思维。

认识误区三：认为课后练习是课堂之外的学习任务，让学生自己课后解决。

不少教师精心准备课堂讲解，生怕讲得不全不透，学生听不懂，教师传授知识内容占据了整个课堂时间，舍不得花时间在课堂上处理课后练习，因此，让学生课外自己处理课后练习就成为自然。

认识误区四：注重对课后练习的"写"，轻视学生的"说"。

一提起练习，不少教师就想到作业本，重书面表达，轻口语训练，这是应试教育支配语文教学的间接反应。这在一定程度上背离了现代语文教育的方向，不利于学生语文综合素养的提高，更不利于学生的可持续发展。

三、处理课后练习的方法和策略

教材每篇课后都安排有练习，实际教学中，许多教师都不太重视对课后练习的研究，或简要带过，或草草告诉学生答案，放过了对学生阅读能力的培养机会。实际上，高考的全部考点及例题，都已分散在教材的课后练习之中。同时，课后练习的完成又需要调动学生的语文综合素养，这也正是近几年来"回归课本"和"抓纲务本"高考理念的提出依据。

策略之一：紧扣课后练习确定教学目标

不管是哪种版本的教材，它在编写过程中都凝聚了编写专家的心血。每一句话、每一道课后练习都是编者们根据所学知识的重点和难点来精心设计、编写的，每一道题都有它存在的目的和价值。教师应首先明白编者的设计意图，站在课后练习的视角对文章进行深入挖掘设计，制定合理的教学目标，取舍教学内容，突出教学重点，这样的备课将给我们带来意想不到的收获。如教学《石钟山记》（第三册），可以结合课后练习，引导学生理解课文内容，从而合理地确定教学目标。当课后练习第一题完成以后，就让学生谈最让你感动的是什么，引导学生学习苏轼的实践精神，从而加深对课文的理解。同时，让学生懂得散文写作的关键就是要写出自己的感受和所感悟的道理。

策略之二：用课后练习组织学生预习

课后练习更多的是从指导学生如何学习、如何解决问题的角度来设计的，其目的都是培养学生的语文能力。用课后练习组织学生预习，能帮助学生较快较好地理解课文内容。如教学《项链》（第四册），必然要分析玛蒂尔德的虚荣，而学生分析玛蒂尔德的虚荣，又往往是持简单的批判和否定态度，用所谓的"人性美"来代替"虚荣"。笔者在教学该文时，为了帮助学生全面理解人物的形象和深入挖掘作品的主题，就充分利用课后练习组织学生预习，从多个角度和层次，辩证地剖析玛蒂尔德的虚荣心。一是主人公虚荣心的实质，二是主人公虚荣心的程度，三是主人公追求虚荣的途径。并要求学生联系作品，辨析小说描写"虚荣"的积极意义和成功之处。这样设计，使课后练习更具有了可操作性，也能使学生更好地把握人物形象和作品主题。

策略之三：把握课后练习所渗透的新课改理念

高中语文新课标指出："从整体上把握文本内容，理清思路，概括要点，理解文本所表达的思想、观点和感情。"人教版语文教材的许多课后练习的设置，都体现了编写者对课程标准的正确理解，也体现了编写者对教学的引导作用。教师只有精心地钻研了课后练习，才能正确地把握其所渗透的新课改理念，从而有效地指导教学。

策略之四：针对不同的课后练习类型采取不同的处理方法

1.针对识记积累类练习，可适当增补，丰富学生的知识积累，夯实语文基础。

如《荷塘月色》（第一册）课后练习中的第二题第一问："其中有两个比喻，用诉诸听觉的音乐来比香味，来比光和影的组合、明与暗的变化。这样的比喻恰当吗？为什么？"这里如果我们适当地补充一些比喻的相关知识，特别是帮助学生了解通感这一概念，然后再让学生去品味这种特殊比喻的妙处，可能效果会更好些。学生在解决这一问题后，对比喻的特点、类型及其表达效果就会有比较全面的认识和把握。像这样的练习有很多，教师不能蜻蜓点水、走马观花，而是要扎实训练、落到实处。

2.针对理解感悟题，适时而用，因需而用，切实提高学生语文学习的综合能力。

这类课后练习主要是帮助学生厘清课文脉络，理解课文内容，体会文章所包含的情感，大致可分为初读感知尝试性练习和精读理解体味性练习。教师可将初读感知尝试性练习作为课前预习题加以运用。如《祝福》（第二册）课后练习一："阅读课文，按序幕、结局、开端、发展、高潮、尾声写出小说的情节提纲。"这种题目如果在课文学习之后再让学生去完成，显然是没有什么意义的，但如果放在课前，却有着较强的指导性，它让学生懂得小说的基本思路，整体把握小说的基本情节和事情的来龙去脉，这就为教师的讲授和学生的阅读探讨做好了准备，便于提高课堂教学效率。

教师还可将精读理解体味性练习中一些开放性的问题放在课间合理利用，既可活跃课堂气氛，又能激发学生思维。如《归去来兮辞》（第二册）课后练习二："有人认为陶渊明不仅是一个田园诗人，而且是一个理想主义者。以本文和初中学过的《桃花源记》及《五柳先生传》为依据，说说你对这个问题的看法。"设置这个问题主要是让学生全方位地去了解陶渊明的思想。课堂教学中以这个问题作为教学的突破口，可以引导学生多思考，探讨陶渊明的思想境界，将会掀起自由争论的高潮。

3. 针对迁移运用题，注重以写促读，活学活用。

这类练习包括复述、朗读、缩写、仿写、设写、扩写，形成学习语文的方法等，目的在于增强学生的语文运用能力和培养学生良好的学习习惯。

文章内容中总有个处于焦点位置的关键部分，从这点切入可以顺利地进入文本学习，这个关键部分可能是文章中的一个字或是一句话（文章标题，关键字、词、句，空白点，矛盾点，悬念处等），也可能是文章中隐含着的信息。如《道士塔》（第三册）一文中，作者余秋雨明明是痛惜敦煌文物的流失，悲愤之情十分突出，甚至想与强盗在长城脚下决一死战，但是却在文章后面突然冒出这么一句："宁肯存放在伦敦博物馆里！"是作者写错了，还是一时犯傻了？这里就是课文的矛盾反常处。学生仔细推敲发现，原来是作者对文物的被毁实在痛心无比，忍无可忍，情急之下就说出了这样不合情理的话来，这席话其实是他痛之急而又爱之切的生动表现。这样，学生明白了有些课文中的看似错误、不合情理的地方，恰恰是作者匠心独运之处，是用来表达难言之隐或言外之意的。还如鲁迅作品中的许多标点符号，都包含有大量的"空白点"。通过对标点符号的探究，可以让学生真正明白鲁迅作品的伟大，而不是听别人说的伟大。

有时我们也可以选择从文章的整体内容出发，在认真深入地分析课文后，巧妙地设计一个主问题，让学生动笔写出自己的感受和思考。如在教学《装在套子里的人》（第二册）时设计这样一个问题："请给别里科夫写一份来自医生的病例报告，要求写出病症和处方。"另外，教师也可以让学生在了解故事梗概的基础上，引导学生从情节的精彩处对全篇质疑，进而把握全文的主要内容，实现教学目标。还如《中国艺术表现里的虚和实》（第五册）一文，教材安排了如下练习："比较《登鹳雀楼》和《寻隐者不遇》，分析它们在处理虚与实的表现方式上都有什么共同之处。"这种练习编排实际上是迁移阅读策略的运用。《林黛玉进贾府》（第四册）课后练习第二题，要求学生写一篇三五百字的短文，说说王熙凤的"辣"。笔者指导学生结合课文而不仅限于课文，可以联系《红楼梦》中其他有关王熙凤的描写去谈，也可以发挥想象。学生对王熙凤这个人物很感兴趣，对她的"辣"更感兴趣，纷纷查阅资料、精心构思，很快一篇篇精致的短文便写成了。这样，把课后练习引入写作教学，让学生趁热打铁，在加深对文章内容理解的同时，又提高了学生的写作水平。

4.针对拓展延伸题，注重学习的方法和过程，培养学生的探究意识和探究能力。

语文学习的关键不仅在于知识的积累，更在于方法的形成，要帮助学生形成自学语文的能力，让学生在主动实践中去发现问题，思考问题，最终能够解决问题。因而语文教学应首先想办法让学生主动地参与进来，投入语文实践中去。课后练习中的拓展延伸题正可以作为我们充分利用的契机。人教版语文教材中的拓展延伸题大致可以分为三种：第一种，围绕相关主题，搜集资料和信息；第二种，围绕相关主题，丰富学生的课外阅读；第三种，联系学生的生活，加强学生对生活的认识、体验和思考。如《谏太宗十思疏》（第二册）一文的课后练习：结合初中学过的《生于忧患，死于安乐》，谈谈你对中国文化中"居安思危"思想的认识。这道题旨在引导学生由课内走向课外，注重语文学习与生活的密切联系，充分体现了语文学科的人文性特点。我在处理这道题时，就介绍了台湾哲学大师徐复观（湖北浠水人）对"忧患意识"的解读。徐复观先生认为："忧患意识是中国文化精神的内核，重视现实生命是中国文化精神的特征。"让学生从一些较熟悉的古代诗文中找出一些表现"忧患意识"的名句名篇，说一些反映"忧患意识"的成语和名人逸事。学生完成类似的思考题，不仅能够加深对课文内容的理解把握，而且能够训练学生的思辨能力，帮助学生确立正确的情感、态度和价值观，同时也提高了学生的写作能力。

四、余论

　　叶圣陶先生曾指出："切实研究，得到训练学生读作能力之纲目次第，据以编撰教材，此恐是切要之事。"语文教材练习系统的科学化，应当是广大语文研究者和语文教师义不容辞的责任。

　　在新课改中，我们期待着这样的练习系统：能较好地将课前思考、课中学习、课后延伸衔接起来，与教学构成一个有机整体，具有较强的实用性和前瞻性。题型多样，题量适中，编排灵活，重视知识的延伸和拓展，增加启发学生创新思维、培养创新能力的题目。我们期待着这样的境界：学生的常规练习能在教材的课后练习系统中解决，并通过课后练习系统实现其知识和能力的构建、巩固、生成、迁移，从而最终真正提高他们的语文素养。而这样的期待，要靠我们广大语文教师高度重视教材课后练习，科学、合理地思考解答课后练习来实现。我们期待着，并努力实践着。

参考文献：

[1] 张勇. 关于语文教材练习设计的类型归纳与思考 [J]. 语文建设, 2005（6）.

[2] 吴张泽. 新课程下对高中语文作业的几种误解 [EB/OL]. 中学语文网.

[3] 李景阳. 语文教学论 [M]. 西安：陕西师范大学出版社, 2003.

[4] 赵晓春. 高中语文教材课后练习题的处理初探 [J]. 考试（教研版）, 2008（11）.

[5] 蒋独见. 高中语文课本课后练习设计的解读 [J]. 重庆文理学院学报（社会科学版）, 2006（1）.

[6] 吴红云. 探讨高中语文作业形式 [J]. 中学语文教与学（高中版）（复印报刊资料）, 2008（10）.

[7] 丁田海. 浅谈高中语文教材课后习题的处理 [J]. 现代语文（教学研究版）, 2006（3）.

本文于 2009 年 7 月获评教育部课程教材研究所征文二等奖。

在语文教育中培养学生的终身学习能力

文章在探讨语文教育与学生终身学习能力培养之间关系的基础上，分析出语文教育应着重培养学生的表达、交流能力与自省、感悟能力。进而阐释语文教育培养学生终身学习能力的重要性，并结合当前语文教学现状，提出语文教育培养学生终身学习能力的三种策略。

语文教育作为教育的重要组成部分，伴随着每个人走过漫长的人生路程，影响着人的发展。可以说，语文教育既是一个国家全民的基础教育，又是一个民族成员的素质教育，同时还应该是每一个人终身教育的重要组成部分。一个人只有终身不断接受语文教育，才能得到更好的发展。可以说，从偏重于各种语言知识的灌输和贮存，到全方位发展个体的各项能力，新课程标准呈现出以学生发展为本的语文教学新理念。关于语文课程标准与教师角色创新的问题，潘涌先生认为："语文教师应由课程成绩的终裁者而成为学生终身发展的激励者。"他还提出了"教师要从学生成长过程着眼，既不忽视其当下的语文能力，更要关注其成长的潜能和可能发展的前景"。本文拟从语文教育的系统和目标出发，探讨语文教育究竟应该培养学生哪些方面的终身学习能力，并提出培养策略，以求教于专家和同行。

一、语文教育与学生终身学习能力培养的关系

语文课程与学生终身学习的关系是密不可分的，许多语文教育专家和语文教师从语文学科的性质出发，对这个问题都有要述，在此不再展开。北京大学中文系教授钱理群说过一句话："如何引导孩子感悟汉语之美，感受正确而自然地用汉语表达自己的快乐，建立与母语的血肉联系，将母语所蕴含的民族文化、民族精神的根扎在心灵深处，并在此基础上构造起自己的精神家园——或许这才是我们语文教育的根本。"钱教授这句话对广大语文教师应该有一定的警示作用。语文教学，首先要让学生感受到汉语的优美，从而热爱汉语，热爱阅读，热爱写作，进而表达思想，抒发情感，真切体味语文的文学韵味，深刻领悟语文的文化内涵。离开了这一点，大谈语文课程的重要性，空讲语文的工具性和人文性在教学中的体现，都是无本之木、无源之水。正如胡小林在《语文学习的核心能力略谈》中分析的一样："我认为语文学习的核心能力是表达、交流能力与自省能力。"以上两种说法可谓殊途同归，胡先生的说法更为明确、具体，更加清晰地指出了课程与学生终身学习能力之间的关系。

二、学习终身学习能力在语文教育中的培养

教育部《素质教育观念学习提要》中明确指出："教育必须适应未来社会对各类人才的基本要求，重在培养学生成才的基本素质，使学生具有终身学习的愿望和习惯，具有发现、研究和解决问题的兴趣与能力，具有收集、交流、处理、使用信息的意识与技巧，为他们日后走向社会、融入社会、服务社会，打下扎实的基础。"新课标的制定，突出了学生可持续发展能力和终身学习能力的培养，体现了终身教育的理念，强调了学生学习方式的变革，促进了人的现代化。

笔者赞同胡小林阐释的"语文学习的核心能力是表达、交流能力与自省能力"的观点，结合终身教育的理念，笔者在这里明确提出：表达、交流能力与自省、感悟能力即语文教育应该着重培养学生终身学习两大方面的能力。16世纪法国思想家蒙田曾说过："世界上最重要的事情就是认识自我。"在这里，"表达、交流能力"体现语文学科的"工具性"，"自省、感悟能力"彰显语文学科的"人文性"，两者的结合体现语文学科的本质属性：工具性与人文性的统一。新课标把"阅读与鉴赏"目标列为12条，把"表达与交流"目标列为9条，基本涵盖了语文学习的能力要求，反映了能力层次，具有较强的指导性和可操作性。

三、学生终身学习能力的培养意义

学生表达、交流能力的培养主要依靠写作教学和口语交际教学来完成，学生自省、感悟能力的培养主要受益于阅读教学。学语文，"用"是第一重要的，"能说会写"无疑应该是语文学习的核心能力，也是一种重要的可持续发展能力。就阅读而言，语文负载、传承着文化，阅读本身就是文化构建的过程。通过与文本对话，收获先贤今人对宇宙、自然、社会以及人生的思维结晶，感受到他们高尚、淡泊、豁达的胸襟，体悟到人类勤劳、勇敢、自信、智慧、不畏艰难、热爱和平的传统美德和崇尚道德价值取向的人文精神，受到优秀文化的熏陶，认识到中外文化的丰厚博大，吸收民族文化的智慧，塑造热爱祖国和中华文明、献身人类进步事业的精神品格，为完善自我人格、提升人生境界，形成健康美好的情感和奋发向上的人生态度奠定精神基础。并且通过语文学习能够自觉地进行审美省察，形成辩证思维能力，改进自己的行动，规划自己的行为，提升生命质量。让学生通过语文学习，明白学习不仅是学好知识，习得技能，更重要的是学会做人，学会生存，从而实现自身更好的可持续发展。

四、学生终身学习能力的培养策略

广大语文教师在教学实践中往往注重散文、诗歌、小说等文体的教学，而轻视实用文体的教学和写作；往往注重精读能力的培养，而轻视速读、略读能力的培养。笔者结合语文教学的弊端，提出三种学生终身学习能力的培养策略，即速读训练策略、复述训练策略、改写训练策略。

1. 速读训练。在当前阅读教学注重学生精读能力的培养，忽视速读能力训练的状况下，学生速读能力的培养显得尤其可贵。从学习语言来说，速读和略读是极为重要的。叶圣陶先生曾说："就教学而言，精读是主体，略读是补充；但是就效果而言，精读是准备，略读才是应用……如果只注意精读，而忽略了略读，功夫就只做到了一半。"在阅读过程中，精读和略读、速读是互相联系的，精读的第一步要纵观大意，这实际是略读，有时在略读中发现了重点，然后再回来精读。读书当精则精，当略则略，方不错用功夫。当今社会，知识总量成倍增长，迅速更新，信息不断增加，而每个人求知的时间并没有增加，克服这个矛盾的有效方法之一就是学会速读和略读。有的语文教师在教学中，咬文嚼字，字斟句酌，把一篇课文，特别是一些经典性的小说、散文分六至七个课时讲述，学生学得昏昏然。语文教育专家孙春成在其《给语文教师的 101 条建议》中谈到语文教学如何实现不需要教的理想时，提出了三条建议："一是学生能够自己发现的问题，让他们自己去发现；二是学生自己能够解决的问题让他们自己去解决；三是学生不能发现和解决的问题，教师要引导和帮助他们发现和解决。"

学生速读能力培养的方法主要有以下三种：一是采用视读方

式；二是控制视线运动；三是抓住重点阅读。以精读为基础，同时学会运用其他读书方法，无疑会大大提高读书效率。

2. 复述训练。复述，是语文教学中常用的一种方法，教师往往用来检查学生了解课文内容的情况。至于怎样根据文章的特点和教学的特定需要采用不同的复述方式，怎样使复述作为一种认知策略，让学生娴熟地掌握，却很少有教师顾及。学习小说，要求学生素描性复述；学习戏剧，要求学生演示性复述；学习散文，要求学生情感性复述；学习诗歌，要求学生创造性复述；学习政论文，要求学生纲目性复述……总之，复述这种学习的策略，教师应作为教学目标来预设，从而更好地培养学生的阅读与鉴赏、表达与交流能力。学生在课堂上说的机会多了，说的能力自然会提高，写作能力和思维能力也会随之提高。

3. 改写训练。笔者比较重视学生对科技说明文的改写训练，经常开展师生同题竞赛，将课本中的科技说明文改写成平实性的说明文，要求有特色，做到详略得当，重点突出，较强地体现语文教育的终极目标。正如北京大学中文系教授孔庆东所说："我们不需要那么多的作家和美文，不需要学生在作文里编写那么多动人的故事，我们需要平实、通顺、流畅、简练的应用文体。这样的文章多了，不但有助于全民文化素质的提高，而且有助于全民道德素质的修养……作文和做人的道理是相通的，先要有质，然后再追求文。"这番话对当前注重散文和诗歌教学，而轻视应用文和科技文等实用文体教学的广大语文教师，或许可说是一个善意的提醒。

著名语文教育家魏书生在总结自己的教学经验时说："改写、扩写、续写、听写也是给学生打开思路，提高写作能力的有效方法。"广大语文教师应开阔作文教学的思路，变闭门造车式的命题作文为开放、多元、生活化的作文，真正使学生"我手写我心"，切实提高学生的写作能力。

综上所述，语文教育工作者应以生为本，着眼当前，立足长远，创意施教，以促进学生的终身学习为己任，切实推进教育改革与发展，从而达到"使学生能自学自励，出了学校，担任了工作，一直能自学自励，一辈子做主动有为的人"的美好境界。

本文发表于《新课程研究》2014年7月下旬刊。

阅读文学理论著作　厚实语文教学素养

众所周知，语文教师文学修养的提高，不仅直接关系到教师本人能否胜任语文教学，还直接关系到学生的发展问题。但反观当前语文教师的文学理论素养，显然是与推行语文新课改不相适应的。堆在语文教师办公桌上的，除了教材和教参以外，便是优秀教案、各种试卷和学生的作业本了，几乎没有一本较新的文学理论方面的书籍。正如北京师范大学童庆炳教授指出的："大学里讲文学理论、美学理论，这几年不断地吸收西方的东西，二十年来有许多新的研究成果，但这些东西完全没有体现在中学语文教学中。"此话一语中的，道出了当前中学语文教师文学理论知识陈旧，前沿理论素养贫乏，教师阅读新理论、借鉴新方法滞后的现实问题，令人担忧。结合语文学科同时具有知识技能教育和人文审美教育两方面功能的特点，笔者认为，中学语文教师应着力加强文学理论素养，提高自身审美修养，形成合理的文学审美心理结构，对学生进行审美教育，这样才能保证语文教学质量。

一、阅读文学理论著作，提升文艺美学素养

要切实提高教师的文学修养，首先要从认识上加强对文学理论重要性的认识。全国中语会理事长苏立康教授曾说："教师的文学修养问题直接影响到文学教育和语文教学，一个富有文化品位的课堂对培养学生的想象力、创造力等方面有着重要的作用。实践证明，教师自身修养中如果缺少文学修养，其教学过程就会

苍白无味。"

因此，语文教师提高教学质量，必须加强文学理论素养。首先就要有一个具有一定文学修养的头脑。笔者手头上有一本《文艺学美学方法论》（胡经之、王岳川主编，北京大学出版社，2003年），书中介绍了象征研究法、精神分析研究法、俄国形式主义研究法、结构主义研究法、接受美学研究法、解构研究法等13种文艺美学方法。笔者经常翻阅，根据教材文本的不同类型和体裁，灵活运用不同的文艺美学方法来解读文本，从而更加深刻地理解文章，把握文章旨趣。教师自己应当先把文本解读清楚了，才能指导学生阅读。

二、吸纳文学理论知识，提高语文备课质量

语文教材中所选取的文章多为文学名篇佳作，教师要运用文学理论指导学生去欣赏文学作品，因而自己就必须学习文艺学，了解文艺学的基本理论，掌握文学作品的结构规律，学习中外文学史，了解中国古代、现代和当代文学的基本内容，涉猎世界文学宝库，熟悉各个时期主要的作家与作品。还要学习美学，懂得一些文艺美学知识，懂得结合中学语文教材文学性较强的特点进行审美教育，懂得一点文艺和文艺批评的基本理论，提高对文学艺术作品的分析与鉴赏能力，同时应对电影、电视、戏剧、音乐、美术知识也有所涉猎。如果语文教师能做到有效吸纳文艺学美学理论，有机消化，为己所用，这样，在教学中，就能旁征博引，手到擒来，也易使学生折服，从而顺利完成教学任务。

例如在教学高中语文课文《寡人之于国也》时，笔者就抓住孟子的"取之有度，用之以时"的生态经济观念，引导学生学习中国传统的生态意识和永续发展的价值取向，认识到孟子作为中国古代生态思想的倡导者和弘扬者，从"天人合一"的高度，提出了儒家的生态观，强调人类对于自然资源的永续利

用和大力保护，是当代社会可持续发展理念产生的基础。笔者从这一全新的生态美学角度解读文本，挖掘出这一传统教学篇目的新意。

反思自己三十多年的语文教学经历，笔者认识到，教师没有相当的文学理论素养，备课就不能深入，教学也只能勉强停留在表面的分析。语文教师掌握了文艺美学知识，才真正具备了理论素质，语文教师才能有吸引力，语文课才有可能既具有科学性，又具有趣味性，也才有可能潜移默化地影响、熏陶学生。

三、开展美育教学实践，丰富语文教学内涵

近几年来，在教学实践中，笔者一直自觉地引入文艺美学理论知识，创新语文教学方法，特别是在审美教育和生态美育上进行了探索。

笔者认为，首先，教师要坚持客观的文学审美标准，建立淳朴、高尚的审美情趣，培养自己真、善、美统一的健康的审美情趣。其次，只有教师自己先做一个真正的"文化人"，才能教学生学好语文。中学语文课文多为名篇佳作，这些文章本身就具有一定的审美价值。教师要有个性地解读文章，并有感情地传达给学生，从而达到文章情、教师情、学生情的三者统一。正如苏霍姆林斯基所说："如果在教师的讲课里没有真正的由衷的情感，如果他所掌握的程度只能供学生体验他知道的那一点东西，那么学生的心灵对于知识的感触就是迟钝的。而在心灵没有参与到精神生活里去的地方，也就没有信念。"语文教师在引导学生进入情境时，应以美育人、以美动人、以情感人、以理服人、以智化人，形成符合道德理智的淳朴而又高尚的审美情趣。语文教师如果能提高文学理论修养，完成审美教育任务也就不难了。例如对高中语文传统篇目《项链》的教学，现在很多老师引入接受美学理论，由对批判女主人公玛蒂尔德的虚荣心，转向引导学生分析

玛蒂尔德人性的闪光点和勇于承担责任、吃苦耐劳的美德，这些都似乎偏离了小说的本意。其实，人性是复杂、矛盾的，作家莫泊桑创作的本意不是批判或赞扬哪一类人，而是挖掘人性的两面性、丰富性和复杂性，体现的是一种对人的终极关怀。倬尔老师说得好："在语文教学中，应注意抓住对人物性格的解读，用美的形象去感染学生，使他们体味到人物的人格美和社会美。这就要求语文教师把握科学的审美标准，引导学生理解美的实质，树立正确审美观，进而追求美，创造出语文教学的美好效果。"笔者在教学《项链》时，除了兼顾上面所说的这些内容以外，另辟蹊径，引入生态美学中的"清费适度性"的概念，创新课堂教学，丰富教学内涵。生态美学认为，对于消费者个人来说，适度性消费不仅表现在消费支出与自己劳动所得的收入相适应，而且表现在消费结构的均衡合理上，也就是说，在消费结构的安排上，应该使家庭成员的各种需要都能得到协调的满足，并且在满足物质需要的同时，应该使精神需要得到更大的发展。但是在现实生活中，消费生活出现了形形色色的不良趋向，导致了人与大自然、社会生产与消费，以及人与人之间的各种冲突和矛盾，这不仅直接影响到社会生活的正常进行，而且危及人与自然的生态平衡与和谐共生。女主人公玛蒂尔德为了一次虚荣心的满足，付出了多么沉重的代价！小说的警醒是深刻、沉痛的。其实，这种炫耀性消费心理在现实生活中比比皆是，突出表现在消费攀比、讲排场、摆阔气上，这是一种消费生活的误区，也是不健康、不文明的消费观念和消费心理。这种现象就是在高中生中也比比皆是。这篇小说，除了赏析高超的小说写作艺术之外，还要挖掘其所隐含的生态美学价值。

　　文学理论知识丰富而又复杂，限于时间和精力的关系，语文教师不可能对所有文章全部进行研读，但文艺美学中关于创作者与欣赏者的关系，作家如何表现个性和欣赏者在阅读过程中进行"二度创作"等理论，揭示了阅读与欣赏过程中的许多规律，对个性化阅读教学活动和学生的阅读实践，也有重要的指导意义。这些理论应作为文学理论知识的重点内容，为语文教师阅读、掌握、运用，从而有效促进语文教学，提高教学质量。

本文发表于《阅读时代》2023年2月下半月刊。

基于名师工作室建设的语文良师培育路径

我于 2021 年 9 月获评第二届"孝感教坛名师"。为了加强教师队伍建设，充分发挥名师的示范、引领作用，我校于 2021年 12 月，成立了"李继平名师工作室"，由学校教科室指导管理。全校有十二名语文老师加入名师工作室。成立两年来，以语文良师培育为核心，我们开展了教学研讨、听课评课、教师培训、课题研究、经验交流、外出学习、参编著作等一系列活动，取得了一定成效。

一、聚焦教学研究，开展教研活动

教育教学能力是教师的立身之本。我们认为，提高教师的看家本领，促进专业成长，是教师成长的首要路径。目前，我们已经形成惯例和制度，每月开展一次教研活动。有时针对某一教学共性问题，开展研讨；有时安排一位成员，就一类文体体裁或一类教学设计，讲授公开课，大家一起听课评课。至今，十二名成员都至少上过一次公开课，听课之后及时评课议课。无论是教学研讨，还是评课议课，大家都敞开心扉，畅所欲言，场面热烈。如我讲过《念奴娇·赤壁怀古》《战争题材群文阅读教学》《百合花》等公开课，成员钟儒平老师上过《标点符号的用法》，等等，均获好评。

学无止境，教无止境。实践证明，老师经常上公开课，对提高自身的教学能力和对教材的理解把握能力，作用确实很大。

二、进行专题学习，提升理论素养

很多教育学家指出，专业阅读和理论学习对教师的成长，具有很大的促进作用。开展专题学习和培训，提升理论素养，是教师成长的必经之路。我们工作室就组织学习过中职语文课程标准、语文学习任务设计、大单元教学设计、技能高考语文考纲、群文阅读教学、整本书阅读教学等专题。成员们通过学习和培训，知识得到更新，视野变得开阔，教法逐渐创新，学生受益，老师自己也开拓了研究领域，取得一些新的教科研成果。据统计，名师工作室从 2021 年 12 月成立至今，共有七节优质课、微课荣获国家级、省市级奖项。部分成员在国家级报刊《语言文字报》《语文教学与研究》《中学语文教学参考》发表论文三篇，在省市级期刊《中学语文》《阅读时代》《湖北职教》《孝感教育》发表论文十八篇。其中论文、课件、教案、班会课设计等获奖五十六篇，参编著作教材四部，成果丰硕。

三、参加课题研究，增强实践能力

参加课题研究，增强教育教学实践能力，是教师成长的重要途径。

我积极申报各级教科研课题，带领大家参加课题研究，力争成为科研型教师。2022 年 6 月，由我主持申报的科研课题《"三全育人"背景下中职语文课程红色文化教育的实践》，由湖北省职业技术教育学会立项。由我主持申报的科研课题《"五育融合"背景下中职语文教学渗透劳动教育的实践》，由孝感市职业教育发展研究中心立项。2023 年 6 月，由我主持申报的科研课题《基于精品课程开发与应用的中职语文课程思政建设》，由湖北省职业技术教育学会立项。名师工作室成员均参加以上三项课题研究。

我还带领工作室成员，参与我校承担的湖北省中小学学校文化研究会立项课题《班级文化与中职生管理创新研究》及孝感市职业教育发展研究中心立项课题《党建引领下的中职学校孝廉文化教育实践》，为老师们提供更多更好的发展平台，增加了锻炼机会，从而促进教师队伍更快更好成长。一批阶段性科研成果在《阅读时代》《湖北职教》《孝感教育》等杂志发表，并有文章获奖。

另外，我加入了孝感教坛名家余国秀主持的名师工作室（孝感市级），经常参加余老师组织的相关活动，是该名师工作室的骨干成员。

路漫漫其修远兮，吾将上下而求索。目前，我们名师工作室还处于初创阶段，虽然开展了一些活动，但都是自发自行组织，缺乏专业的支持和系统的规划，在此，恳请湖北工程学院文学院的领导、专家们，对我们的工作进行指导和帮助。

我们将秉持高尚师德，弘扬清廉师风，锤炼过硬师能，提升精湛师艺，在立德树人、为国育才之路上，谱写精彩华章！

本文于 2023 年 10 月 28 日在湖北工程学院文学与新闻传播学院主办的第二届新时代语文良师培育研讨会上做大会发言。

红色革命文化融入中职语文教育的教学价值和对策研究 [①]

  红色革命文化作品的教学可以提高学生的语言素养，深化学生对中国红色革命历史和文化的理解与认识。课题组以"中职语文课程红色文化教育的实践"为探究点，以中职新版统编语文教材为依托，以语言学习为基础，探索在中职语文课程中融入红色革命文化的教学价值和教学对策，更好地引导学生传承红色革命文化，赓续红色血脉。

  中等职业学校语文课程标准要求："教师要认识到语文学科核心素养是一个整体，相互联系、相辅相成，而语言理解与运用是语文核心素养的基础，思维发展与提升、审美发现与鉴赏、文化传承与参与三个方面素养的发展，都离不开语言理解与运用。"[1]2022 年 6 月和 2023 年 6 月，经湖北省职业技术教育学会评审，汉川市中等职业技术学校《"三全育人"背景下中职语文课程红色文化教育的实践》和《基于精品课程开发与应用的中职语文课程思政建设》课题先后获批立项。笔者作为课题主持人，带领课题组的老师们进行了红色革命文化教学的推进和研究，以

---

① 本文系湖北省职业技术教育学会 2022 年度立项课题《"三全育人"背景下中职语文课程红色文化教育的实践》（编号：ZJZB202225）和 2023 年度立项课题《基于精品课程开发与应用的中职语文课程思政建设》（编号：ZJZB2023042）研究成果之一。

阅读为抓手，以课堂为阵地，以语言学习为基础，探索在中职语文课程中渗透红色革命文化的教学价值和教学对策。

一、红色革命文化的教育背景和教学价值

2021 年 1 月，教育部下发了《革命传统进中小学课程教材指南》《中华优秀传统文化进中小学课程教材指南》两个文件（以下简称"两个《指南》"），就革命传统和中华优秀传统文化进课程、进教材的基本原则、总体目标、主要内容、载体形式做了统筹设计和科学安排，强调素养导向、系统规划和全科覆盖。两个《指南》从中国共产党的领导地位、理想信念、人民立场、思想路线、革命斗争精神、爱国情怀、优良作风等七个方面，明确了革命传统教育的主要内容；从厚植中华文化底蕴、增强民族自豪感、坚定文化自信、做堂堂正正的中国人等育人目标出发，就中华优秀传统文化进课程和教材强化了顶层设计。

在这样的背景下，红色革命文本回归教材是大势所趋，教材中的红色革命文本越来越多。这是落实教育立德树人根本任务的重大举措，也是继承和弘扬中华优秀传统文化、革命文化，发展社会主义先进文化的重大举措。增加教材中的红色革命文本篇目，优化红色革命文本教学，是语文教育的必然选择。

随着红色革命文本回归教材，怎样让红色革命文本在课堂落地生根，品出红色革命文本的味道，教出红色革命文本的价值意义，让红色革命文本在语文课堂熠熠生辉，不仅照亮学生的精神世界，给予学生丰富的精神营养，而且给学生提供语言学习的典范语料，收获丰厚的语文素养，是每位语文教师要认真思考的重大问题。[2]

二、新版统编中职语文基础模块教材红色革命文化资源的挖掘

一线语文教师需深入研读新版统编教材，从理论维度领会编写依据，充分认知"坚持立德树人，赓续红色血脉"的长远意义。高等教育出版社出版的中职语文教材，从 2009 年的第 1 版，到 2019 年的第 4 版，再到 2023 年的最新版，十四年间，共经过五次改版和优化。新版统编中职语文教材增加了红色革命文本的数量，更强化了这一载体的作用。基础模块教材的红色革命文化课文共有十五篇。具体篇目和文本类型见下表：

教材	单元	课文	文本类型
基础模块上册	第一单元	1. 沁园春·长沙 / 毛泽东	文学作品（词）
		2. 风景谈 / 茅盾	文学作品（散文）
		3. 荷花淀 / 孙犁	文学作品（小说）
		江姐（节选）/ 阎肃	文学作品（歌剧）
	第五单元	1. 县委书记的榜样——焦裕禄 / 穆青等	实用性作品（通讯）
		2. 喜看稻菽千重浪——记首届国家最高科学技术奖获得者袁隆平 / 沈英甲	
		3. 国家的儿子 / 黄传会	文学作品（报告文学）
	第七单元	1. 反对党八股 / 毛泽东	政论性作品
基础模块下册	第一单元	1. 中国人民站起来了 / 毛泽东	实用性作品（演讲稿）
		2. 在庆祝中国共产党成立100周年大会上的讲话 / 习近平	
		3. 长征胜利万岁 / 杨成武	实用性作品（回忆录）
		百合花 / 茹志鹃	文学作品（小说）
	第五单元	2. 飞向太空的航程 / 贾永、曹智等	实用性作品（新闻报道）
	第六单元	1. 青蒿素：人类征服疾病的一小步 / 屠呦呦	实用性作品（科普文）
		2. 青纱帐——甘蔗林 / 郭小川	文学作品（诗歌）

新版统编中职语文教材根据"中国革命传统作品选读"学习任务群的要求，在基础模块上册和下册中，开宗明义，开门见山，在第一单元设置中，所选文本分别为政论性作品、实用性作品和文学作品。还在其他单元穿插红色革命文化作品。快速引导教师用好红色革命文化文本，有针对性地指导学生读好红色革命文化文本，推动红色革命文化教育在语文课堂教学中的有效实施，这是课题组需要思考和践行的。

三、红色革命文本的语言特点

重庆的代保明老师认为，红色革命文本分散在教材的相关单元，如果我们在教学中，把它看待成普通文本，不想办法凸显"红色"的内蕴和价值，不引导学生理解"经典"的特色，那就有违红色革命文本回归教材的初衷，无法实现教育部两个《指南》所指定的目标。当然，语文学科有其学科特色，语文课程是一门学习语言文字运用的综合性实践性课程，语文课程要姓"语"，它与历史课中的红色革命文本教学不一样。[2]本课题基于红色革命文本的语言特点，以语言学习为基础，有机渗透红色革命文化的教学。

学习语文，实际上就是学习语言文字的运用。教学红色革命文本，教师自身要学习、感受红色革命文本的语言美，从而教授出文本的语言表达特色。教师要花时间和精力，精心设计语言学习方案，让学生在真实的语境中，学习语言文字运用的规律，习得语言文字运用的技能。红色革命文本的语言运用富有特色，大都是名篇佳作，一般具有以下语言特色。

1.语言质朴，叙事生动。《荷花淀》的语言质朴，如描写水生嫂编芦席时的动作，用了"缠绞""跳跃"等词语；描写白洋淀的青年妇女划船熟练、速度快，用了"摇得飞快、打跳的梭鱼、织布穿梭、缝衣透针"等词语；描写水生等战士们划船，速度更快，用了"箭一样飞去"的语句；描写战士们在湖里聚精会神地端枪射击敌人，写的是"下半截身子长在水里"，这些符合情境的句子很生活化、口语化，虽然语言普通，但很有表现力，有如临其境、见其人的表达效果。像这样语言平淡而表现力很强的文章还有很多，比如《百合花》中就有许多传神的描写。当卫生员动手要揭掉通信员身上的百合花被子时，新媳妇"劈手夺过被子"，集中写出了新媳妇用自己的新被子为通信员入殓时的那种果断坚毅、不容商量的态度。小通信员给"我"带路的情节中"张皇""数摸"等词语的运用，十分生动、逼真地刻画出一个腼腆、羞涩、局促而又质朴纯洁的小战士形象。

2. 气氛浓厚，情感丰富。红色革命文本中有不少文章是借物写人、托物言志的，作者所写的物已成为表达情感的凭借，物象所包含的情感丰富深厚，需要教师深入剖析。而叙写这样清新的意象，作者语言运用极为普通。像《百合花》中，通信员步枪筒中的树枝和野菊花，看似无用闲散之语，实为精心独到之笔，非常生动自然地描写出小通讯员即将去参加战斗的乐观情绪，还有对自然对生活的热爱，以及天真质朴的心灵。小通讯员衣服肩头上的破洞，在小说中共出现了五次。小通讯员给"我"开饭的两个馒头，出现了三次。诸如此类的物象，俯拾即是，但由于作者的高超写作本领和语言运用技巧，文章语言所叙写的普通意象就具有了审美价值。

再如习近平总书记《在庆祝中国共产党成立 100 周年大会上的讲话》，全面深刻地总结了伟大的中国共产党成立一百周年以来，所创造的辉煌成就和千秋伟业。文章语言现场感强烈，条理清晰，逻辑严密，层层推进。演讲的内容针对性强，语言振聋发聩，有强烈的感染力和鼓舞力，读来令人心潮澎湃，豪情满怀。当然，要达到这样强烈抒情性的效果，在语言文字运用上要有特别的安排。就《在庆祝中国共产党成立 100 周年大会上的讲话》一文看，有了反复、排比、呼告、比喻等手法的使用，增强了表达效果，口语化的语句、普通的词句、真挚的情感，彰显了语言表达的张力。

3. 议论精准，直接鲜明。议论是作者观点见解的表达，是文章主题的深化。红色革命文本中的议论与别的文体不同，几乎都是作者观点主张的直白表达，一般不会躲躲闪闪。比如《中国人民站起来了》，每段的开头均为中心句，是毛主席的议论，话语直白，观点鲜明。再如《在庆祝中国共产党成立 100 周年大会上的讲话》中，习近平总书记在阐述"以史为鉴，开创未来"的具体做法时，连用九个段落，均在每段的开头，明确地发表议论，提出具体做法，观点鲜明，不是遮遮掩掩，而是直截了当。这样的语言表达体现了红色革命文本的议论特色，在质朴、直白的议论中，宣告自己的情感倾向和鲜明观点。

四、教学实施策略

1. 紧扣文体特点，凸显文章特色

从文体方面看，红色革命文本的文体选择准确。《风景谈》是散文，所写的是延安军民的真实生活。《青纱帐——甘蔗林》是抒情诗，感物咏怀，感情浓郁。《反对党八股》是夹叙夹议的议论性文章，议论切要，评价实在。这些文本的文体选择人事贴切，情景交融。

从篇章角度看，许多红色革命文本都是精雕细琢的作品，在内容选择、结构安排、言语表达上，都有可供学习之处。《风景谈》是茅盾先生影响大、传颂广的优秀散文。1940 年 5 月至 1940 年年底，茅盾到延安访问、讲学，身临其境地感受到延安军民真实的生活状态和精神面貌。可以说，延安军民要写的事有很多，但茅盾只选取了六幅画面，从不同人物、不同角度，生动描写延安军民的生活，选材精当，具有典型性和代表性。这篇文章，是学生学习作文构思、选择材料、反复修改的最好文本。该文语言质朴、口语感强、情感真挚。不少的比喻、拟人非常生活化。比如，"层层的梯田，将秃顶装扮成稀稀落落有些黄毛的癞头，特别是那些高秆植物颀长而整齐，等待检阅的队伍似的"，准确地描写出黄土高原梯田和植物的特点，并且有机结合陕北地区的特有景物和革命情境，拉近与读者的距离。从结构的角度看，《风景谈》堪称范本，文章主体部分，用蒙太奇的手法，共描写六幅延安军民电影镜头般的生活画面，是延安精神的真切写照。开头的第一幅画面"沙漠驼铃"，由写风景到赞美人，奠定了文章的主基调。第二幅画面"高原归耕"，表现了人对自然的改造。第三幅画面"延河夕照"，表现了人对自身的改造。第四幅画面"石洞雨景"、第五幅画面"桃林小憩"，形象地诠释了什么是"高贵"，什么是"纯粹"，什么是"脱离了低级趣味"，自然地引出人类创造的"第二自然"。第六幅画面"北国晨号"是全文的重点和核心，起到画龙点睛、升华主旨的作用。这篇散文是作文教学的范例，实在、规范、完整，学生可以用来借鉴模仿。文章通篇使用象征手法和托物言志，描写、抒情、议论、比喻、拟人等手法的巧妙运用，便于学生理解文章内容和思想情感。

2. 立足语言特色，赏析语言运用

红色革命文本的语言运用，最大特点是"淡而有味"，它的读者对象是广大劳动人民，很少运用生僻词语和晦涩语句，较少使用缠绵凄婉的情调和满篇充满哲理而拗口的句子，给人话直、理直、情直的印象。这样的特征决定了文章必须浅显易懂，文句必须尽量生活化、口语化，文章的中心或主题必须揭示清楚。于是，才有了《风景谈》《荷花淀》《百合花》等文章的语言表达方式。

纵观教材中的红色革命文本，表面上看，似乎味太淡了，作者把话说完了，读者需要咀嚼回味的太少了。但"味"恰恰就在这里，需要教师的教学艺术"煮"出这个"味"，从而感染学生。

3. 梳理文章结构，把握文章灵魂

教师要对教材中的革命传统作品内容进行结构化梳理。不管是革命文学作品还是新闻纪实作品，抑或是革命理论文章，其内容都可以分为"人、事、物、魂、理"这五个方面。"人"主要是指在革命时期对革命进程有着一定影响的革命志士和为革命事业而牺牲的革命烈士。"事"是指有着重大影响的革命活动或历史事件。"物"是指革命志士或烈士所用之物，也包括他们生活或战斗过的革命遗址。"魂"体现为革命精神，即中国共产党领导人民在革命、建设、改革的奋斗征程中沉淀生成的红色精神。"理"即马克思主义中国化理论，体现了中国共产党运用马克思主义立场、观点、方法，进行中国革命以及研究解决社会主义建设问题的各种探索。[3]

新版统编中职语文教材基础模块上下册的第一单元，都属于中国革命传统作品研习任务群，按照从理论上的阐述到具体革命实践记述、从革命斗争到社会主义建设这条线索，两个单元各选入了四篇课文。例如，《中国人民站起来了》是开幕演讲词，重在以革命的理论说服人。教师应着重引导学生把握作者围绕"中国人民站起来了"阐述了哪些具体内容，体会这篇演讲稿的严谨逻辑、严密结构和睿智思考。《反对党八股》是政论文，毛主席着重批评党八股文风的"八大罪状"，大体按照摆现象、论危害、挖根源、提方法的思路，采用举例、对比、比喻等多种方法，先破后立，逐层论述，最后得出结论，令人信服。毛主席的这两篇文章，都是运用了马克思主义的立场、观点和方法，研究、解决中国革命和社会主义建设问题的实践探索。《长征胜利万岁》是回忆性的散文，理解长征是"宣言书""宣传队""播种机"的"长征精神"，学习在摆脱包围追击、实现战略性转移中的"以退为进"的思维策略。在其他单元中，《县委书记的榜样——焦裕禄》《喜看稻菽千重浪——记首届国家最高科学技术奖获得者袁隆平》两篇都是人物通讯，以事写人，夹叙夹议，穿插典型、生动的细节描写和语言、行动描写，感受文本展现的焦裕禄、袁隆平一心为民、无私奉献的伟大形象，理解自力更生、艰苦奋斗，建设社会主义的伟大意义。《青蒿素：人类征服疾病的一小步》《飞向太空的航程》《国家的儿子》等文章，反映了在中国共产党的领导下，我国科学家艰苦奋斗、挑战困难、勇于创造、发展科技、造福人民的伟大历程，奋斗精神、奉献精神、创新精神充分体现，红色革命之魂跃然纸上。

此外，可利用跨媒介阅读等实践活动，消除学生与红色革命作品的时代隔阂。除作品之外，革命文化主题的主要载体还应包括口头和书面交流与沟通、跨媒介阅读与表达等语文实践活动。如湖南的易海华老师讲授《中国人民站起来了》这篇开幕词，在学生浏览全文、初步了解该文内容大意之后，让学生观看1949年9月21日中国人民政治协商会议第一届全体会议的视频，了解毛泽东同志在大会上演讲的历史背景、具体针对性和睿智思考。之后，在引导学生概括课文段落大意、划分层次、绘制全文结构图的基础上，组织学生进行模拟演讲，通过演讲揣摩作者在遣词造句方面的表现力，进而学会因时因地得体表达。此外，教师也可以针对某类红色革命作品的阅读，开展红色革命文化主题学习活动。如在学习《沁园春·长沙》时，教师可以将毛泽东诗词与音乐、舞蹈、美术相融合，组织学生参加毛泽东诗词朗诵会活动，通过"选曲—排练—预演—制作—修改—推广"等活动，实现革命诗词吟唱的抒怀、审美、养德之功效，也可组织学生欣赏毛泽东诗词的书法作品，引导学生在鉴赏诗词、欣赏书法作品的过程中，感受一代伟人的雄才大略和使命担当。[3]

五、结语

开展课题研究，既促进我们对新版统编中职语文教材的深入思考，也推进课题团队对红色革命文化教学的深度探究。红色革命文本是新中国历史的文学反映，是中华民族优秀文化的传承和发展。正如安徽的汪蓉老师所说："研究新课标，握好方向盘；钻研统编教材，推好挂挡器；树好红色文本立德树人的导向标，入心入脑巧渗透。"[4]

教学好红色革命文本，在学习语言文字运用的同时，教育学生学习革命先烈的崇高品质和伟大精神，是语文教师义不容辞的职责。教师在设计教学时，要充分认识红色革命文本的教学价值，选择有效的实施路径和教学策略，把红色革命文本教得精彩有味，让红色革命文本在新时代闪耀新光芒，让学生获得学习语言文字运用的丰硕成果。

参考文献：

[1] 中华人民共和国教育部制定 . 中等职业学校语文课程标准（2020 年版）[M]. 北京：高等教育出版社 ,2020.

[2] 代保明 . 红色经典的教学意义和教学选择 [J]. 语文月刊 ,2023（2）.

[3] 易海华 . 让革命文化在学生心田落地生根：中学语文革命文化教育实施策略建议 [J]. 语文建设，2022（19）.

[4] 汪蓉 . 论互联网背景下的红色革命文本学习指导策略 [J]. 学语文 ,2023（2）.

本文发表于《湖北职教》2024 年第 1 期。

第五辑　语文教育新论

结合中职语文教学谈工匠精神的培育

——浅谈高教版语文基础模块教材的挖掘与利用

语文学科是中职教育的基础课程，语文教学和劳动教育、工匠精神教育有着深层次的关联。在中职语文课堂教学中进行工匠精神的教育和渗透，需要语文教师不断挖掘和利用教材中所包含的工匠精神资源，找到语文教育和劳动教育的契合点，让学生通过语文教育认知、体验、内化劳动精神和工匠精神，从而在职业源头上培育中职学生的"工匠精神"。

2016 年，李克强总理在《政府工作报告》中首次提出"培育精益求精的工匠精神"。2018 年，全国教育大会把劳动教育纳入了我国全面育人的教育体系，劳动教育成为新时代中国教育改革发展历程中的"高频词"。《中等职业学校语文课程标准（2020年版）》明确要求语文课程"培育劳动精神，弘扬劳模精神、工匠精神，增强文化自觉和文化自信"，彰显职业教育特色。对于职业教育来说，挖掘和传承"工匠精神"，不应该只贯穿在专业理论和技能的教育教学中，还应该体现在文化基础课特别是中职语文的教育教学中。在目前通用的高教版倪文锦主编的中职语文教材基础模块第四版当中，并没有专门针对"工匠精神"主题内容的相关单元或知识，但我们还是可以深入挖掘教材中潜在的"工匠精神"教学资源，在实际课堂教学中强化渗透，并帮助学生将其应用到语文综合能力培养中。

"工匠精神"从主题角度可以将其理解为耐心专注、坚持不懈，精益求精、一丝不苟，爱岗敬业、不畏艰难等方面的内涵意义，这些主题在教材资源的挖掘中为我们指引了方向。

一、表现耐心专注、坚持不懈的素材

"耐心专注、坚持不懈"是"大国工匠"所必备的精神特质，是职业规划长久可行的保障。基础模块上册《科学是美丽的》中科学家们对科学和美的追求，《廉颇蔺相如列传》中蔺相如、廉颇作为赵国的文臣、武将等，都强调了他们在各自领域的"专注"。法国作家莫泊桑的短篇小说名篇《项链》，围绕"项链"描写了一个小公务员的妻子借项链、丢项链、还项链的故事，也刻画出当时社会劳动阶层的生活现状。主人公玛蒂尔德因爱慕虚荣，参加丈夫单位举办的舞会而向朋友借来项链，舞会结束时却因为疏忽大意而丢了项链。为了偿还这串项链，夫妻二人含辛茹苦地加倍工作，一边借高利贷，一边靠自己的劳动挣钱，终于凑足了钱买了一串价值昂贵的真项链，赔给了朋友。路瓦栽夫妇虽然为赔项链付出了巨大的代价，但在感叹主人公悲惨命运的同时，读者也深深地为他们身上所彰显出的劳动美、人性美而感动。

特别是《劝学》，文章最后指出"蚓无爪牙之利，筋骨之强，上食埃土，下饮黄泉"，强调了"用心一也"。所谓的"用心一也"，就是我们所说的"专注"。"用心一也"，能做到"金石可镂"，这对于学生在成就自身事业中会起到重要作用。因此，我们在讲授这些内容时，可以有意识地将其延伸到"工匠精神"的内涵当中，让学生感受到"工匠精神"的熏陶，并将其运用在写作当中。

二、表现精益求精、一丝不苟的素材

老子曰：天下大事，必作于细。精益求精正是中国优秀的传统精神。上册中朱光潜先生的《咬文嚼字》从"炼字"的角度出发，列举了文学大师和名家在写作过程中遣词造句"锱铢必较"的事例，让我们领略文字应用中应有的严谨精神。口语交际《介绍工艺流程》中所举的叶圣陶先生的《景泰蓝的制作》，对原料到成品所需要的一系列的工序做了详细的介绍。景泰蓝是我国传统手工艺品中的一朵奇葩，它以制造精细、工艺精湛驰名中外。文章重点介绍的"掐丝"和"点蓝"两道工序，也体现出了传统匠人"精益求精"的品质。《荷花淀》中的白洋淀人民热爱劳动，善于用本地特产芦苇编制芦席，畅销全国。小说有多处描写人们编制芦席的劳动场景，在诗情画意中展现劳动美和工匠精神。下册中《飞向太空的航程》对宇宙飞船、人造卫星等国之重器、国之名片进行介绍，学生对我国的航天事业充满自豪感，感受到中国宇航事业能够在短时间内取得飞速发展和辉煌成就，依靠的是无数科学家和大国工匠们精益求精、一丝不苟的工匠精神。

三、表现爱岗敬业、不畏艰难的素材

"爱岗""敬业"是当代社会主义核心价值观的重要组成部分，也应该是我们职业道德培养的核心。上册《诗经·采薇》中远离家乡行军作战的征夫，由于生活艰难，自己动手采薇充饥，但他不怕环境艰难和生命危险，为了保家卫国，毅然决然地坚持战斗，直到胜利返乡。《离骚》中屈原不愿与世俗同流合污，坚持真理，追求理想，最终抱石投入汨罗江。还有老舍《我的母亲》描写的母亲、《"探界者"钟扬》刻画的植物学家钟扬、《国家的儿子》介绍的航天科学家罗阳、汪曾祺《金大力》中当泥瓦匠和开茶水炉馆的普通劳动者金大力，这些人和事都表现出了他们对个人事业或人生理想的追求。

四、对中职语文课程培育工匠精神的探讨

1.抓住培育工匠精神的时间节点

从中职学生培养目标的角度来看，三年的中职学习是学生形成健全人格的一个关键节点，如果能将在教材中挖掘出来的有关"工匠精神"的教学资源，应用在日常生活、学习、社会实践中，有利于培养学生的"工匠精神"。教师需要引导学生充分利用教材里的相应素材，进行感受、思考，注重人文合一，潜移默化地将耐心专注、坚持不懈，精益求精、一丝不苟，爱岗敬业、不畏艰难等主题传递给学生。在进行备课时，教师可以对课文进行再创造，将"工匠精神"融到教学设计中，在教学过程中加强对"工匠精神"的渗透，鼓励学生进行课外阅读，教师加以引导，"授之以渔"，在学习的过程中培养学生追求创造和精益求精的精神。

2.深入挖掘教材，找到进行工匠精神教育的契合点

语文教材当中，编排有很多关于劳动和"工匠精神"方面的内容。我们要不断地深入挖掘教材中所包含的有关"工匠精神"的内容，对其进行全面和细致的整理与归纳。此外，还要结合这些篇幅内容，不断探索、研究中职语文教育与劳动教育相融合的有效方法和策略，在课堂上将这些篇章内容作为重点教学内容进行讲解，并设置专门的教学环节和有针对性的问题，组织学生对这些有关于"工匠精神"的篇目章节进行重点辩论和解析，让学生从"工匠精神"描写在文章中的作用、"工匠精神"描写所折射出的社会生活现状和"工匠精神"描写在文学作品中所包含的美学意义等方面进行深度思考，促使学生在语文的学习中更为深刻地认知、体验、内化"工匠精神"，不断促进中职学生的健康成长。

3. 把"工匠精神"教育作为引导学生更深层次理解语文教学内容的重要途径

我们应当把"工匠精神"教育实践作为引导学生更深层次理解语文教学内容的重要途径来抓。笔者作为汽修专业和数控专业的语文教师，在语文课堂上，注重让学生通过主体活动体验劳动生活，参与劳动实践来理解课文，通过指导编排课本剧、小话剧等再现课文内容，指导学生在参与中把握每一个人物和角色的内心世界，从而回归书本知识，更为深刻、全面地感悟语文内容和"工匠精神"。

作为一所中等职业学校，组织学生从事职业劳动实践是必不可少的环节。通过劳动实践活动，一方面可以提升学生的实践能力，让学生学以致用，更好地去劳动；另一方面可以通过劳动实践活动检验所学习的语文知识，加深学生对这些知识内容的再认知再理解。我校经常组织学生到相关企业进行实训实践。在带领学生到汽车制造厂和机械制造企业进行专业实践期间，笔者特别注重指导学生把书本知识应用于生产劳动实践中，组织学生撰写劳动调查报告、劳动生产新闻通讯、劳动工艺流程说明、劳模人物访谈等应用型书面材料。学生得到了较好的锻炼，更为深入地理解了"工匠精神"，掌握了语文内容，也通过不断地感悟、总结和书写，全面提升了职场应用写作与交流能力。

还例如，笔者开展"演说家"的课堂实践，以"工匠精神"或专业发展为主题，要求学生自主准备演讲内容，学生在准备演讲的过程中，能够对工匠精神以及专业发展的相关问题进行进一步的审视和理解，在无形中培养了工匠精神，同时应用演讲实践教学活动，提升学生的口语交际能力和人际沟通能力，有助于提高学生的综合素质。2021 年 5 月 22 日，中国农业科学家、"杂交水稻之父"袁隆平逝世，举国悲痛。笔者随即布置学生搜集袁隆平的生平资料，组织学生开展"袁隆平爷爷，我想对您说"的纪念活动，要求学生撰写演讲稿，同学们积极参加认真演讲，纪念活动隆重而热烈。该项活动对同学们进行了劳动精神、劳模精神、工匠精神的培育，效果很好。

通过这些小案例，我们可以看到，中职教师只有积极地把"工匠精神"教育实践作为引导学生更深层次理解语文教学内容的重要途径来抓，通过一系列具有针对性的劳动实践活动引导学生去感悟、去品味，将语文学习和生活劳动相结合，我们的中职教育才是成功、有效的。

综上所述，对中职学校而言，从职业源头培养学生"工匠精神"是责无旁贷的。语文教师通过课堂教学及实践活动，帮助学生深入地认识与理解"工匠精神"，在源头上生根发芽，帮助他们成为有工匠情怀的人。"工匠精神"的培育一旦开花结果，才能真正营造出劳动光荣、技能宝贵的社会氛围。

本文发表于《湖北职教》2021年第4期，后经过修改补充，于2021年11月获评湖北省教育学会第34次学术年会论文评比三等奖。

说 "风"

　　《说文解字》训 "风" 曰："八风也……风动虫生，故虫八日而化。从虫，凡声。" 高亨《文学形义学概论》解释为："八风，八方之风也。虫因风之暖寒而变化，故风字从虫。"（齐鲁书社，1981 年 2 月第 1 版，第 210 页）约斋编著的《字源》认为："凡字本是船帆的象形，古时把它当作风字用，后来这字变作一个虚字眼，这才用虫做意符，造出现在的风字，因为古人以为虫是由风化成的。"（上海书店，1986 年 5 月第 1 版，第 52 页）

　　古人 "风化创生" 的观念根深蒂固。人们认为雌与雄之间在没有两性交合、肉体结合的前提下能够受孕生殖、怀孕生育，风的媒介作用至关重要。由此看来，汉字 "风" 之所以从虫会意，也许是因为古人相信虫类和某些鸟类是按照这一方式繁衍后代的。

　　台湾学者周策纵在其《古巫医与六诗考：中国浪漫文学探源》一书中写道："风的意义，还不止一般的风动、土风，而与性和生殖有关。试看《国风》中许多诗都以恋爱和婚姻为主题，就可以明白了。其实早期所谓 '风化' 和 '风俗' 诸词，原来也许就包含有这种意义。'风化' 一词，原来似指性与生殖，后世所谓 '有伤风化'，也许还于无意中保留着 '风化' 的初义。其他如 '风月''风流''风情' 等后起的词汇和含义，恐怕也不仅是无缘无故的妄增。风有性诱惑的意义，见于很早的记载……"[①] 由此可见，"风"的起源也可能与男女求爱赠答之歌有关。与情敌竞争，谓之"争风"，亦可助证。

本文发表于《语言文字报》2023 年 5 月 3 日第 3 版。

[①] 叶舒宪：《诗经的文化阐释——中国诗歌的发生研究》，湖北人民出版社，1994，第 558 页。

中职生需要什么样的语文课堂教学

——试论中职语文有效教学

2009 年至今，孝感市教育局、汉川市教育局在全市推广有效教学。我们汉川中职学校用三年时间开展了有效教学实验，共听课 100 多节，并开展了有效教学实验课竞赛和全员教学比武活动，课后组织学生进行开放式的座谈，仔细倾听学生对课堂教学的需求。学生的需求是多种多样的，但是从他们的谈话中，我们可以梳理出具有共性的三个方面，即中职学校的课堂教学要适宜、有用、有趣。下面，以中职语文课堂教学为例，展开论述。

一、适宜——学得会的语文课堂

当前，中职学校每个专业都要学习上几门甚至十几门课程，课程过多、过难，课程内容过全，课程结构过于学科化，加之中职学校的教师大多从普通教育系统转岗过来，教师习惯于从教材出发进行知识的传授。同时，中职学校的生源质量不断下滑，无法接受难度偏大的课程教学，这是众所周知的现实。这些因素成为中职生"听不懂、学不会"的主要原因。

要实施有效教学，首先要让学生"听得懂、学得会"，而这关键在于教师对教学内容的合理安排和有效取舍。在开展调研座谈时，学生明确地要求"要把过多的教学内容去掉一些，把过难的内容删掉"，这实际上是要求老师对教材进行"过滤"。学生希望"教学能与生活实际联系起来"，因为"教学内容与生活联系起来就容易懂"，这实际上是要求教师对教学内容进行"还原"。同时，学生更希望教师多一些"做"的内容，在学生看来，"做"比"听"更容易懂。这些都反映了学生对课堂教学"学得会"的内在需求。为了解决学生学不会的问题，我校出台了一系列措施。以语文课为例，我校就要求和鼓励教师对教材内容进行合理取舍，适当减少语文课的篇目数量，特别是文言文和一些稍长的散文、小说以及稍深奥的议论文等，集中精力教学学生喜爱的篇幅短小、与时俱进、与他们的生活联系紧密的一些课文。对作文也适当降低要求，不强硬地要求学生写700字的大作文，要求他们写500字左右的具有真情实感的小作文。这些举措有效地激发了学生学习语文的积极性。

二、有用——有价值的语文课堂

所学的东西要有用，这是学生的客观需求，也是课堂教学所要追求的价值取向。怎样使教学更"有用"，学生的建议很有启发意义。学生们认为，"应该减少理论性学习，增加实践性教学"。对于学习的场所，学生"最喜欢理论实践一体化的教学，最好在车间里和社会上学"。有学生提出他们希望学一些"课程外的东西"，比如怎样做人、怎么做事、怎么创业，为他们将来在社会上立足做好准备。

如高教版《语文》基础模块上册第一单元语文综合实践活动"专业——助我点燃信念的灯"，在笔者所带的平面设计专业班的教学上，笔者确立"让学生了解专业，认识专业，培养学生对专业学习的兴趣和积极性"的活动目的，把全班学生分为五个小组，每个小组划分不同的活动内容，即实地采访平面设计单位（广告公司等），社会问卷调查，与教师、领导座谈，平面设计毕业生就业资料整理，职业生涯规划设计五个方面，学生选择分工合作，共同开展实践活动。在教师的指导下，学生拟定采访提纲、制定调查问卷、搜集毕业生相关就业创业资料、制定个人职业生涯规划，着手准备，先在组内互评，并推荐优秀者参加班级交流活动。特别是结合专业实际情况，设计调查问卷，了解本专业发展状况和前景，学生参与程度高、积极性强，加深了对本专业的了解以及本行业的认识。通过本次语文综合实践活动，学生对学习平面设计专业的信心更足了，他们认为学习本专业有前途，也有了动力，同时知晓了自己身上存在的优缺点，明白了在专业上的学习努力方向。同学们纷纷表示，要好好学习，扬起理想之帆，让自己有一技之长，成为有用的人才。同学们还希望，学校和老师今后要多开展这样一些"有用"的教学活动，"与当今发展的科技相结合，与行业的实践相结合"，从而切实提高自己的文化知识和专业技能。

三、有趣——有活力的语文课堂

中职生由于初中基础差的学习经历，他们对纯粹的知识学习并不感兴趣。学生反映，传统的以教师讲授为主的教学方法"一点趣味都没有"，他们"只能像傻瓜一样地待着"。怎样让语文课堂更有趣并充满活力呢？学生似乎比教师更清楚，且看他们的建议："布置一些具体实在的任务让我们自己去完成。"这不正是"任务驱动教学"吗？"同学们之间相互比赛""让好的同学去教差的同学"，这不正是合作学习吗？……学生的建议是多种多样的，但是从中我们可以看出"做中学""体验性学习""主动学习""合作学习"等职业教育理念在中职学生身上的需求。

利用中职生爱表达、喜交流的特点，我们在全校推广语文课前3分钟演讲活动，让每位学生登上讲台演讲，说自己的思想，讲自己的见闻，评当前的时事，议社会的热点。学生乐于参加，争先恐后，既活跃了课堂，又锻炼了学生的语言表达和口语交际能力，语文课堂有趣且充满活力，一举多得。

学得会的课堂、有价值的课堂、有活力的课堂是中职生对课堂教学的内心期待。作为中职语文教师，我们应该俯下身来，倾听学生的呼声，了解他们对语文课堂教学的需求，进一步推进有效教学，提高职业教育质量。

本文于 2012 年 1 月获评湖北省孝感市教科院论文二等奖。

文学点亮人生

世界上有两种风景，一种是自然风景，一种是精神风景。自然风景需要我们走近山水，这不仅要有闲暇，还要有金钱和精力。但是，在精神风景面前，我们有更加平等的机会。

我一直认为，与文字打交道的人是幸福的。读书的人是幸福的，因为他可以欣赏世界上最美丽的文字，领略最美丽的精神风景；写作的人更是幸福的，因为他不仅可以欣赏美，还可以创造美。

时光如逝水，永不再回。或许唯有文学才有可能在岁月的年轮上留下精神的轨迹以及心灵的刻痕。泰戈尔有句诗："天空中一无所有，而鸟群已经飞过。"我们的生命注定会消散，而文字会轻轻地说："我来过……"

目前，把阅读作为提升教育品质的重要抓手，已经成为教育界人士的共识。可以说，一个没有阅读的学校，永远不可能有真正的教育。校园阅读的本质，就在于指导人的成长和满足人的精神追求。在一所具有书香气息和文化内涵的校园里，师生们能够充分享受到阅读的乐趣和文化的熏陶。让阅读和写作成为师生的生活方式，成为学校最美丽的一道风景，其宗旨是让青少年欣赏文学、亲近文学，不一定是培养未来的作家，而是为了让青少年的心灵得到滋养，让他们通过文学进入一种幸福而完整的教育生活。

阅读与写作是天然的伴侣。阅读，如一次又一次或长或短的旅程，我们总能遇见——遇见智者，遇见老师，遇见知音，也遇见美丽的风景，遇见感人的故事。很多人说，阅读是为了成为更好的自己。其实，阅读是让人更好地了解自己，成为本该成为的样子。我们读诗歌、小说，在创造力的舒张间体味天真和情感；我们读历史、传记，在先辈的处境里找寻勇气与坚持；我们读科学、哲学，在缜密的推演中感受好奇及纯粹。书页开合间，精神世界日渐丰满，阅读的力量奔腾恣肆。读多了，自然获得了阅历与经验，增加了积累和思考。当小小的心灵无法容纳时，在纸上倾诉就是最好的方式了。于是，内心的思绪化为一行行文字在笔尖流淌，如幽谷流泉，有时欢悦，有时伤感，有时畅快，有时阻滞。写风景，写行走，写亲情，写友情，写校园，写理想，写一朵白云，写一缕阳光，把生活里收获的每一份美好、每一点感悟，通过文字镌刻在记忆里。此时，文字就如一位最值得信赖的朋友，耐心地倾听我们的絮絮之语，总能使我们摒弃浮躁、回归宁静，享受一份心旷神怡。对于生活而言，我们是自己的记录者；对于文字而言，它是我们情感的主宰。

　　写作本身就是对阅读所触发的众多思绪做一次整理，反过来迫使自己的思考更加条理化，表达更加清晰化，乃至有文采上的追求。孔子曰："言而无文，行之不远。"我们从小都听过"不动笔墨不读书"这句话，重点在于用写作倒逼思考的深入，再上溯至阅读的开拓。苏轼曾说过："此心安处是吾乡。"文字便是我们心灵的故乡，文字便是我们憩息的港湾。有文字陪伴的时光，多了几分充实，添了几分向往。

　　在阅读和写作中健康成长，在与文字打交道的过程中，充分享受幸福，并为世界创造更多美好，让更多人分享文字带来的幸福。当全民阅读、终身学习成为社会风气和时代浪潮之际，朋友们，让我们从阅读和写作开始，尽情享受美好的生活吧！

文学点亮人生，写作成就精彩！

本文作为卷首语刊发于2017年2月学校新声文学社社刊《新声》，后经过修改扩充，发表于《阅读时代》2022年8月下半月刊。

用文字追逐梦想

——《新声》社刊发刊词

伴随着我校被评为湖北省示范中职学校的东风，在提升学校发展内涵的办学精神感召下，新声文学社应运而生了。于是，有了一群热爱文学的学生，在每个星期一下午，或聚集在教学楼四楼文学社活动室，或相约集体外出采风，他们一起阅读、交流、一起写作、欣赏，其声琅琅，其乐融融，其神奕奕，其意绵绵，为学校增添了一抹鲜艳的色彩和一道亮丽的风景。

汉川中职作为一所培养中等职业技能人才的学校，历年来努力践行着"德才兼备、知能双修"的育人理念，旨在为国家和社会培养勤奋诚实、一专多能的建设者。在这样的办学理念指导下，新声文学社秉承"激发写作热情，培育文学新人，繁荣校园文化，展现学校风采"的办社宗旨，以"抒写心声，塑造灵魂"为愿景，吸引了学校大批文学爱好者。他们谦虚好学、笔耕不辍，用青春抒怀，用智慧抒情；他们有坚定的信念、美丽的梦想；他们不愿湮没生命的光华，用自己还不算厚重、灵巧的笔墨写成了仙女山麓、汉江水畔醉人的春景。他们诉说着一个轻舞飞扬的春天般的童话，他们是一群正在追梦的青少年，为了一个共同的目标，并肩走上了气象万千、其乐无穷的文学之路。

一所学校的发展，离不开校园文化的积淀与传承，更离不开学校文化的建设与创造。社员们注重积累，加强练笔，厚积薄发，集腋成裘，当岁月的年轮抵达 2015 年春天时，在文学社创办半年之际，《新声》社刊第一期终于与大家见面了。本期创刊号刊载的由三十余位社员撰写的近八十篇合计六万多字的作品，都是他们智慧和心血的结晶。这些作品，或感念亲情，或感悟生活，或感怀梦想，或感受哲思，表现了当代中职生积极健康的精神风貌和与时俱进的价值追求，展示了我校校园文化建设的成果和教学改革的收获，其成果来之不易，令人欣慰。文学社多名成员的作文在《高中生学习》《汉江文艺》等报刊上发表，同学们的写作能力不断增强，文学社的影响力和知名度逐渐提升……

　　一路探索，一路成长，一路耕耘，一路收获。新声文学社能够从无到有、从小到大，不断地走向成熟，我们要感谢学校领导无微不至的关怀，感谢指导老师们循循善诱的教导，感谢新声社员们不离不弃的支持……刚刚诞生的《新声》社刊还是一个新生儿，需要大家更多的关心和呵护。

　　胸藏文墨笔方健，腹有诗书气自华。让我们用充满个性的崭新声音，大胆表达自己的心智和才情，记录生活瞬间的感动，尽情地从丰富多彩的社会生活和厚重朴实的汉川大地中汲取营养，采撷仙女山钟灵毓秀的神气，涵养汈汊湖烟波缥缈的浩气，舒展汉江水波涛翻滚的大气，从写作中获得快乐，追逐梦想，走向崇高吧！

　　本文作为发刊词刊发于 2015 年 5 月学校新声文学社社刊《新声》创刊号。

关于阅读与写作的思考

又是一年读书日。在 4 月 23 日"世界读书日"到来之际，我完成了今年的校刊《新声》。

我抚摸着这摞七万多字的校刊文稿，心中涌动着些许感受，一是感慨于文学社社刊《新声》升格为校刊，这标志着学校领导越来越重视校园文化建设，我不禁要为学校领导点赞；二是学校决定，从今年开始，利用三年左右的时间，大力建设"书香校园"，将我校打造成一所具有书香气息和文化内涵的校园，让全校师生充分享受到阅读的乐趣和文化的熏陶。这是全校师生工作、学习和生活中的一件喜事、大事，令人激动和鼓舞。

一个没有阅读的学校，永远不可能有真正的教育。校园阅读的本质，就在于指导人的成长和满足人的精神追求。目前，把阅读作为提升教育品质的重要抓手，也已经成为教育界的共识，书香校园已经成为许多学校的一道美丽风景。

建设书香校园，最主要有三项工作：一是激发师生阅读兴趣；二是提升阅读能力；三是阅读有益的书籍。保持没有功利、不含心机的阅读心境，读书就成为生命最自然、滋润且闲适的状态。读好书，就像与良师益友打交道，可以启迪心智、陶冶情操，真正达到开卷有益的效果。很多人说，阅读是为了成为更好的自己，其实，阅读是让人更好地了解自己，成为本该成为的样子。我们读诗歌、小说，在创造力的舒张间体味天真和情感，我们读历史、传记，在先辈的处境里找寻勇气与坚持，我们读科学、哲学，在缜密的推演中感受好奇及纯粹。书页开合间，精神世界日渐丰满，阅读的力量奔腾恣肆。

有人可能会问："为什么我读了那么多的书，但还是感觉没什么长进？"主要原因在于只是"阅读"了这些书，而非"有效阅读"。

有效阅读在形式上要求实现四个环节：阅读—思考—讨论—写作。这四个环节当中，讨论和写作的环节至关重要。当我们与同事或同学讨论一本书时，可以无所顾忌，也可以究其一点，更可以散乱无章，追求思维火花的碰撞，称之为"头脑风暴"。而写作本身就是对阅读及讨论触发的众多思绪，做一次整理，反过来迫使自己的思考更加条理化，表达更加清晰化，甚至有文采上的追求。孔子曰："言而无文，行之不远。"写作的好坏，决定你的思考能否长远地传播，让更多人看到并挑战你的思考。经受得住质疑、分析的思考与结论，才是一次有效阅读的终点。我们从小都听过的"不动笔墨不读书"这句话，重点在于用写作倒逼思考的深入，再上溯至阅读的开拓。

当全民阅读、终身学习成为社会风气和时代浪潮之际，朋友们，让我们从阅读和写作开始，尽情享受美好的生活吧！

本文作为卷首语刊发于 2018 年 5 月学校新声文学社社刊《新声》第 3 期。

如何将阅读所得转化为写作能力

　　高效率、高质量的阅读总是给有心、用心的阅读者带来快乐与思考，不仅仅在审美上、认识上，更在学习写作的方法和技巧上。我们平日里阅读过的篇章中，总有一些地方或者部分文字会给我们留下深刻印象。我们要善于抓住这些打动我们的语言现象、名言警句、俗语熟语、事例或技法，有意识并且巧妙地运用到我们的写作中，提升写作素养，写出高质量的文章。

一、学习运用四字句和对仗的语言形式

　　关于"语言"，很多作家都谈到过。其中，汪曾祺先生的相关论述，我读的最多，体会也最深。汪先生说："语言本身是艺术，不只是工具。"又说，一个作家要养成一种习惯，时时观察生活，并把自己的印象用清晰的语言表达出来。写下来也可以，不写下来，就记住。这样写作时就会从笔端流出，不觉吃力。

　　我在阅读古文的过程中，注意到很多篇章里，写景的句子常常用到"四字句"的情况。后来细读汪曾祺，发现汪先生很早就注意到了这种现象。他说："中国旧诗用五七言，而文章中多用四六字句。"尤其是"四字句"，几乎成了汉语的一个特色。

　　适当地运用一些"四字句"，可以形成文章的稳定感。

　　汪曾祺先生还说到中国语言文字里的"对仗"现象，是世界上其他国家语言没有的格式。所谓"对仗"，就是思想上、形象上、

色彩上的联属和对比。汪先生说，我们总得承认联属和对比是一项美学法则。这在中国语言里发挥到了极致。

"四字句"和"对仗"的语言形式，可以帮助我们建立行文的特点，形成写作素养。在写作中，长句运用较多时，适当穿插"四字句"式，会使得文章节奏感增强。最典型的用法，莫过于四字成语的运用了。在散句使用较多的时候，适时来一点儿"对仗"的句式，使得文章"骈散"相间，富于变化，达到"文似看山不喜平"的效果。恰当和巧妙运用阅读中学到的"四字句"和"对仗"的语言形式，以期造成习作的节奏感和流动感，从而提升文章品质。

二、巧妙引用名言警句、俗语、古诗文和阅读过的故事

中学生写作，既要展示思想意义、价值追求，又要体现文体特征、表达技巧，不论是记叙文，还是简单的议论文，都可以恰当而巧妙地运用阅读中学到的名言警句、俗语熟语和古诗文。它们既能够作为文章的点睛之笔，又可以作为论据材料直接运用，以增强语言的丰富性，增强文章的说服力和生动感。

我们要学会积累名言格言、俗语熟语；熟读古代诗文，牢记带有格言警句式的诗文句子；在阅读中，古今中外的例子（包括正面的、反面的）也要有意识地多掌握一些，尤其要注意补充、积累一些当今时代的鲜活例证，以便在写作中巧妙运用，体现文章的时代感。

文章中直接引用名著中的经典段落，需要注意：一是要准确，不能想当然、差不多；二是要精当，直接引用名著段落宜精、宜短，能够与文章前后巧妙衔接和相互印证。

高效率、有质量地阅读，用心记忆和深入思考，或直接引用原文内容，或巧妙借用读过的故事，细心揣摩，多多练习，坚持

下来，将阅读所得转化为写作素养，提升写作质量，是可以慢慢实现的。

　　本文作为卷首语刊发于 2019 年 5 月学校新声文学社社刊《新声》第 4 期。

深化对联走进课堂　提高语文教学质量

——我的对联教学体会

汉川市中等职业技术学校积极响应国家号召，深入推进优秀传统文化进校园、进教材、进课堂，以对联教学为抓手，着力培养师生对中华民族的文化自信，增强对传统文化的认同和热爱，提升语文核心素养。笔者主编校本教材《中职生学对联》，积极开展楹联教学，并组织学生在语文课堂上，学对联、写对联、赛对联，有效地提高了语文教学质量，学生的人文素养明显提升。

笔者撰写的《楹联教学案例》获评湖北省中小学学校文化研究会优秀成果一等奖、孝感市教育局校园文化建设成果二等奖、孝感市职业教育发展研究中心三等奖。

一、针对课文内容撰联，深化文本解读

在长期的楹联教学实践中，我体会到，鼓励学生为课文撰写对联，既可以深化学生对课文的解读，又可以调动学生的学习兴趣，还可以提高学生对联创作能力，可谓一举多得。

例如，在学习伟人毛泽东的名篇《沁园春·长沙》时，同学们知道毛泽东当年写这首词时只有三十二岁，正值风华正茂的青春年华。他胸怀壮志，心系天下，意气风发，充满革命豪情。同

学们互相启发，撰写出"橘子洲头抒壮志；湘江水畔竞风流"的对联，比较准确地概括出该词的内容。还有，学生为李白的《将进酒》撰联"劝君更尽一杯酒；与尔同销万古愁"，巧妙地运用王维和李白的诗句，恰当地总结出诗人李白慷慨激昂的思想情感以及豪迈洒脱的诗歌内涵。

二、结合文章思想撰联，落实立德树人

语文课兼有工具性和人文性的功能，担负着立德树人、培根铸魂的重任，是开展课程思政的重要渠道。结合文章思想撰联，可以很好地落实立德树人的根本任务。

例如，同学们为舒婷的成名诗作《致橡树》撰联"批判旧观念；追求真爱情"，紧扣诗人批判封建、落后、不能独立自主的传统爱情观的内容，加深了学生对诗歌的理解和认识，也落实了正确爱情观的教育。还例如，为孙犁的《荷花淀》撰联"部队智谋杀日寇；军民英勇保家国"，既赞扬了白洋淀群众勇敢杀敌的爱国主义精神，又歌颂了在共产党领导之下的游击队机智抗击日寇的壮举，较好地实施了课程思政。

三、围绕艺术特点撰联，加强审美教育

语文课本中的课文，大都是名篇名作，具有很高的艺术性和审美价值，是开展审美教育的重要载体。

比如，古诗词中很多优美的对偶句、对仗句，就是对联教学的优秀素材。例如，毛泽东的《沁园春·长沙》一词中，就有"鹰击长空，鱼翔浅底""指点江山，激扬文字"等许多好的对偶句、对仗句，这些其实就是好对联，在课堂上应该加强赏析教学，让学生体会到，这些句子不但对仗工整精当，而且意境开阔雄浑，具有很强的艺术性。还有，同学们为孙犁的《荷花淀》撰联"诗

化小说歌抗战；湖区群众勇杀敌"，就精准地概括出"诗化小说"的特点。

以上是笔者在对联教学中的一些体会和感受，恳请领导和专家们指正。

本文于 2023 年 12 月 7 日发表在湖北省楹联学会公众号"荆楚联坛"。

中职学校传承优秀传统文化的实践

——以楹联文化建设为例

一、实施背景

2017年1月，中共中央办公厅、国务院办公厅印发了《关于实施中华优秀传统文化传承发展工程的意见》，要求全国各地区各部门结合实际认真贯彻落实。为进一步落实中央部署，规范引领中小学传承优秀传统文化工程，2021年1月，教育部印发《中华优秀传统文化进中小学课程教材指南》，更加突出了中华优秀传统文化进中小学课程教材的重要意义，更加明确中华优秀传统文化进中小学课程教材的基本原则，更加规范了中华优秀传统文化进中小学课程教材的主题内容。其中诗词楹联明确地写进了《中华优秀传统文化进中小学课程教材指南》，并要求在语文学科中有机融合，加强传统楹联和古诗词的学习和教学。

为了激发师生学习楹联的兴趣，感受楹联文化的魅力，丰富师生的学习生活，传承和弘扬中华优秀传统文化，汉川市中等职业技术学校从2018年开始实施楹联教育活动，推动楹联进校园、进课堂，开展楹联教育基地创建工作。

二、主要做法

（一）楹联进校园——校园处处皆佳对，雅韵时时显内涵

2018年5月，学校开展文校联姻，邀请汉川市诗词楹联学会

近二十名专家来校参观采风。活动中，专家老师们为我校量身定做了一百六十副校园楹联，覆盖全校行政楼、教学楼、宿舍楼、每间教室、每个活动室和实训室。这批对联紧扣职业学校特点和专业特色，涵盖不同专业和技能，对联具有针对性、教育性、艺术性。2018 年 6 月，学校对楹联家撰写的对联进行书法打造，邀请汉川市书法家协会的十多名书法家书写，做到了联墨双馨、神形兼备。然后在电脑中扫描制作，做成古色古香的对联，悬挂于全校的教室、实训室和功能室。2018 年暑期，学校对这批联墨进行排版设计和制作。2018 年 9 月开学，这批对联在校园亮相，师生和家长们争相观看、欣赏，成为一道亮丽的风景。湖北省楹联学会会长刘书平来校参观考察，他激动地说："很多学校只是在校门口或典型的建筑物上悬挂对联，但是，为每间教室、实训室和功能室创作、悬挂对联，这样的学校在全省我是第一次看到。"据悉，学校在文化建设上舍得投入，单是制作、悬挂这批对联，学校就投入三万多元。

校园中，各建筑物上悬挂着由楹联家、书法家撰书的对联，一副副或隽永、或飘逸、或端庄的古朴联墨，浸润着学子的心田。比如学校大门悬挂的对联是：

> 坚持德育先行，勤铺就业桥，让人生圆梦；
> 注重技能精练，快走升学路，为职教争光。

这副对联由我校老师撰写，围绕党和国家的职业教育方针，联系我校学生高考和就业的实际，具有较强的针对性、职教性，鼓舞着全校师生奋进。

（二）楹联进课堂——编写教材培骨干，拓展渠道讲楹联

在完成楹联文化硬件建设、营造浓厚楹联文化氛围的基础上，

本着弘扬中华优秀文化、让国粹回归课堂的思想，我校于2018年9月启动了"楹联进课堂"工作。实验伊始，学校首先成立了组织机构，制定出台了《楹联进校园实施方案》，实现了"四有""四保障"——有楹联组织、有教学计划、有培训教材、有专职教师，制度保障、队伍保障、阵地保障、经费保障。组织教师编写了《中职生学对联》校本教材上下册，上册供高一使用，下册供高二和高三使用。通过楹联"进校园、进课堂、进活动"三条渠道，分层次推进和实施：一年级以了解、积累楹联为主，培养兴趣；二年级以学习、运用楹联为主，培养情趣；三年级以鉴赏、撰写楹联为主，培养志趣。利用朝读时间开展"每日一联"，即每天诵读《声律启蒙》《笠翁对韵》和传统名联；全校所有班级"每周一课"，即每个班每周至少上一节楹联教育课。

2019年年初，为了使楹联教育向纵深发展，学校又提出了楹联教育"五结合"，即楹联文化与校园文化、课堂教学、日常积累、竞赛活动、综合实践活动相结合，使楹联作为一门校本课程在全校范围内开设。

学校邀请楹联名家来校培训语文老师，如邀请我校退休教师黄文学、黄河清回校讲对联，这两位教师都是中国楹联学会和中华诗词学会会员。学校还开展"我为我家写对联""我为家乡写对联"等系列活动，使学生知道楹联是中华民族的瑰宝、语言的精华，真正从传承传统文化、弘扬中华文明的高度，深刻认识楹联教育的深远意义。学校使用《中职生学对联》作为校本教材，该教材由我校副校长、中国楹联学会会员吴遵和指导，我校语文老师、中国楹联学会会员、湖北省联坛新秀李继平执笔编写。全校语文教师担任各班楹联培训教师，每周至少开设一节楹联课，讲授楹联创作知识，对学生进行楹联培训，让学生体会楹联的基本特点，掌握楹联创作的基本方法和技巧。

（三）楹联进人心——智慧传承强素质，楹联教育塑人文

我们大胆地迈开步伐，开展楹联文化创建：

处处雅韵处处春：环境建设中，精挑细选联墨俱佳的对联，其积极向上的内容为学生提供正能量，使其浸染其中日久成习。

为有源头活水来：师资培训中，提高语文老师的楹联素养和文学底蕴，语文教研组成为教师讨论教学、交流经验、碰撞智慧的平台。

小荷才露尖尖角：楹联活动中，学生走上街头，纠正错联病联；文学社的社员你出我对，不亦乐乎；书法社的社员联墨双修，墨联并艳；同学们利用春节为街坊邻居写对联、贴对联，争当文化传承排头兵；走进农村和社区，开展"我为我家写对联""我为家乡写对联"等系列活动，用楹联讴歌祖国和家乡的巨大变化……学生进出校园排列得像楹联的形式一样规矩工整，他们的学习生活如楹联的内容一样丰富多彩。

三、成果成效

实施楹联教育近 5 年，学校广大师生学联、撰联、赏联、用联蔚然成风，学生的人文素养得到提高，校园文化建设深入推进，这正是"桃李枝头春意闹，楹联苑里果香飘"。学校教学楼上悬挂的这副对联可以描述学校的面貌："传薪布道，绽一朵鲜花，且看中职怀梦笔；振藻扬葩，播几丝时雨，犹闻教苑散书香。"

2019 年 7 月 15 日，湖北省楹联学会会长刘书平等领导率省学会专家近 10 人，莅临我校检查省级楹联教育基地创建工作，认为我校高度重视楹联文化建设，楹联氛围浓厚，硬件建设扎实，楹联教学深入，创建成果喜人，被批准为省级楹联教育基地。

2019 年 11 月 25 日，受中国楹联学会委托，湖北省楹联学会会长刘书平等领导和专家再次来到我校，检查国家级楹联教育基

地创建工作，对我校的楹联文化建设工作表示肯定，表明将积极申报我校为国家级楹联教育基地。2019 年 12 月 4 日，中国楹联学会发文，批复我校为"中国楹联教育基地"。2020 年 10 月，鉴于我校在诗词楹联教育方面的成绩，湖北省诗词学会授予我校"全省诗词工作先进单位"称号，这是汉川市唯一获此殊荣的学校。李继平老师获评湖北省诗词工作先进个人。2020 级护理班学生李穆涵获评湖北省楹联学会授予的"湖北省楹联新苗"荣誉。

四、经验总结

（一）楹联作为中华优秀传统文化，确实值得也应该传承

作为教育工作者，我们曾不断地追问：教育的目的是什么？是提高人的素质。学校是什么地方？是立德树人、以文化人的地方。我们要培养什么样的中职生？既有普通人文素养，又有职业技能特长的中职生。

有没有一种易学易诵、实用有趣，益智益德、利于发展，贯通古今、连接世界，影响学生一生的中华优秀传统文化呢？穿珠成串，价值点都指向了楹联。楹联蕴含大智慧，彰显真性情，传播正能量，弘扬主旋律。

通过近 5 年的楹联文化传承和建设实践，我们深刻地认识到，楹联作为中华优秀传统文化，易学易懂易会，学生接触较多，具有较强的群众基础，便于在学校教学推广，具有实用性、趣味性、艺术性，确实值得也应该传承。

（二）楹联文化建设可以提升师生人文素养，提高教育教学质量

我校经常开展师生写楹联活动，在长期的训练中，师生基本上掌握了撰写楹联的方法和技巧。很多老师自己撰写对联贴在家门上。很多同学在作文中会时不时冒出一副自己作的对联，为作

文增添了文采和亮点。楹联教学不但提高了师生人文素养，还为校园文化建设做出了贡献。

（三）楹联文化建设提高了学校品位，增加了文化内涵

建设诗联教育基地和楹联标志性文化工程，是创建工作的亮点，也是重点、难点。在传承优秀传统文化方面，学校从丰富多彩的传统文化中，选择楹联开展文化创建，以楹联文化建设为抓手和突破口，持之以恒，久久为功，熏陶感染，以文化人，不断增加文化内涵，提升文化品位，彰显文化自信。

五、推广应用

我校被认定为国家级和省级楹联教育基地学校，汉川市教育局也确定我校为全市的楹联教育示范学校，推广我校的做法和经验。汉川市内的很多中小学校经常来我校参观学习楹联教育的做法和经验。我们虽然在楹联文化建设上取得了一些成果，但在楹联教学常态化、楹联活动丰富化、楹联创建实效化等方面，还存在不足。学校将进一步提高站位，加大投入，在楹联文化建设上下功夫，持续推进楹联教学工作。继续坚持文化氛围浓、示范作用强、师生积极性高等三个标准，抓好阵地建设。着力发挥楹联教育基地的示范作用，积极传承优秀传统文化。同时，修改完善《中职生学对联》校本教材，巩固一批楹联教师，培训一批学生骨干，提高楹联教学质量，提升楹联创作水平，实现楹联文化建设系统化、长效化、制度化的机制，让楹联文化成为学校一道亮丽的风景线。

本文获评湖北省孝感市教育局 2020 年校园文化建设优秀案例二等奖。

孔子的孝道观与当前青少年思想道德教育

孝，作为儒家一个重要的伦理理想，历来被人们所研究、重视。孔子作为儒家学说的创始人，最早提出"孝悌（弟）仁之本"的命题以及"仁者爱人"的思想，对孝的论述形成了一套体系较严密、影响较深远的孝道观。本文拟就孔子孝道观的具体内容及孔子孝道观与当前青少年道德教育等诸问题做些粗浅的探讨。

一、界定：孔子认为"孝"是什么

孝，在甲骨文和金文中，都是老幼相托状的会意字。《说文解字》中说："孝，善事父母者。从老省，从子，子相承也。"《论语·为政》记载了一段孔子关于孝的论述。子游问孝，子曰："今之孝者，是谓能养。至于犬马，皆能有养；不敬，何以别乎？"孔子认为，"孝"即是养亲，"敬"是人性有别于动物的标志。孔子特别重视孝的作用，他在《论语》中说："其为人也孝悌而好犯之者，鲜矣；不好犯上而好作乱者，未之有也。君子务本，本立而道生。孝悌也者，其为仁之本与！"（《学而》）这句话的意思是：一个有心世道的君子，致力于根本的事情，根本的事情做好了，世界自然就会太平，孝悌，应该就是仁的根本啊！在这里，孔子认为"孝"既是个人修养的出发点，更是齐家、治国、平天下的基本前提。孔子这么重视孝，是与封建社会的农业经济与宗法制度分不开的。因为传统农业生产活动靠的是经验，经验是积累而来的，因此，一般而言，老者总是富有经验和阅历的，这是老者的资本，老者受敬重也是在情理之中。而宗法制度更是促成尊老敬老风气的重要根源。宗法组织是血缘组织，老少之间都有直接或间接的血缘关系，因此老者的地位无疑是最高的，年纪越大越有权威，事无巨细也多半经过老者的认可才能付诸实施。

家庭内血缘关系的孝，既是宗法观念在行为上的体现，又是伦理观。孔子认为君臣、父子、夫妇、昆弟、朋友之交五者为天下达道，这所谓达道，就是伦理关系，也就是由血缘宗法观而来的父子间的孝，而及于君臣间的忠、夫妇间的爱、昆弟间的悌、朋友间的友，其核心还在于孔子特别强调的"仁"。

通过以上论述，可给孔子论述的孝做一较为宽泛的界定：孝，是孔子创立的儒家的一个重要伦理思想，其义为养亲、敬亲，主张以敬重、顺从作为子女对待父母的价值标准和行为准则。

二、内涵：孔子关于孝道观的具体论述

从孔子关于孝道观的具体论述，可以看出孔子孝道观的内涵。

《论语·为政》中有一段话较为集中地记载了孔子关于孝的论述。孟懿子问孝，子曰："无违。"樊迟御，子告之曰："孟孙问孝于我，我对曰，无道。"樊迟曰："何谓也？"子曰："生，事之以礼；死，葬之以礼，祭之以礼。"

孔子认为，一个人行孝道，最基本的是要做到父母在世时，要依礼服事他们；父母过世后，要依礼葬送他们，依礼祭祀他们。可简单地概括为"服事葬祭"四字。具体展开来说，就是在生活上，下辈要承担起奉养老人的职责，要优先考虑长辈的衣食住行，要想着法儿侍候父母，父母过世后，要依礼葬祭他们，这是行孝的起码要求。

一般论述儒家思想文化的书籍常常谈及"养生送死"，而对

孔子关于"追孝"的论述却谈及甚少。而实际上，孔子特别强调追孝，追孝的内容主要包括两方面，这从孔子的主张中可以看出。第一，"父在观其志；父没其行。三年无改于父之道，可谓孝矣。"这里的三年，只是虚指，所表示的是一段很长的时间。孔子这一思想用今天的语言来表达，就是继承遗志及事业的意思。于是，孔子便把为人子者能否保持父之道作为孝与不孝的区别标准之一。事实上，儒家所讲的"父之道"表示的也只是历史中的合理部分，按照儒家"道穷则变"的原则，父辈之道也应随时势之变而变，绝不会成为限制后人思想与行为的僵死框架，这也是孔子的进步之处。

追孝的第二方面的内容是"慎终、追远"，即谨慎地对待父母的去世，恭敬地追念历代的祖先。《论语·学而》中说："慎终追远，民德归厚矣！"意思是说我们对亲长的丧事谨慎料理，对祖先的祭祀恭敬从事，那么风俗更自然归于敦厚了！子曰："慎终者，丧尽其哀；追远者，祭尽其敬。"讲的就是这个意思。孔子对丧葬与祭祀之礼看得很重，我们可以从孔子与子张的对话中可以看出。《中国历代名师》记载着一段文字：

子张问孔子："《尚书》说殷代高宗守孝，住在凶庐，三年不言语，这是什么意思呢？"孔子说："不仅高宗如此，古人都有这样的。国君死了，继位的君王三年不理政事，让百官都听令于冢宰。"孔子此说是借《尚书》的有关记载来批评当时的君王不守三年之丧。

孔子通过阐述《尚书》的记载来向学生讲解孝悌的道理，认为只要把孝风带到卿相大臣中去，就能使政治清明。孔子对《尚书》里的孝悌之道很重视，有人曾询问孔子为什么不参与政治，孔子回答：《尚书》上说，只要孝顺父母，友爱兄弟，就可以把这种风气影响到政治上去，这也是参与了政治，为什么一定要做了官才算参与政治了呢？

孔子的这种思想到汉代发展成为"以孝治国"的政治方针，足见孔子孝道观的影响深远。

孔子孝道观的第二个内容是尊敬老人。孔子说："今之孝者，是谓能养，至于犬马，皆能有养。不敬，何以别乎！"他是说，如果对父母不存敬顺之心，而只是简单地养活他们，那还算不得孝，因为犬马之类都能得到饲养。如无敬心，养活父母也如养活犬马一般了。这里先让我们来看看孔子与弟子宰我关于"三年之丧"的对话。宰我认为"父母死了，守孝三年，时间长了，若是三年不习礼仪，礼仪定会被废掉；三年不奏音乐，音乐也会失传。陈粮已吃光，新谷又登场，打火用的遂木已经过了一个轮回，一年之中时物皆变，因此守孝一年也就行了。"

孔子问："父母死了，守孝不到三年，你便吃白米饭，穿绸缎衣，内心安宁吗？"宰我答："安宁。"孔子又道："你既然心里安宁，你就去干吧。君子守孝，吃美味不觉得甜，听音乐不觉得快乐，住在家中也不觉得舒服，所以才不这样做，现在你既然内心觉得安宁，你便去做好了。"宰我离去。孔子讲："宰我真不仁啊！儿女降生，三年才能完全脱离父母的怀抱。父母死，三年守孝，这是天下的惯例。宰我难道就不曾从他父母的怀抱中得到三年的爱护吗？"[1]

从这段对话中，我们能清楚地看到孔子论孝最终是以个体内在情感的自觉作为归宿的，而这种内在情感并非由孔子在内的儒家虚拟而来，而是儒家对产生于人类生活中的一种既古老又普通的情感——父母与子女的亲情的揭示与升华，孔子是将伦理道德与情感融为了一体，通过人们对这种情感的自我体验来达到对孝

---

① 何隽，宋法贞：《东方理性之河——儒学精华》，上海文化出版社，1990。

道的接受。这样，一方面使伦理道德摆脱了作为规范对人所具有的那种不愉快的强制性与纳来性，另一方面将人生活中的一种普通的原始情感上升到道德理性的高度，并使之成为倡导自身思想即孝道的基础。这正是孔子论孝的高明之处。确乎如此，下辈对待上辈不能只是简单的供养，而应尊重他们的意志。人是有感情基础的，不能和动物相提并论，老人需要得到尊敬，也理应得到下辈的尊敬。

孔子孝道观的第三个内容是顺从、劝谏父母及长辈。《论语》中说道：孟懿子问孝。子曰："无违！"孔子认为孝道虽然多端，但以顺从为主，同时，孔子将劝谏父母视作行孝的一个重要的内容，孔子说："事父母，几谏，见志不从，又敬而不违，劳而不怨。"（《论语·里仁》）孔子强调父母有什么不对的地方，子女要婉言劝谏，如果父母不听，我们还是要尊敬父母，但也不放弃我们的意见，这样我们也许很辛苦，但我们没有怨恨。孔子虽然一方面强调行孝顺应服从，另一方面又要求行孝当行劝谏，那么，这之间的矛盾怎么调和呢？孔子认为最好的办法是当遇到父母行不义时，应该再三反复地委婉劝止，但父母如一意孤行，那么做儿子的除了内心忧虑外也毫无办法；只求自己尽到行孝的责任就是了，这时的孝顺就表现在劝谏时态度的委婉上以及只求自己尽到行孝的行为上，孔子特别强调态度的委婉，以求因此而淡化劝谏与顺从之间的矛盾。

三、争论：孔子有没有辨出愚孝不是真孝

许多儒家文化的研究者都认为孔子要求子女尽孝必须一味顺从，丝毫不许违反父母的意志。例如李春秋在其主编的《历史文化的沉思》一书中说：传统孝道只要求人赡养父母，尊重父母，而且走向了极端化，它要求下辈对上辈百般依从，即使父母极端

无理，做子女的也不能有所违抗，必须无条件地服从，这样，做子女的断无意志自由可说，完全不能有独立主见，只是唯父母之命是从。《论语》中说道："孟懿子问孝。子曰：'无违！'"这种一味要求下辈顺从上辈的孝德，就有点近乎主子与奴婢之间的礼节规范了。

笔者认为上说有断章取义之误。孔子并没有将封建愚孝的行为囊括到真孝里来，不能认为孔子倡导愚孝！中国人讲孝道，总说孝顺，孔子倒没主张子女要一味顺亲。孔子说："事父母，几谏；见志不从，又敬而无违，劳而不怨。"（《论语·里仁》）看来，孔子是相当具有理性的人——孔子看出愚孝并不是真孝！孔子既说"无违"，又说"事父母几谏"显然孔子希望的孝道是合情合理的，这当然不包括《二十四孝》里记载的"老莱子娱亲""郭巨埋儿"等愚孝行为。

鲁迅先生在其散文《二十四孝图》中讲道："其中最使我不解，甚至于发生反感的，是'老莱子娱亲'和'郭巨埋儿'两件事。"另外，《二十四孝图》里记载的"王祥卧冰取鲤"的故事，其精神虽然感人，但事情就近于荒谬。如秉承"无违"的教训，而行之愚孝的行为，其实不是孔子的本意。愚孝纯粹是被统治阶级所利用，作为欺骗、愚弄人民大众的精神鸦片，是作为巩固统治秩序的工具。

四、价值：孔子孝道观的现代价值分析

笔者就孔子孝道观的现代价值谈三个方面：

1. 孔子孝道观里的整体主义和爱国精神

孔子最早提出"孝悌仁之本"的命题，其含义是孝敬父母，友爱兄弟，也即维护家庭整体。儒家德行的基本要求是"修身、齐家、治国、平天下"。这无疑是维护国家、民族、社会的整体，

而且，是中国人精神文明的精髓，是一切德行的根本。孔子说："君子务本，本立而道生。孝悌也者，其为仁之本与！"（《论语·学而》）孔子的意思是天下要太平，就得提倡孝悌之道，以求人人学悌，家家和顺。孔子"仁政"的思想及"孝悌仁之本"的命题的提出，就是建立在整体主义和爱国精神的基础之上的。

笔者在这里想重点谈谈整体主义的现代价值。

整体主义的精神，在人类社会发展的任何阶段（只要存在群体的社会生活）都是需要的，整体主义的具体内容虽然因时代和社会条件的不同而有所不同，但就群体生活中需要顾及他人利益这点应该是共同的。笔者在这里可以说：整体主义与发扬人的主体性和发展人的个性不是绝对的，尤其在当前社会主义制度条件下是可以统一的。

2. 孔子孝道观里的"仁爱"精神

孔子最早提出"仁者爱人"的思想。仁的根本是"孝悌"。两千多年前提出的这种"仁爱"精神，就是中国早期的人本主义思想，除了有为统治阶级服务的作用外，对于协调整个社会人际关系起了更为重要的作用，所以说孔子孝道观里的"仁爱"精神对于我们处理当今个人、家庭、集体、社会乃至国家之间的关系也是可以借鉴的。

3. 孔子的孝道观重视家庭的地位和家庭伦理

孔子重视家庭的地位，认为家庭担负着生活职能及赡养职能。例如，孔子说："今之孝者，是谓能养，至于犬马，皆能有养；不敬，何以别乎！"孔子还说："色难！有事，弟子服其劳；有酒食，先生馔；曾是以为孝乎！"（《论语·为政》）

目前，我国正在实行家庭联产承包责任制，家庭的生产职能还普遍存在。即使现代化高度发达了，家庭的婚姻职能、生活职能、赡养职能、教育职能，甚至人际交往职能也不可能完全消除，因此，中国传统的家庭伦理在剔除糟粕之后，仍然有许多可以继承和发扬的。

孔子早在两千多年前就倡导父慈子孝及兄友弟悌。《论语·学而》中说："弟子，入则孝，出则悌；谨而信，泛爱众而亲仁。"《论语·颜渊》中说："己所不欲，勿施于人，在邦无怨，在家无怨。"从中也可以看出孔子倡导邻里之间的和睦及人际关系的融洽，孔子尚能重视家庭伦理的作用，我们更应该充分发挥家庭伦理的价值。因此，孔子倡导的"父慈子孝""兄友弟悌""邻里和睦"等仍具有十分积极的作用，尤其是对目前我国一部分人盲目学习西方而受到不良文化观念影响的有力抵制。总之，继承家庭伦理传统，重视家庭社会地位，发挥它的多种社会功能，将对建设现代化的经济和稳定社会秩序起到积极作用。

五、运用：孔子的孝道观与当前青少年思想道德教育

根据上述对孔子孝道观的现代价值的分析，试对我国当前的青少年思想道德教育提点意见，以求古为今用，在当前青少年道德教育中发挥作用。

1. 在加强爱国主义和集体主义教育中，注意继承和发扬孔子孝道观里的整体主义精神和爱国主义传统。

个人和国家、社会是对立的统一体，个人利益和国家利益、集体利益也是对立统一的，不过社会主义社会是在根本利益的一致条件下的矛盾统一，相对来说较容易解决，但不可否认还是存在着矛盾。诸如青少年对待个人理想前途、职业的选择，处理班级、学校、家庭、社会群体中个人利益和集体利益的关系都会遇到这个问题。我们要教育青少年继承孔子孝道观里的整体主义精神和爱国主义传统，以克服西方个人主义。青少年由于思想尚未成熟，常常好走极端，崇尚绝对自由，这就要教育青少年在有群体的地

方就要有个人服从。

2. 在加强爱人民的教育中，注意继承和发扬孔子孝道观里的"仁爱"精神。

爱人民是我国宪法规定的国民公德，是我国长期以来行之有效的道德规范，在现代化的社会主义建设中，加强青少年爱人民的教育，应该注重继承和发扬孔子孝道观里的"仁爱"精神，创建社会主义和谐友爱的新型人际关系。具体来说，就是要教育青少年尊重人、关心人、理解人、帮助人，做到"与人为善""己所不欲，勿施于人""己欲立而立人，己欲达而达人"。当然，这需要青少年个人的情感迁移，由家庭内部的"孝悌"上升到对整个社会的"仁爱"。

在加强社会主义家庭观念教育中，继承和发扬孔子孝道观、重视家庭伦理的道德风尚和社会主义社会重视家庭的社会地位，把它看成社会的基本细胞，发挥家庭多方面的职能。这样做，对人民的和睦相处及社会的稳定都会起到良好的作用。社会主义提倡民主平等、相互尊重、和谐相处的家庭关系。孔子倡导的"父慈子孝""兄友弟悌"以及由此推而广之的邻里关系和亲朋关系的伦理，理应在现代化进程中发挥出它的重要作用。广大的教育工作者，在青少年思想道德教育中，应吸取这方面的有益内容，为我们的精神文明建设服务。

本文获评中华孝文化"孝文化研究"征文优秀奖，并收录于《孝文化研究》，中国科学文化出版社，2006，第435—442页。

探求语文教育教学的真善美

　　春风送暖，草木吐芳。在这美好的日子里，拙著即将付梓，内心满是欣慰与喜悦。

　　我于 1990 年从汉川师范毕业，开始教书，那年刚满十八岁。屈指算来，我的教龄至今已有三十三年。其间教过小学、初中、职高，汉川教委借调工作三年，在进修学校从事教师、校长培训工作三年，汉川教研室借调工作一年，华中师范大学文学院脱产攻读语文教育硕士一年，借调到孝感市继教中心工作半年，被湖北省继教中心借用三个月。我教语文的时间，共有二十五年，既不算长，也不算短。

　　其实我自汉川师范毕业的时候，最大的梦想是当作家。因为读师范期间，我有两篇文章发表在《中师生报》，还有几篇作文获了奖，在学校还小有名气，这些都激发了我当作家的欲望，且痴迷于写新诗。那时，我读书还算勤奋，经常泡在汉川师范的图书馆里读书。师范三年，是我读书的第一个高峰期，喜爱散文、诗歌、小说等文学作品类型。

　　在我从教伊始，我就树立了一个梦想，既要教好书，又能写好文，这是我的教书匠和小作家之梦。1995 年上半年，凭借发表的若干篇豆腐块似的诗歌、散文，我加入孝感市作家协会，嘚瑟了好一阵子。

　　1995 年下半年，我从汉川职高借调到汉川教委，在职成教股当办事员。三年之后，正式调入汉川教师进修学校，从事继续教育课题研究和教师培训工作，一半时间搞课题研究，一半时间搞师资培训。此次顺利地调进城里的县直学校，主要得益于我当时在汉川教育界写作较有名气。

从事课题研究和师资培训，对我来说是一个全新的工作。一是要给在职老师们培训上课，需要思考老师们需要什么，想学什么，自己能够传授给老师们什么东西。如果自己肚子里没有货，没有真才实学，凭什么给在职老师们培训上课？所以，在进修学校的三年里，出于工作原因，能够学以致用，我阅读了大量教育教学方面的理论著作，教育理论素养大幅提升。同时参加课题研究，教科研能力和创新能力也是在这个阶段得到了发展。20 世纪90 年代中后期，正值从应试教育向素质教育转型的时期；21 世纪初，国家颁布新课程标准，推行新课程改革。我研究素质教育，研究新课改，每天必看《中国教育报》《人民教育》等报刊，经常翻阅新课改理念和实践方面的专业书籍。这个阶段，是我的第二个读书高峰期，侧重教育教学理论和继续教育类。

从事师训干训的三年时间里，我做了很多调查研究，写了很多论文，也写了一批课题研究报告，总字数大约五十万字，个人所写的有关继续教育、师训干训的论文发表二十余篇。因为与语文关系不大，所以没有收入这部文集，只有待以后有机会再出版了。由于每天都要学习，每天都要写文章，我认为在这个时期内，自学能力和写作能力显著提高。2001 年，进修学校改建，我便留在了现在的中等职业技术学校任教。

2004 年，我萌生了继续学习深造的念头，想要攻读教育硕士。经过复习准备，通过统一考试，我被华中师范大学录取。2005年 9 月至 2006 年 7 月，我脱产一年，赴华中师范大学攻读语文教育硕士，才见识到了真正的图书馆。那时，我喜欢上了美学、文艺学、文艺美学、生态美学等专业学科，我如饥似渴地读书，花钱买书读，在华师图书馆里读，从图书馆借书回宿舍读。我记得，华师图书馆给研究生的借书待遇较高，一次可以借十本书。我每次都不浪费这个机会，非要借足十本后才高高兴兴地回宿舍继续读。这个阶段，是我的第三个读书高峰期，热衷文艺理论和美学专著类。

当时我们那个教育硕士班的同学，很多人在毕业后不久就选择了跳槽，有的到了武汉教书，有的去往南方任教，改变了处境，提高了待遇。我则安于现状，回到了汉川，还是待在原单位。我一边教书，一边写作，一边参与创办编辑本土文学刊物《汉江文艺》，自得其乐。2014 年我获评中学语文高级教师，2016 年加入湖北省作家协会，从而实现了教书匠和小作家的梦想。

在文心和诗韵的熏陶下，在多年的学习和实践中，我始终追求语文教育教学的真善美。我逐渐认识到，语文教育主要承担着塑造求真、向善、尚美的创造性人才和健全人格的任务。语文教育的智育"求真"，即知识传授、能力训练和智力开发，注重语文课程的工具性。语文教育的德育"向善"，即思想净化、情操陶冶和德性涵养，强调语文课程的人文性。语文教育的美育"尚美"，即审美意识增强、审美元素欣赏和审美能力提升，突显语文课程的审美性。我认为，不管时代如何变化，语文教育教学的根本任务不会变，那就是培养善听、能说、精读、会写的能力。我的语文教育教学和研究，也一直朝这些方面努力。

我于 2019 年 9 月获评湖北省孝感市名师称号，2023 年 11 月获评语文正高级讲师。坦率地讲，我的德、学、才、识还很不够，离真正的语文名师尚有一定差距，但是，我会向"道德修为敬业、知识水平博学、素质才能卓异、见识涵养超群"的目标迈进。

生活是五彩斑斓的，我们怀揣希望，逐梦前行；教育是高尚美好的，我们修炼师心，立德树人。

拙著就要出版了，不能算著书立说，只是把自己一些拉拉杂杂的文字汇集成册。但这是我平生第一次出书，心潮澎湃，特赋诗一首，以作纪念：

五旬岁月在川城，向善崇德续祖风。

漫漫求真慷慨论，孜孜授业笃实功。

卅年从教志无悔，一路著文兴不穷。

天道酬勤多自勉，书香尚美慧心同。

全国著名语文特级教师、正高级教师、国家级骨干教师张丽钧老师，为我这个名不见经传的县市基层语文老师审阅书稿，提出修改意见，并倾情大力推荐，令我感动。余志平教授和王佑军院长审读全书，拨冗作序，我很感激。

感谢在我任教二十余年的湖北省汉川市中等职业技术学校的领导和老师们对我一如既往的关心和支持！我的同事、中国书法家协会会员、汉川市书法家协会副主席兼秘书长王兰荣老师为我题写书名。我的好友、师范同学龚远宏帮我精心设计封面，为本书增光添彩。在此一并致谢！

感谢读者们的厚爱！感谢我的家人！

2024 年 3 月于湖北汉川

作者全家福（2019 年 8 月摄于云南丽江）